国家出版基金项目
NATIONAL PUBLICATION FOUNDATION

中国物理教育研究丛书

郭玉英　主编

卢慕稚　著

中学物理教师的探究教学观研究

ZHONGXUE WULI JIAOSHI DE TANJIU JIAOXUEGUAN YANJIU

GEP 广西教育出版社
南宁

图书在版编目（CIP）数据

中学物理教师的探究教学观研究 / 郭玉英主编. —南宁：广西教育出版社，2016. 12（2023. 1 重印）
（中国物理教育研究丛书）
ISBN 978-7-5435-8218-7

Ⅰ. ①中…　Ⅱ. ①郭…　Ⅲ. ①中学物理课—教学研究　Ⅳ. ①G633. 72

中国版本图书馆 CIP 数据核字（2016）第 320554 号

策　　划　黄敏娴　黄力平
责任编辑　潘　安　张振华
装帧设计　刘相文
责任校对　杨红斌　何　云
责任印制　胡庆团
封面题字　李　雁

出 版 人：石立民
出版发行：广西教育出版社
地　　址：广西南宁市鲤湾路 8 号　　邮政编码：530022
电　　话：0771-5865797
本社网址：http://www. gxeph. com
电子信箱：gxeph@vip. 163. com
印　　刷：广西壮族自治区地质印刷厂
开　　本：787mm×1092mm　1/16
印　　张：18. 25
字　　数：275 千字
版　　次：2016 年 12 月第 1 版
印　　次：2023 年 1 月第 2 次印刷
书　　号：ISBN 978-7-5435-8218-7
定　　价：40. 00 元

序

20 世纪 90 年代，广西教育出版社出版了《学科现代教育理论书系·物理》，由我的导师阎金铎教授担任主编，在物理教育领域产生了重要影响，已经成为本学科专业发展的里程碑。二十多年过去了，随着新世纪中国基础教育课程改革的全面推进，物理教育研究呈现出前所未有的繁荣景象，涌现出丰富的研究成果。当 2014 年该社提出要我组织编写一套《中国物理教育研究丛书》，汇集新时期的标志性成果时，我认为这是一个现实与历史意义兼具的重要选题，同时也感到是一个非常艰巨的任务，责任重大。

我国的物理教育有研究与教学紧密结合的优良传统，许多优秀的中学物理教师和教研员植根于教学实践开展研究，积累了大量本土化、原创性的研究成果，展示出物理教育的中国特色。近十几年来，随着研究生教育的发展，物理教育的国际交流不断拓展和深化，越来越多的年轻学者借鉴国际科学教育研究的经验和方法，针对我国物理教育实践中的问题，开展了多角度、多层次的具体深入的实证研究，如围绕新课程倡导的科学探究和探究教学的研究，针对物理学科核心概念和关键能力展开的学习进阶研究，促进学生发展的课堂教学模式的研究，关于物理课程和教材的深入研究和国际比较研究，关于物理教育测量和评价的研究，物理教育与信息技术整合的研究，针对物理教师观念的研究等。研究内容涵盖了课程与教学论的各个分支领域，研究对象从课程教材到课堂、学生、教师、试题，研究视角从哲学到物理、心理、技术，研究方法从思辨到定量、实证，呈现出多元化和多样化的研究取向，拓宽了物理教育研究的视野和范围，为我国物理教育理论和中学物理教学实践提供了研究基础和方法论指导。

本丛书的选题力图涵盖上述诸方面的主要研究成果，简要介绍如下。

在来自一线教师和教研员的研究成果中，包含了从哲学层面到物理课堂教学操作层面的四本著作。《物理与哲学——中学物理教学的视角》呈现了中学物理教师的哲学思考。作者从物理与哲学的关系入手，结合中学物理教学的具体内容，论述了哲学的洞见与物理教学实践密不可分，将中学物理教学上升到哲学高度。在实验教学方面，毕生从事高中物理实验教学与研究的专家撰写了《高中物理实验教学研究》，从科学技术发展和教育理念进步的角度，突出了以学生为主体的教育理念和学科素养在实验中的表现及培养的途径，重点探讨了高中物理实验教学的目标、内容和方法策略方面的热点问题。在课堂教学实践层面，《中学物理习题教学研究》凝聚了中学物理特级教师的经验和智慧，从习题和试题的不同功能出发，以大量的题例阐述了习题和试题的编写要领，论述了优化习题教学的各种途径，提出了科学实施习题教学的策略，把习题教学的目标落实到提高学生解决问题的素养上来。《中学物理教学疑难问题研究》则来自基层教研工作者，从一线教学实际和物理教师的需求出发，对新课程实施过程中遇到的多方面的具体疑难问题进行了深入分析和探讨。

丛书围绕新课程实施以来物理教育研究领域关注的重点——科学探究和探究教学呈现了三个不同视角的研究成果。《科学探究能力模型与培养研究》系统介绍了国际科学教育领域对科学探究能力及其培养的研究和实践，构建了基于知识和技能的科学探究能力结构模型，结合案例论述了在中学物理教学中如何利用探究式教学法培养学生的科学探究能力。《促进认知发展的物理探究教学研究》聚焦目前中学物理探究教学中亟待解决的核心问题，从物理学科自身特点出发，构建了促进认知发展的探究教学模型，并对实施该探究教学模型的教学策略进行了探讨。《中学物理教师的探究教学观研究》则聚焦教师观念和行为，基于对探究教学的理论探讨，提出了教师探究教学观的分析框架与研究方法，从语言表达和教学行为两个层面研究了物理教师的探究教学观现状及其影响因素。

围绕学科核心概念展开的对学生认知和能力发展的研究是近几年的研究热点，学习进阶是将学生核心素养的发展与课程、教材和评价紧密联系在一起的桥梁，是具有发展潜力的新兴研究领域，丛书呈现了其中四方面的最新研究成果。《高中物理概念学习进阶及其教学应用研究》针对我国概念教学中存在的问题，构建了核心概念统领下的物理概念层次结构模型和概念学习进阶模型，以静电场核心概念为例进行了实证检验，并应用于教师培训。中学物理中的能量概念既是物理学科的核心概念，又是与社会发展和技术进步密切相关的共通概念，对于学生的发展至关重要。《中学物理能量学习进阶研究》构建了以学生为中心、具有实证有效性的“能量”进阶框架，并以此对学生“能量”概念的认知状态和发展情况进行了刻画和阐释，针对如何帮助学生提升“能量”概念的认知水平给出了相关建议。《中学物理课程中科学解释学习进阶及其教学应用》结合科学哲学的相关理论，提出了科学解释的“现象—理论—资料—推理”框架，确立了学习进阶的二维进阶模式及其进阶变量，通过跨年级测试建构了科学解释的学习进阶，并结合能量学习进阶进行了准教学实验研究。《基于学习进阶的中学物理教学设计研究》将物理概念和能力学习进阶的研究成果与现代教学设计理论相结合，建立了教学设计模型，结合大量中学物理教学案例，论述了如何基于学习进阶的研究成果开展以学生为中心的教学设计，从而促进学生物理核心素养的进阶发展。

关于课程和教材的研究呈现了两方面的研究成果，分别体现了不同的研究范围和方法。《高中物理量子理论课程研究》聚焦中学物理中的量子内容，从课程角度开展研究。采用理论和实证研究相结合的方法，对高中物理课程中量子理论的地位与教育价值、课程发展历程与现状进行了系统深入的探讨。《中学物理教材比较研究》选取中国、美国、俄罗斯、英国、法国、德国、日本、韩国、新加坡和澳大利亚十个国家的初中物理主流教材为比较对象，对教材的难度、广度、平均深度进行了比较研究，并分别比较了教材中的实验内容、例题和习题及拓展内容情况，分析了教材特点并提出了教材建设的启示与建议。

学生物理核心素养的测评一直是本领域关注的重要问题，特别是像高考、中考这样的高利害考试的有效性已经成为全社会关心的热点。《大学入学物理考试内容效度研究》对大学入学物理考试的内容效度进行了多方面的定量研究。一方面以高中物理课程标准为效标，研究比较和评估了我国（包括台湾和香港地区）大学入学考试物理试卷的内容效度；另一方面从比较我国的高考物理考试与美国 AP 物理考试、英国 A-Level 物理考试出发，研究评估了我国大学入学物理考试的内容效度，提出了对我国现行高考制度的改革建议。

《中学物理教学与信息技术整合研究》展示了跨领域的研究视角，凸显了现代技术特色。在“数据探究”理论指导下，探讨了信息技术与中学物理教学深度融合的基本概念、理论等问题。同时还根据物理学科教学的特点，选取了几何画板软件、物理虚拟仿真实验软件、Camtasia 视频制作软件、Front Page 网站制作等技术，用案例说明了信息技术在物理教学中的实际应用。

大学物理教学研究是我国物理教育研究领域中正在发展的研究方向，关于心智模型和建模教学的研究也是新的研究热点。《基于学生心智模型进阶的物理建模教学研究》介绍了国内外关于模型与学习进阶、建模与建模教学的相关研究。在此基础上整合心智模型、学习进阶和建模教学的研究，结合我国物理教学的实际，从教学要素和学生心智模型进阶两个维度建构了基于学生心智模型进阶的导引式建模教学模式，并以大学物理“静电学”为例展开实践研究。其研究内容和方法对中学物理教学与研究均有参考价值。

十几位学者参与了本套丛书的编著工作。他们有的是长期从事物理教育研究和中学物理教学的专家，凝聚毕生研究之学术精华；有的是具备海外学习经历的年轻学者，用现代科学教育研究方法研究我国的实际问题。其中多数作者为本领域的博士。作者们都为丛书的出版付出了艰辛的劳动。本丛书从策划、编辑到出版面世，得到时任广西教育出版社副总编黄力平编审、编辑部主任黄敏娴副编审和各书责任编辑的积极参与和付出辛劳，也得到不少同行的关心和帮助，其中参阅引用了大量相关的研究成果，均已在参考文献中列出，在此一并表示感谢！期望本丛书的出版有助于物理教育研究领域的繁荣与发展，也期望这些研究成果能够在物理教育实践中得到进一步的检验、修正和完善。

郭玉英

2016 年 11 月于北师大

前言

我国新世纪基础教育课程改革从2001年开始启动已经开展了十余年，要说这次课程改革最具标志性的特征，在广大教师心目中，“探究教学”恐怕会是无可争议的一个首选的关键词。但是，美国国家研究理事会（National Research Council，NRC）于2011年7月发布了新的《K—12年级科学教育框架：实践、跨学科概念和核心概念》（以下简称《新框架》），提出科学课程的三个维度：（1）科学与工程实践；（2）交叉概念；（3）科学学科内部的核心观念。“探究”不再作为核心词出现，人们难免会产生疑问：探究教学是否过时了？

要回答这个问题，首先应明确我国教育改革目标与国策。2010年6月21日，中共中央政治局召开会议，审议并通过了《国家中长期教育改革和发展规划纲要（2010—2020年）》（以下简称《纲要》）。《纲要》指出：“坚持以人为本、全面实施素质教育是教育改革发展的战略主题，是贯彻党的教育方针的时代要求，其核心是解决好培养什么人、怎样培养人的重大问题，重点是面向全体学生、促进学生全面发展，着力提高学生服务国家人民的社会责任感、勇于探索的创新精神和善于解决问题的实践能力。”关于创新人才培养模式，《纲要》明确提出，要“注重学思结合。倡导启发式、探究式、讨论式、参与式教学，帮助学生学会学习。激发学生的好奇心，培养学生的兴趣爱好，营造独立思考、自由探索、勇于创新的良好环境”。

其次，是我国的国情。中国科学技术协会于2015年3~8月开展了第九次中国公民科学素质抽样调查。根据其发布的公民科学素质调查结果，“2015年我国具备科学素质的公民比例达到了6.20%”[1]，仅仅是“进一步缩小了与西方主要发达国家的差距”，公民科学素质建设依然任重道远。本书研究的结果也显示，即使是科学教育的教师，他们对科学探究的理解与认识仍有很大的不足。

回过头来理解国际科学教育的发展动态与趋势，美国国家研究理事会于2011年7月发布的《新框架》中，“探究”不再作为核心词出现。《新框架》解释说，美国1996年《国家科学教育标准》中广泛使用的“探究”一词“多年来在科学教育共同体中被以多种不同方式理解着”，《新框架》改用“实践”一词，不是为了取代探究，而是要为“探究”正名，“更好地阐述探究在科学中的含义，即作为其题中应有之义的认知、社会、行为等多维度的实践活动”。[2]

这样看来，在我国提倡探究教学不是过时了，而是还需要研究者和一线教师扎扎实实地研究与实践，努力实现探究教学所追求的育人目标。

要进一步推进探究教学，首先需要关注其实施者即教师对探究教学的认识。相对于根深蒂固的传统教学观，新课程倡导的教育理念、教学方式等还都属于新生事物。探究教学伴随着新课程进入广大一线教师的视域，十多年来，教师们理解着、实践着、思考着，在多种因素的影响下建构着自身对探究教学的认识，但是，我们提倡探究教学的目的还远未达到。2012年10月25日《中国教育报》基础教育版“教师周刊”发表了题为《科学教育亟需突破应试瓶颈——有关我国基础教育科学教育的观察与思考》的文章，以一位中学教师在“2012年国际科学教育研讨会”的提问开篇，该教师说：“每个教师都明白，

[1] 中国科协发布第九次中国公民科学素质调查结果［EB/OL］.［2015-09-19］. http://education.news.cn/2015-09/19/c_128247007.htm.

[2] 唐小为，丁邦平. “科学探究”缘何变身“科学实践”——解读美国科学教育框架理念的首位关键词之变［J］. 教育研究，2012（11）：141-145.

科学探究是培养创新型人才的必由之路。可是在现实教学中，我们却经常感到很无奈，比如，有些学生感兴趣的问题，老师也觉得值得探究，可是高考不考，或者只在考卷中占很少的比重，该不该去探究呢？具体而言，在中学数理化课程中，到底哪些问题是应当探究的，哪些问题又是不必探究的呢？”而文章称，这一提问“引起很多与会者的共鸣，但现场却没有人能给出直接的答案”。[1]由此可见，教师对于探究教学尚有许多困惑，当前教师如何理解、认识探究教学仍是需要研究的问题。

可以说，实践正在呼唤理论研究给出描述现状的工具、解释现状的理论、提供促进教师探究教学观发展的有效途径。然而目前有关教师探究教学观的研究还不多，且主要是直接描述层面的，缺乏深层次的理论建构，难以解释教师的探究教学观究竟由哪些要素构成，为什么出现上述种种迷惘乃至错误的认识，更缺乏解决实际问题的策略。

本书是在笔者博士论文研究的基础上重新编辑内容结构完成的。全书分为四部分：（1）第一部分，第一章，对探究教学进行理论探讨。（2）第二部分，第二到第五章，为探究教学观的现状研究。首先介绍教师探究教学观研究的分析框架与研究方法，之后从语言表达层面、教学行为表达层面以及实践案例分析三个角度分别呈现中学物理教师探究教学观的现状。（3）第三部分，第六、七两章，探讨教师探究教学观的影响因素以及促进教师探究教学观发展的研修。（4）第四部分，第八章，对以上研究进行总结、反思，提出促进教师探究教学观发展的建议。

2016 年 7 月于北京

[1] 杜悦. 科学教育亟需突破应试瓶颈——有关我国基础教育科学教育的观察与思考［N］. 中国教育报，2012-10-25（07）.

目　录

第一章　对探究教学的理论探讨 / 1

第一节　探究教学的提出与内涵发展 / 2

一、探究教学的兴起 / 2

二、探究教学思想在中国 / 8

三、探究教学内涵的发展 / 12

第二节　探究教学的本质特征 / 17

一、理性批判思考 / 17

二、将科学探究作为教学内容 / 18

三、真正以学生为主体 / 19

第三节　探究教学的理论基础 / 23

一、以人为本的教育理念 / 23

二、建构主义学习观 / 25

三、现代科学本质观 / 27

第四节　探究教学的目标 / 31

一、更好地理解科学 / 31

二、发展面向未来的能力 / 33

三、养成健康的人格 / 35

第五节　实施探究式教学的条件与策略 / 38

一、探究教学的条件 / 38

二、探究教学的策略 / 40
第六节 认识探究教学的局限性 / 46
一、知识量与知识的系统性方面 / 46
二、工程技术素养方面 / 47
第二章 教师探究教学观的分析框架与研究方法 / 48
第一节 关于教师教学观的已有研究概述 / 49
一、教学观念的概念种属 / 49
二、教学观念的内涵与表现形态 / 50
三、教师个人教育观念系统的结构 / 52
第二节 探究教学观的分析维度与结构图表征 / 55
第三节 本书采用的研究方法 / 57
一、问卷调查法 / 57
二、文本分析法 / 65
第三章 语言表达层面的探究教学观现状研究 / 68
第一节 关于"什么是探究教学"的认识现状 / 69
一、教师对"什么是探究教学"的整体认识 / 69
二、教师对科学探究要素的认识 / 72
第二节 关于"为什么要实施探究教学"的认识现状 / 79
一、来自问卷Ⅰ的调查结果 / 79
二、问卷Ⅲ与问卷Ⅰ相关数据的比较 / 80
第三节 关于"如何实施探究教学"的认识现状 / 83
一、关于实施探究教学的条件 / 83
二、关于实施探究教学的策略 / 85
第四章 教学行为层面的探究教学观现状研究 / 92
第一节 关于"什么是探究教学"的认识现状 / 93
第二节 关于"为什么要实施探究教学"的认识现状 / 97
第三节 对于"实施探究教学的条件"的认识现状 / 106
第五章 探究教学案例分析 / 113
第一节 疑问与困惑 / 114
第二节 在探索中前行 / 119

第三节 课堂教学实践 / 132
第六章 教师探究教学观影响因素研究 / 142
第一节 寻找影响因素 / 143
一、从国内外已有研究中获得启示 / 143
二、对笔者探究教学观形成与发展变化的反思 / 146
三、对中学物理教师的观察、访谈与问卷调查 / 149
四、课标修订专家指出的教师探究教学观影响因素 / 163
五、归纳九项影响因素 / 164
第二节 运用解释结构模型方法分析影响因素的结构关系 / 166
一、解释结构模型方法简介 / 166
二、运用 ISM 法建立教师探究教学观影响因素结构模型 / 167
三、对结果的讨论 / 173
第七章 促进教师探究教学观发展的教师研修 / 175
第一节 讲座 + 案例研讨 / 176
第二节 教师亲身体验探究 / 182
第八章 总结与展望 / 194
第一节 结论及建议 / 195
一、中学物理教师探究教学观的现状 / 195
二、中学物理教师探究教学观的影响因素 / 198
三、相关建议 / 199
第二节 反思与展望 / 202
一、关于自身角色对研究结果的影响 / 202
二、本书的创新点 / 202
三、本书的不足之处与对进一步研究的展望 / 203
参考文献 / 204
附 录 / 209
附录 1 教师探究教学观问卷调查Ⅰ / 209
附录 2 教师探究教学观问卷调查Ⅱ（五级量表部分）/ 214
附录 3 教师探究教学观问卷调查Ⅲ（五级量表部分）/ 221
附录 4 问卷调查后小组讨论录音（节选）/ 228

附录 5　文本分析资料代码表 / 232
附录 6　文本分析编码登录及信度分析示例 / 233
附录 7　第五届全国中学物理教学改革创新大赛访谈对象 / 242
附录 8　第五届全国中学物理教学改革创新大赛现场访谈记录（节选）/ 243
附录 9　中学物理教师探究教学观影响因素专家调查表 / 248
附录 10　教师探究教学观影响因素 ISM 解释结构模型分析工作单 / 250
附录 11　D 区骨干教师培训前测卷及数据 / 252
附录 12　D 区骨干教师培训后测卷及数据 / 259
附录 13　Y 县骨干教师第一次研修活动各小组的探究课题 / 275
后　记 / 276

第一章 对探究教学的理论探讨

“探究教学”与“科学探究”是两个有紧密联系、内涵又有区别的概念，在基础教育中，“科学探究既是教学目标与教学内容，又是一种教学方式”，“探究教学既要带领学生通过探究的方式建构科学知识，又要培养学生科学探究的能力、促使学生更好地理解科学本质”，这些观点存在交叉与关联，许多一线教师对此还存在认识上的模糊，因此需要先做一下理论梳理。

我们认为探究教学是一种教学方式，有它的理论基础、教学目标、实施条件，但又不是那种强调固定操作程序的教学模式，而是强调探究教学的思想。故本章的理论探讨将从探究教学的提出与内涵发展谈起，进而论述探究教学的本质特征、理论基础、教学目标、实施条件与策略以及探究教学的局限性。

第一节 探究教学的提出与内涵发展

一、探究教学的兴起

探寻探究教学在现代科学教育中如何被提出、被国际社会所接受，这是一件很有意义的工作。很多有关探究教学的文件、论文都明确或隐含地涉及此问题，透过这些文字可以发现，探究教学提出于20世纪初，五六十年代逐渐受到重视，20世纪末或21世纪初被纷纷写进各国或各地方的科学教育课程标准，是历史与社会发展的必然结果。

美国《科学探究与国家科学教育标准—教与学的指南》对于历史上的探究教学观点有一段清晰的回顾。“1900年以前，大多数的教育者主要把科学看作一种可以通过直接的灌输让学生学到的一堆知识。1909年，教育家约翰·杜威（John Dewey）在美国科学促进协会的一次报告中，对这种教育观点进行了批判。报告中提到科学教育过于强调知识的积累，而对科学作为一种思维方式和认识态度却没有给予足够的重视。杜威指出：科学不仅是需要学习的一堆知识，而且也是一种学习的过程或方法（Dewey,1910）”[1],显示探究教学的提出针对的是当时科学教育的现状—向学生灌输知识，教育界有识之士批判的视角最初在于科学究竟是什么的问题。科学知识只是当下科学共同体对自然界的规律达成的基本共识，具有可发展性。它是科学的一部分，但不是全部。科学更是一项事业，是不断扩展与深入的科学探索的过程。

“截止到20世纪五六十年代，探究作为一种科学教学方式，这种解释越来越被更多的人接受。如果学生想要了解科学研究方法，还有什么方式比自己积极参与探究的过程更好呢？”“教育家约塞夫·施瓦布（Schwab，1960，1966）的观点启示教师应该以探究的方式将科学呈现

[1]（美）国家研究理事会科学、数学及技术教育中心《国家科学教育标准》科学探究附属读物编委会. 科学探究与国家科学教育标准——教与学的指南［M］. 罗星凯，等译. 北京：科学普及出版社，2004：15.

给学生，学生也应用探究的方式学习科学知识。”[1]即实施探究教学的目的是要让学生了解科学研究的方法，因为学习方法、提高能力比拥有一堆固定的知识有用得多。而这样的认识与苏联的卫星上天有着紧密的联系。“1957年苏联第一颗人造卫星‘旅行者1号’的上天大大促进了这一发展。许多教材改革研究工作曾获得国家自然科学基金会和其他联邦机构以及私人基金会的资助。开发的大部分课程资源，其指导思想是保证学生能动手实践而不是被动接受或者只是阅读科学。”[2]与此同时，关于人是如何学习的研究也为提倡探究教学提供了理论支持。“一种学习理论认为在建立新的科学概念和对科学概念进一步的理解时，学生自己的观念及具体经验是居于中心地位的。探究性的教学模式就是基于这种理论基础而建立起来的。”[3]

“在美国科学教育的历史中有若干次改革，但现有的改革（例如AAAS，1990；NRC，1996）与早先的相比有重要的区别。一个重要的不同之处表现在对科学探究和把NOS（科学本质观）作为认知结果的广泛强调。也就是说，学生不仅要掌握一系列与探究有关的技能，而且要培养对探究的理解。例如，除了能够设计准确的研究计划，学生还要认识到研究有多种形式，认为‘科学方法’是普遍适用的程序上的概念对科学计划来说是错误的。”[4]

《科学探究与国家科学教育课程标准——教与学的指南》指出：“探究的能力以及对探究的理解不可能凭空产生。探究与科学问题紧密相连——学生需要运用他们已掌握的知识进行探究，并且在探究过程中增长知识。”“发展理解和从事这种活动的能力，要求有直接参与探究的经

[1]（美）国家研究理事会科学、数学及技术教育中心《国家科学教育标准》科学探究附属读物编委会. 科学探究与国家科学教育标准——教与学的指南［M］. 罗星凯，等译. 北京：科学普及出版社，2004：15.

[2]（美）国家研究理事会科学、数学及技术教育中心《国家科学教育标准》科学探究附属读物编委会. 科学探究与国家科学教育标准——教与学的指南［M］. 罗星凯，等译. 北京：科学普及出版社，2004：16.

[3]（美）国家研究理事会科学、数学及技术教育中心《国家科学教育标准》科学探究附属读物编委会. 科学探究与国家科学教育标准——教与学的指南［M］. 罗星凯，等译. 北京：科学普及出版社，2004：15-17.

[4] ABD-EI-KHALICK F，BOUJAOUDE S，DUSCHL R，et al. Inquiry in science education：International perspectives［J］. Science Education，2004，88（3）：397-419.

验和连续的实践。简单地学习诸如‘假设’、‘推论’这样的术语或者记忆诸如‘科学方法的步骤’这样的程序，学生不可能理解探究。他们必须从直接参与探究的体验中获得对探究特征的深刻认识。但是，光有体验是不够的。体验与理解要并行。这就要求教师向学生介绍探究的基本要素，并且在活动中引导学生思考探究活动的特征。”[1]

《美国国家科学教育标准》之科学探究内容标准包括“进行科学探究所需要的能力”和“对探究的理解”两项内容。探究的总标准对于三个学段都是统一的，但从幼儿园到 12 年级，内容标准给出了分三个学段程度不同的具体要求。例如，对学生提出问题的能力要求：幼儿园到 4 年级，只要求“对特定环境中的物体、生物和事件进行提问”；5~8 年级就要“判定可以通过科学实验或调查研究能回答的问题”；9~12 年级则要求“判定导向科学实验或调查研究的问题和概念”。可以看出，执行这一标准进行教学的话，学生的探究能力及其对探究的理解将循序渐进地得到发展。

再看世界上其他国家或地区探究教学的兴起。例如，20 世纪 90 年代初，澳大利亚教育委员会提出了一套全国的标准作为在八个学习领域课程发展的通用框架，这其中就包括从内容、概念和过程三个角度来阐述的科学。一些地区采用这些概述，但是另一些地区则对它做了明显的改动。在澳大利亚的西部，教育部门开始了一个为期 2 年的国家概况试验，并以在此试验期间和之后所进行的工作为基础，得出了包括科学在内的八个学习领域的西部澳大利亚州 K~12 课程架构（课程委员会，1998）。课程审议会的认识（1998）：科学有很多调查方法，但是全部都是基于那些站不住脚的结论所依据的证据而形成的概念。因为科学解释需要经受住仔细审视思考，很多科学知识都是暂定的并且随着新的证据的发现而不断完善。追求构建一致的、经得住试验的、公共且有用的科学知识就要求人们在科学事业中要勇于创新，乐于接受新观念，对待知识要诚实，用怀疑的眼光来评价论据，并以对他人用道德、公平和尊重的方式来开

[1]（美）国家研究理事会科学、数学及技术教育中心《国家科学教育标准》科学探究附属读物编委会. 科学探究与国家科学教育标准——教与学的指南［M］. 罗星凯，等译. 北京：科学普及出版社，2004：14.

展自己的工作。应当指出，在课程委员会（1998）数据中，“探究”一词根本没有使用过。相反，则是借助“学生进行调查，通过反思和分析拟订方案，收集处理解释数据，交流结果，评价他们的计划过程和发现等这些步骤来回答有关于世界中的自然和科技的问题”这段话来强调“调查研究”的重要性。[1]

日本学者进藤公夫指出，尽管日本理科教育历来主张让学生通过主体探究展开学习，但将探究教学作为理科教学的基本教学方式广泛引入，却是20世纪60年代全民科学教育现代化运动的一项成果。[2]日本是一个善于学习外来文化解决本国实际问题的国家，明治维新以来，教育经历了三次大的改革。第一次是19世纪60年代，面对西方国家，日本深刻地认识到“国不富、民不强，则国不兴”，学习西方的先进技术与思想，建立起比较完整的欧式学校体系，改造封建主义教育，提倡实学，实现了普及教育，全面提高了国民素质。第二次是“二战”后，接受美国的民主化改革，使其教育实现了民主化、个性化与法制化，革除了过重的国家主义，实施“以完善人格为目的的教育”。第三次是20世纪70年代，日本已经成为一个世界瞩目的经济强国、技术大国，然而也面临着诸多新问题，因此根据国际国内形势的变化，自觉、自主地进行了第三次教育改革。[3]从日本国内学者对其教育问题的讨论来看，日本教育改革的一个重要指向是国民“疏远科学技术、理科”的现状。日本教育的基本观点之一是提倡实施充分发展学生个性的教育，虽然高中实行课程选修制度确实有利于发展学生的个性与特长，但许多高中生不喜欢学习理科，特别是不喜欢学习物理，选修物理的学生越来越少，使得一些日本人不能不担心这样下去日本将来的科学基础会后退。因此，《学习指导要领》提出的教育目标突出强调培养学生“对自然的关心和探究心”，要求在科学和物理教育过程中进行观察、实验、探究活动和课题研究，使科学和物理教育进行得生动、有趣，使学生亲近自然、接触身边的自然事物和

[1] ABD-EI-KHALICK F，BOUJAOUDE S，DUSCHL R，et al. Inquiry in science education：International perspectives [J]. Science Education，2004，88（3）：397-419.

[2] 进藤公夫. 理科授業改革におけるボトムアップ・アプローチの勧め [EB/OL]. http：//certcms.shinshu-u. ac.jp/jsse/kenkyu/070114.pdf.

[3] 段云华. 日本教育现代化对中国的启示 [J]. 湖北成人教育学院学报，2001（1）：8-10.

现象，在好奇心的驱使下体验探求知识的感动和喜悦，从而培养热爱科学的学习态度。[1]但是，日本各个学段的学习指导要领都没有明确提出探究教学的具体环节。角屋重树在科学课教学的创新模式中总结了日本探究式科学教学的四个特点：①创设让学生能够产生探究"真实"问题的情景，并通过科学探究活动，解决"真实"问题；②通过体验科学探究活动，让学生自己"悟出"有证据的、真正理解的结论；③通过表达与交流，完善自己得出的结论，并使其得到更多人的认可；④要让学生在科学探究过程中，能够把日常生活中的认识转化、提升为科学的认识。[2]

彼得·道的《为何探究？——一种历史与哲学的解说》指出："通过探究学习科学并不是什么新鲜事。观察、提问、开展调查早已成为人类理解世界的一种基本方法。""今天我们传承的探究热情不仅来自古希腊人，同时还来自文艺复兴时期的伽利略和达·芬奇，以及启蒙运动时的洛克和卢梭。"人类将与生俱来的认知热情倾注于探究活动，使美国人看到"科学探究已成为我们技术领先、经济繁荣的源泉"，因此赞同学校教育把培养学生的探究能力放在中心位置，同时也质疑：能够揭开宇宙奥秘的人脑的探究能力给人类带来的总会是福音吗？结论是："也许在今天，相比于以往的任何时候，普通公民具有独立思考的能力或许会成为生活在日益科技化的世界里的一把最好的保护伞。既然如此，发展质疑和独立思考的能力应成为学校教育的基本目标。""课堂教学围绕着让学生仔细考察真实现象、探究不仅由老师还由学生自己提出有意义的问题来设计……学校教育有望从杜威所担心的会造成学生在思想上迷信权威的情形中解放出来。"[3]显然，彼得·道提倡探究教学的主要目的不是培养探究技能，而是培养探究精神，即不迷信权威的科学精神。

综上所述，探究教学得到国际科学教育界的普遍认同，整体上是因为人们认识到公民的科学素养是立国之本，国民只拥有僵化的结论性知

[1]（日）文部科学省. 高等学校学習指導要領［J/OL］.［2011-03-30］. http://www.mext.go.jp/component/a_menu/education/micro_detail_icsFiles/afielfile/2011/03/30/1304427_002.pdf.

[2] 孟令红. 日本探究式科学教学的特点及其对我国的启示［J］. 当代教育科学，2009（12）：53-56.

[3] 美国国家科学基金会教育与人力资源部中小学及校外教育处. 探究——小学科学教学的思想、观点与策略［M］. 罗星凯，李萍昌，吴娴，等译. 北京：人民教育出版社，2003：6-9.

识不能满足社会对公民素质的要求。在这样的大背景下，科学探究以其优异的功能受到科学教育工作者的青睐。有人认为在学校的科学教育活动中采用探究的方式组织教学，让学生经历类似于科学家开展科学研究那样的探究过程，可以让学生从中积累探究经验、学习科学方法、提高探究能力；也有人进一步认识到，让学生经历探究过程可以使其获得科学探究的体验，有利于学生认识科学的本质，在社会生活中正确地看待科学与运用科学；还有人关注科学探究与建构主义学习理论的一致性，即探究式学习符合学生自主建构科学概念的认知规律。总之，对未来公民科学素养的认识不同，对科学探究可能发挥的教育功能的关注点不同，会导致探究教学具有不同的侧重点。

值得注意的是，美国正在酝酿新的科学教育改革，与本书研究直接相关的是，在 2011 年颁布的《K—12 年级科学教育框架：实践、跨学科概念和核心概念》(以下简称《新框架》)，一个重大变化是"实践"成为关键词,取代了 1996 年版《美国国家科学教育标准》中的关键词"探究"。《新框架》解释说，改用"实践"一词，不是为了取代探究，而是要为"探究"正名，更好地阐述探究在科学中的含义，即作为其题中应有之义的认知、社会、行为等多维度的实践活动。[1]作为描述学生发展方向的三个维度之一，"科学与工程实践"维度又细化为八项实践内容，即：①提出问题（科学）与界定问题（工程）；②发展与运用模型；③计划与开展探究；④分析与阐释数据；⑤运用数学与计算思维；⑥构建解释（科学）与设计解决方案（工程）；⑦运用证据，参与辩论；⑧获得、评价与交流信息。[2]显然，这里面包含了大量的科学探究活动，同时又补充进一些工程实践要素。《新框架》指出："在现有的基础科学教育中，这些实践往往未能得到应有的重视。全面地参与各种科学实践能够帮助学生理解科学知识是如何发展起来的，并让他们认识有关探究、建模与解释这个世界的多种途径。与此类似，参与工程领域的实践也能帮助学生理解工

[1] 唐小为，丁邦平．"科学探究"缘何变身"科学实践"？——解读美国科学教育框架理念的首位关键词之变［J］．教育研究，2012（11）：141-145.

[2] 美国基础科学教育框架（译文）［EB/OL］．［2012-11-27］．https：//www.douban.com/note/249432635/2012-11-27.

程师的工作，以及科学与工程之间的关联。”[2] 这一重大变化提示我们，需要更加客观、理性地审视探究教学的理念与实践，既要看到提倡探究教学的必要性，又要充分认识探究教学的局限与实施中的偏差。

二、探究教学思想在中国

中国在基础教育中正式提出“探究教学”是在21世纪初的课程改革文件中。在此之前，中国悠久的文化中已有探究的思想，一批优秀的物理教师凭着自己对物理教育的深刻理解，程度不同地实施着具有探究味道的物理教学，也有学者基于本土的教育现象提出了“诱思探究教学论”，或者是开始向国内介绍国外探究教学的理论与实践。简述如下。

古代，曾有韩愈《进学解》云：“业精于勤，荒于嬉；行成于思，毁于随。”《古文观止》注释“随因循也”，即“随”的含义是因循现成的经验。整句话的意思是，学业的成功在于勤奋的态度，荒废的原因则是嬉笑玩耍；做事的成功在于深入的思考，失败则是因为因循守旧（用今天的话说就是缺少探究和创造精神）。《大学》曰：“古之欲明明德于天下者，先治其国；欲治其国者，先齐其家；欲齐其家者，先修其身；欲修其身者，先正其心；欲正其心者，先诚其意；欲诚其意者，先致其知；致知在格物。物格而后知至，知至而后意诚，意诚而后心正，心正……”意为“要想诚实自己的意念，先要获得知识。获得知识就在于推究事物的原理。推究了事物的原理才能得到真知，得到真知然后才能意念诚实……”[1]

现代，我国也有一批优秀的物理教师，他们的教学实践中蕴含着朴素的探究教学的元素。中国教育学会物理教学专业委员会在成立30周年之际编撰了一本《育林撷英——物理名师教育思想集》，记述了三十多位在我国中学物理教育界有重要影响和杰出成就的物理教育研究者和特级教师，郭玉英在为该书作序时指出：“从名师们的中学物理教学实践可以看出，科学探究不是舶来品，早在新课程标准颁布以前，已产生了科学探究的物理教学模式，与目前倡导的科学探究并无二致。”

据查阅的资料看，陕西师范大学教育科学研究所基础教育研究室张

[1] 王文锦. 礼记译解（下）[M]. 北京：中华书局，2001.

熊飞教授是国内最早系统研究并提出探究教学模式的学者。1981 年起，他主持了“国家教委直属师范大学基础教育改革与发展研究”教育科研项目——“诱思探究教学改革实践研究”，1995 年通过由全国教育科学规划领导小组办公室组织的国家级鉴定。[1] 据介绍，该课题的提出经历了调查体验、试验摸索、筛选深化三个阶段的酝酿，15 年中，该课组在 8 个省建立了 24 个教改基地，先后有 26 个省、市、自治区的几千名教师参与教改实验。他提出在教学过程中“发挥教学职能→启动教学机制→实现教学价值”的演释结构，并提出以“学生为主体、教师为主导、训练为主线、思维为主攻”的全新的“诱思探究”教学思想和教学观念，要求在教学过程中经历“探索”和“研究”，亦即“观察”和“思维”两大层次，最终达到学生“掌握知识、发展能力、陶冶品德”的三维教学目标，从而构建了包括“三维教学目标论”“诱思教学思想论”“探究教学模式论”“探究教学方法论”等内容的“诱思探究教学”理论体系。[2] 该课题组出版了《诱思探究教学导论》等多部专著，在《教育研究》等重要刊物上发表论文数十篇，1993 年获得陕西省政府普通高校优秀教学成果一等奖。在中国知网以“诱思探究教学模式”为主题词进行检索，1984~2000 年间的相关论文数量如表 1–1 所示，显示课改前已有一批教师开展着探究教学的实践并进行着理性思考。

表1–1　中国知网显示1984~2000年间有关诱思探究教学模式的期刊文章数目统计

年份	1981	1982	1983	1984	1985	1986	1987	1988	1989	1990
文章量	/	/	/	1	0	1	0	2	0	1
年份	1991	1992	1993	1994	1995	1996	1997	1998	1999	2000
文章量	1	3	0	3	2	8	14	10	8	29

此外，王文清等人在《我国中学物理教育中的探究教学思想溯源》一文中对我国开设中学物理课程以来的课程文件以及物理教学理论与实践进行了历史的考察，发现“课改前我国中学物理教学中的探究教学思

[1] 刘新科. 具有中国特色的教学理论——《诱思探究教学导论》评介 [J]. 陕西师范大学学报（哲学社会科学版），1996（2）：172–173.

[2] 李卫东，冯亚哲. 张熊飞主持的“诱思探究教学改革实验研究”通过国家级鉴定 [J]. 陕西师范大学学报（哲学社会科学版），1995（4）：173.

想源远流长且不断发展，尤其是到20世纪八九十年代，中学物理教学的理论与实践所体现的科学探究思想是极其鲜明的，而且是极有水准的”。其中提到1984年林桐绰提出的“研究式教学程序”是我国最早的具有明显科学探究特征的教学模式；阎金铎、查有梁1996年出版的《物理教学论》已经基于“福建省中学物理教改研究会的‘实验探索法’教改实验、辽宁省实验中学胡坤英的‘物理实验探索法’实验、广西桂林高中刘殿雄的‘指导探究法’试验、江苏盱眙县教师进修学校的南充‘实验探索法’教学实践等，概括出‘指导－探索模式’教学模式”。[1]

至于将国外的探究教学介绍到国内，较早见于期刊的文章有钟启泉发表于《外国教育资料》1984年第1期的《着眼于信息处理的教学模式——现代教学模式论研究札记之一》，其中介绍了萨其曼的探究教学思想与操作方式。高德建发表于《外国教育研究》1986年第2期的《教师怎样组织和指导探究教学》，开门见山地指出“探究教学是国外比较流行的一种教学法。探究教学的核心是通过教师的指导，学生以自主的方式来探求知识、解决问题，并从探究活动中培养创造才能”，进而从教学目的、教学组织、教学效果、教学氛围等多个角度介绍了探究教学的特点，指出“探究教学的一个主要目标是鼓励独立的、机智的思考”，“要求学生自由地去探求知识”，“教师在教学中主要起催化剂的作用”，“每一种探究教学法都有一定的教学模式，是由一个个可以编排的教学程序所组成的一整套活动。同时，各种活动的顺序又是可以根据教育的实际需要灵活变换的，既要求有一定的思维程序，又不强调解决问题的固定模式”，并由简到繁介绍了七种探究教学的方法：苏格拉底法、有控制或指导的讨论、跳板技术（在讨论或探究活动中呈现用来跳离原有观点的信息）、问题解决法、个案研究法、设计（针对一项任务）、项目研究。[2]

2001年启动的基础教育课程改革明确提出改革的目标之一是“改变课程实施过于强调接受学习、死记硬背、机械训练的现状，倡导学生主动参与、乐于探究、勤于动手，培养学生搜集和处理信息的能力、获取

[1] 王文清，郭玉英. 我国中学物理教育中的探究教学思想溯源［J］. 物理教师，2013，34（6）：4-6.

[2] 高德建. 教师怎样组织和指导探究教学［J］. 外国教育研究，1986（2）：43-47.

新知识的能力、分析和解决问题的能力，以及交流与合作的能力”[1]，探究教学成为各学科课程标准大力提倡的教学方式，一时间，科学探究几乎成为新课程的代名词。

可以看出，我国科学教育大规模提倡探究教学主要是针对现状与问题，借鉴国际科学教育经验的结果，同时也有着一定的符合科学教育内在特征要求的实践性基础。

从历史上看，我国台湾一直受到东、西方两种文化的影响。前者是一种道教的文化，特征是利用整体的、神秘的方法去预期所有生物的一般规律；后者的文化需要用还原法、分析法及机械的方法来“询问”自然。台湾人喜欢做到与自然一致，寻求人与自然之间的和谐，而不是控制自然。因此，对于台湾人来说，科学的人生观是以将自然融入阅历为目的的道教和“探究”，而不是提前探索大自然。19世纪初，西方科学被广泛地引入中国。中国开始意识到科学在推动国家利益和影响力中所起的重要作用。渐渐地，科学研究被认为是用严谨、系统和客观的方法来寻求“真理”。科学研究的概念已经影响了台湾的科学课程。在过去的30年里，几乎没有台湾科学教育家激烈讨论和质疑科学课程中对于研究的定义和哲学基础的问题。因此，在这期间，研究已经等同于传统的实验室工作，学生只进行规定的实验操作来加强具体科学概念的知识。直到1999年，台湾教育主管部门（Ministry of Education，简称ME）开发的新课程标准模仿全美科学教育标准（National Science Education Standards）（NRC，1996）上提出的内容提出科学探究的概念。新标准强调所有1~9年级的学生应该开发调查和科研能力，包括运用“科学方法，如观察、收集信息、比较、分类、整合、总结、判断和推断来构建科学概念；独立思考以及解决问题的能力”（ME，1999）。希望新课程的实施将带来深刻的变革，例如，用强调引导和开放性的研究活动取代旧的台湾课程专门强调的确认和建构探究活动（Tafoya，Sunal，Knecht，1980）。然而，到目前为止，变化已经被限制在“探究”活动的执行中，即从严密实验室设置到不甚

[1] 中华人民共和国教育部. 基础教育课程改革纲要（试行）[EB/OL].［2001-09-26］. http://www.edu.cn/20010926/3002911.shtml.

严格的设置，如日常生活的问题。[1]

三、探究教学内涵的发展

从探究教学在上述国家和地区的被提出以及越来越受重视的过程可以看出，探究教学的内涵实际上是在不断发展的，主要反映在理解科学探究与发展对探究教学目的、意义、本质特征的认识。王文清的博士论文指出：国外科学探究教学的发展大致分为三个时期（Dennis，Sunal，Wright，2006），不同时期，科学探究教学的关注点有所不同。早在 19 世纪末到 20 世纪早期，科学之所以能够进入 K~12 课程是基于科学家的一种信念——科学可以为学生提供观察自然界并通过归纳做出结论的机会，当学生在实验室进行独立探究时，他们的智力就可以得到发展。这一时期的科学探究教学注重观察和思维等过程技能。然后是 20 世纪五六十年代的理科课程改革时期，科学探究教学倡导让学生像科学家一样去发现。当时的教材注重批判性思维技能和科学本质，但探究被高度结构化，很少让学生去提出要探究的问题、构建要检验的假设、预见实验结果、设计自己的实验、运用实验技能，以及提出新的问题等。第三个时期就是 20 世纪 80 年代至今，对科学探究教学的认识集中体现在《美国国家科学教育标准》和《科学探究与国家科学教育标准——教与学的指南》中。[2]

对于科学探究的理解，最初人们关注的是科学探究的方法，并认为科学方法是一系列独立的思考技能，这些技能可以独立地练习和发展，然后再结合起来解决更复杂的问题。这种训练“过程技能”的探究教学模型已经被主流认识所放弃。其次是“逻辑策略模型”，将控制变量作为科学探究的特征。在 20 世纪 70 年代末和 80 年代初，英国的学生成绩评价机构（APU）采用了这种模型对学生的科学探究能力进行大范围的评估，控制变量类型的实验也纳入了英国的国家科学课程之中。然而，研究者对 APU 和英国国家课程中的科学探究提出了批评，认为将科学探究

[1] ABD-EI-KHALICK F，BOUJAOUDE S，DUSCHL R，et al. Inquiry in science education: International perspectives [J]. Science Education，2004，88（3）：397–419.

[2] 王文清. 促进认知转变的探究教学模型研究 [D]. 北京：北京师范大学，2012：20–21.

限定为控制变量的实验范围太窄，影响了对科学探究包含的其他要素的关注。针对以上两种模型的问题，一些从认知科学角度出发的研究者把科学探究看作问题解决的一种形式，提出 PACKS 模型（如图 1-1 所示）。这一模型关注学生原有的认识和技能对科学探究过程的影响，较好地描述了一个完整的科学探究过程，但模型是从一个给定的任务开始分析的，忽略了学生发现和确定探究问题的过程。有些研究者提出，学生的科学探究和科学家的探究过程同样是一个复杂的过程，可以分为创造和证明两个阶段。前一阶段很难进行描述和解释，后一阶段则是一个逻辑过程，容易开展研究和进行教学。因此对科学探究的研究侧重于证明阶段，注重证据的收集和解释。[1]

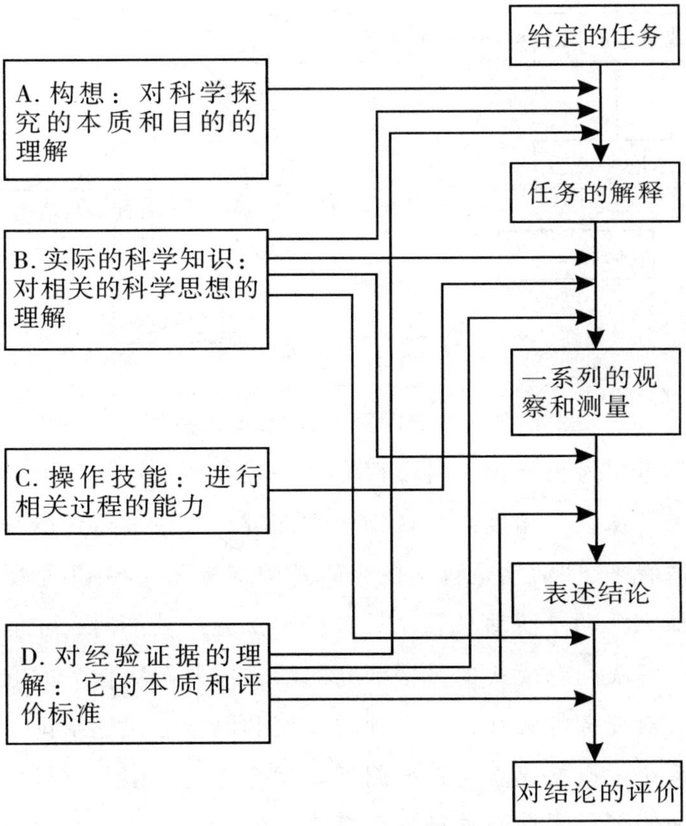

图 1-1　PACKS 模型[1]

[1] 郭玉英. 学生的科学探究能力：国外的研究及启示 [J]. 课程・教材・教法，2005，25（7）：93-96.

后来，美国、加拿大等国家的一些学者对上述解决问题的探究模式有了进一步的发展，强调科学探究应围绕儿童科学概念建立的进程来组织，因为科学概念是科学思维和解决问题的本质，如图 1-2 所示。这种概念建立模式强调了科学探究是一种理性活动，重视儿童认知的建构过程，克服了解决问题模式中对儿童在科学探究中的地位以及如何发展等问题上的不足之处。应该说，这种模式将科学探究提升到一个较高的高度，更接近科学探究的本质。但同时，模式中有将科学探究等同于科学概念的倾向，对科学探究能力的重视略显不足。

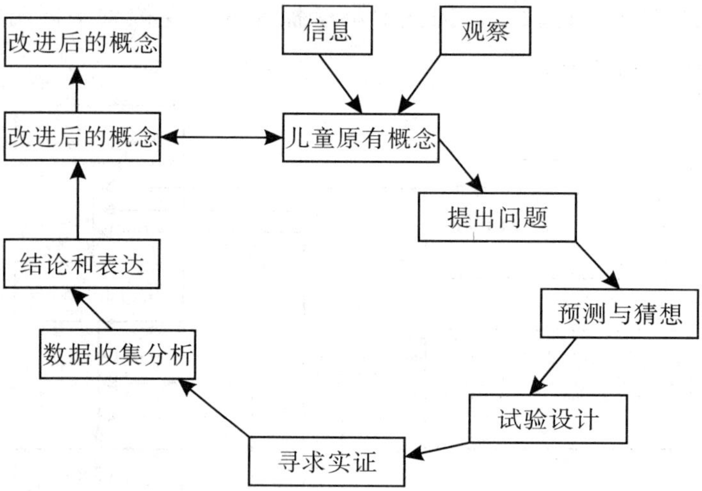

图 1-2 科学探究的概念建立模型[1]

我国学者童海云指出，科学探究是一种多侧面的活动，具有复杂的结构，如果仅从某一角度出发认知科学探究，会造成认识的片面性、主观性。在他看来，“活动是科学探究的基础结构”，但并不是所有的活动都是科学探究活动。活动只有在具有科学探究的功能时，才能成为科学探究活动。解决问题模式把科学探究的活动按照解决任务的方式分成给定的任务、对任务的解释、一系列的观察和测量、表述结论、对结论的评价五个系统；概念建立模式强调了科学探究过程中儿童科学概念的建构过程，强调了科学探究与科学概念之间的关系，即科学探究的组织结构系统的划分应从科学探究主体认知发展的角度来考虑。童海云受此启

[1] 童海云. 科学探究结构的再探究［J］. 科学课，2008（3）：6–8.

发提出："科学探究从整体上是否就应该从认知和实证两个互为补充角度来将科学探究各种功能性活动组织起来？"这样一来，科学探究的结构也就变成了图 1-3 的样子。童海云指出，该模型"1. 强调了科学探究中儿童认知活动与实证活动的相互影响和作用，这两部分活动互为基础，构成了科学探究的整体。认知活动保证实证活动是在理性思维的指导下进行的，实证活动保证了认知活动的科学性。2. 强调了科学探究过程不再是一个线性发展的过程，认知活动和实证活动是一个多次交织的集合，也是一个循环的过程。这种交织，有局部的交织，也有整体的互相印证；这种循环，有局部的循环，也有整体的大循环上升。这样的循环和交织的过程才能保证科学探究活动是科学的和理性的活动。3. 强调了科学探究活动中某些功能性活动处于两个组织结构中的'关节'之处。如计划与设计，它是在学生原有认知的基础上发展起来的，又指导着学生将要进行的实证操作活动。数据收集分析是在学生实证操作过程中的一项任务，又是形成新认知的基础。"[1]

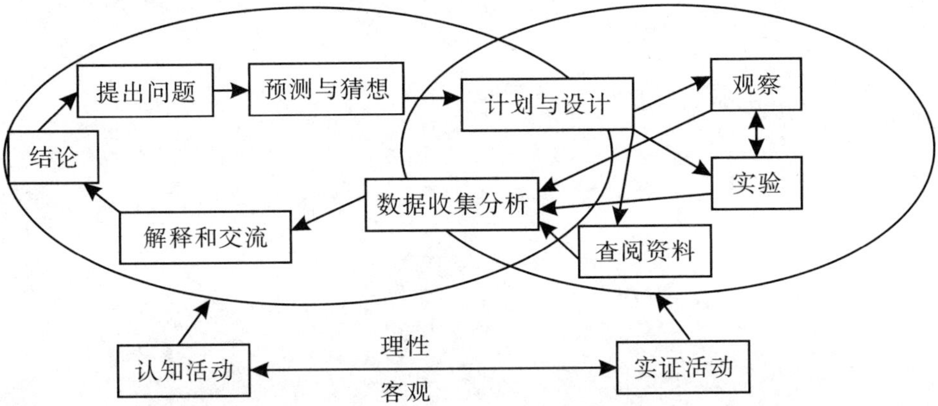

图 1-3 科学探究的"认知－实证"整体结构模型

我们提倡探究教学，希望学生能像科学家那样，然而科学家的探究也有不同的类型。施瓦布将科学探究分为动态的探究（Fluid Inquiry）和稳态的探究（Stable Inquiry）两种[2]。其中稳态的探究是指在一定的科学原理指导下，利用某种常规的研究方法，发现并积累关于问题或现象的

[1] 童海云. 科学探究结构的再探究［J］. 科学课，2008（3）：6-8.
[2] 李华. 探究式科学教学的本质特征及问题探讨［J］. 课程 · 教材 · 教法，2003（4）：55-59.

科学知识的过程，这是科学研究的常态。与之相反，动态的探究没有现成的科学原理或方法作为探究实践的依据或可以效仿的先例，那么，科学探究的工作就不得不是发明一种与传统认识或做法不同的新概念、新方法，甚至新的理论体系，这样的探究具有革命性。科学正是在这两种探究交替出现、相互推动的过程中发展的。因此，探究教学也应该可以有不同的程度、层次。

第二节　探究教学的本质特征

从上节对探究教学的提出过程与内涵发展的梳理可以看出，探究教学是为了教探究而提出的教学方式。探究教学重在理念而非形式，因此，应抓住探究教学的本质特征来认识探究教学。

在综述探究教学的各种定义时曾经提到两种特征定义，一是美国《科学探究与国家科学教育标准——教与学的指南》提炼出课堂探究的五个基本特征——问题、证据、解释、评价、交流与论证；另一个是李华的观点："一切能使学生充分理解科学探究的本质特征，发展学生逻辑思维和批判性思维能力的教学方式和过程——不论它是一种以动手活动、直接探求知识的形式为主，还是以分析、讨论课文等间接学习知识的形式为主——都应称为探究式科学教学。"[1] 前者因为与我国课程标准中的科学探究要素具有相似性，可能不利于我国教师把握探究教学的本质，因此，本书在梳理探究教学的理论基础与教学目标的基础上，借鉴李华的研究，提出如下三个探究教学的本质特征。

一、理性批判思考

无论是基于科学的本质还是为了培养学生独立思考的品质，探究教学所要求的学生的思考都一定不是简单的思考，更不是可以不加思考地按程序操作。

童海云在综述国外几种科学探究模型的发展历程后指出："科学探究是一种实证活动。不管是运用逻辑策略还是解决问题的模式，都强调了科学探究是一种寻求证据获得解释的实证活动。科学探究是一种理性的思维活动。在问题解决、逻辑推理和概念建立过程中，科学的思维起着至关重要的作用。"[2]

科学探究不是照着实验步骤的要求操作仪器、测量数据、填写实验

[1] 李华. 探究式科学教学的本质特征及问题探讨［J］. 课程·教材·教法，2003（4）：55-59.
[2] 童海云. 科学探究结构的再探究［J］. 科学课，2008（3）：6-8.

报告单、获得结论，也不是随便猜想一个结论，然后努力设计一个实验验证猜想是正确的就完事了。如此真的会像有些质疑者担心的那样，学生不但学不到系统的知识，还会对科学的本质形成错误的认识，以为科学只需要建立在少量实验的基础上，从而养成看到一个现象就妄下结论的不良习惯。“事实上，施瓦布并没有把‘动手做科学’或‘让学生亲身体验科学探究过程’本身作为探究式科学教学的判断依据。相反地，他指出，‘口号+统一程序’式的‘探究式科学教学’是一种新的教条——关于科学知识和过程的教条，而且是比传统的教条式教学更值得怀疑和无用的教条。”“回忆施瓦布对‘探究式教学’和‘科学探究’之本质特征的阐述要点，我们不难得出这样的结论：让学生通过科学课的学习，了解科学过程的特征和本质，发展学生的逻辑思维和批判性思维能力，培养学生对科学知识或理论的开放态度、创新精神以及严谨的科学实证精神，才是探究式科学教学的本质特征。”[1]

我们不能把探究教学简单地理解为让学生动起来，探究更需要学生动脑思考，而且不是一般性地想一想。科学需要实证，但不能证实，只能证伪。科学是一个求真的过程，而且这个“真”是随着人们对客观世界认识水平与认识能力的不断提高而不断修改、完善或摒弃的。因此，科学探究的核心精神或者说探究教学的本质特征应该是对科学问题的理性的批判性思考。教师要引导学生不畏权威，敢于怀疑，用开放的态度看待现有的知识，有根据、有逻辑地审视已有的理论，不断地扩展自己的认识，提高认识的水平。

二、将科学探究作为教学内容

对于科学探究，“光有体验是不够的。体验与理解要并行。这就要求教师向学生介绍探究的基本要素，并且在活动中引导学生思考探究活动的特征”[2]。我国初、高中物理课程标准的内容标准也都明确提出了“了

[1] 李华. 探究式科学教学的本质特征及问题探讨［J］. 课程·教材·教法，2003（4）：55-59.

[2]（美）国家研究理事会科学、数学及技术教育中心《国家科学教育标准》科学探究附属读物编委会. 科学探究与国家科学教育标准——教与学的指南［M］. 罗星凯，等译. 北京：科学普及出版社，2004：14.

解”“认识”科学探究各要素在科学探究中的意义的要求。[1, 2]

尽管有学者指出，应该“区分作为教学方式和学习目标的科学探究”，“在教学目标是建构知识时，多采用教师给予适当指导的探究教学；如果目标是让学生体验科学过程、培养创造力，应采用开放度较大的探究教学”[3]，但这些是探究教学的实施策略问题，无论是隐性渗透还是显化认识，学做科学探究、理解科学探究都是探究教学的重要目标。

施瓦布提出的“探究的探究”，通过引导学生审视、分析真实的科学探究的案例，帮助学生理解科学探究。正如《科学探究与国家科学教育标准——教与学的指南》一书，第一章首先介绍一位地质学家的科学探究，然后结合案例指出人类探究的本质。中学物理教学中，我们也可以以物理学史为基础，组织材料，将“电流的发现”、有关“光的本质”的认识过程呈现给学生，并讨论其中与科学本质有关的问题。[4]

周仕东认为：“施瓦布的科学探究同以往的探究是不同的，尤其是与杜威不同。他的探究的主要目的是让学生更深刻地理解科学。”[5]他在引用施瓦布的原话“探究教学的两个方面——作为探究的科学和通过探究教学，在中学理科教育目标中应当给予优先注意的是前者”后分析说：“这样看来，施瓦布在探究活动中，强调的是科学的本质：科学是不断修正的，是可以改变的。”[6]

探究教学要将理解科学与科学探究作为教学内容，这也是探究教学的本质特征。

三、真正以学生为主体

课堂教学是由种种要素构成的复合过程，但最重要的要素是教师、

[1] 中华人民共和国教育部. 义务教育物理课程标准（2011年版）[S]. 北京：北京师范大学出版社，2012：9-10.
[2] 中华人民共和国教育部. 普通高中物理课程标准（实验）[S]. 北京：人民教育出版社，2003：10-11.
[3] 范佳午，郭玉英. 美国科学课程中的探究——争论、实践和启示 [J]. 上海教育科研，2012（11）：29-32.
[4] “电流的发现”“光的本质”为两个香港学者开发的科学本质教育课例。
[5] 周仕东. 科学哲学视野下的科学探究教学研究 [D]. 长春：东北师范大学，2008：28.
[6] 周仕东. 科学哲学视野下的科学探究教学研究 [D]. 长春：东北师范大学，2008：26.

学生与学习内容。传统的“教学三角形模型”是最基本的教学结构模型，教师、学生、教材三者组成以教师为核心的三角形，即教师发挥着使学生与教材交互作用的指导性作用。钟启泉认为，倘若对已有的“教学三角形模型”“做一个颠覆性的修正，即把作为学习主体的学生置于三角形的顶点，把教师和教材（学习资源）视为构成对话性实践过程的‘应答性学习环境’的要素，则体现了一种新的教学观——对话哲学”[1]。在新的教学观中，学生是学习的主体。

从启发式教学到探究式教学，最根本的变化是看教学活动的视角的变化——从关注教师的教（教师如何启发学生积极思维）到关注学生的学（学生如何主动地参与到建构知识的过程中）。虽然启发式教学也承认学习的主体是学生，但教师作为掌握知识结论的人，为了让学生尽可能少走弯路、尽快到达终点，要时刻为学生把握方向、铺路搭桥，学生容易养成这样的思维习惯：遇到困难时就想老师刚才讲什么了，期待从“专家”的暗示中找到解决问题的思路与方法。殊不知，学生走上社会后，遇到问题时没有人能够像老师那样启发他，特别是在知识飞速增长的现代社会，他们遇到的大量问题将是没人解决过的问题，没有现成的答案。因此，学生需要的是独立解决问题的能力，那么学校教育为了学生的发展，就应该为学生提供积累探究经验的机会。

期待学生少走弯路、尽快到达目的地的危险还在于学生往往比教师期待中的反应慢，教师就会认为学生“启而不发”，于是转向“简单”“快捷”的讲授式甚至是灌输。但是这样的情况在教师选择探究式教学后也会遇到，所以关键是要真正以学生为主体。

以学生为主体的教学实质是“学生确确实实（实实在在）通过自己的思维与相应行为（行动）完成的学习过程”，以学生为主体的教学落实表现为“对确定情境的确定问题，对学生自我选择的、确定但可改变的思路、途径与方法，教师从共同参与研究的角度，就着学生所选择的思路、途径、方法，做出引导、质疑和扩展、帮助”，“如果是就着学生说的（词、话）引向教师需要的思路（方向），那么貌似落实，实则体现”[2]。我们用一幅

[1] 钟启泉. 新课程背景下学科教学的若干认识问题 [J]. 教育发展研究，2008（15/16）：7-11.
[2] 续佩君教授2013年在北京市中小学名师发展工程物理学科教师培训中的演讲内容。

图简单、形象地表达这种认识：如图 1-4，图中带箭头的实线表示学生经历的真实的思维过程，与（a）的断断续续、直奔目标相比，（b）代表以学生为主体的课堂，学生的认识起点是他（因为是示意图，只用一个学生为代表，实际情形要复杂得多）的原有认识，在学习过程中，他可能走弯路，但思维一直是连续不间断的，目标用虚线表示，代表有目标预设，也允许动态生成。

说到学生思维的连贯性，好教师都追求“凡是学生能说出来的就一定不替学生说”，这是为什么？因为好的教师都知道，“语言是思维的外壳”，学生能说出来证明他动脑子想明白了。一旦教师替学生去说，学生就很有可能跟不上教师的思维，于是学生的思维就断了。仅从接受、理解知识的角度，也必须通过外在的让学生说来促使学生有持续的思维活动。

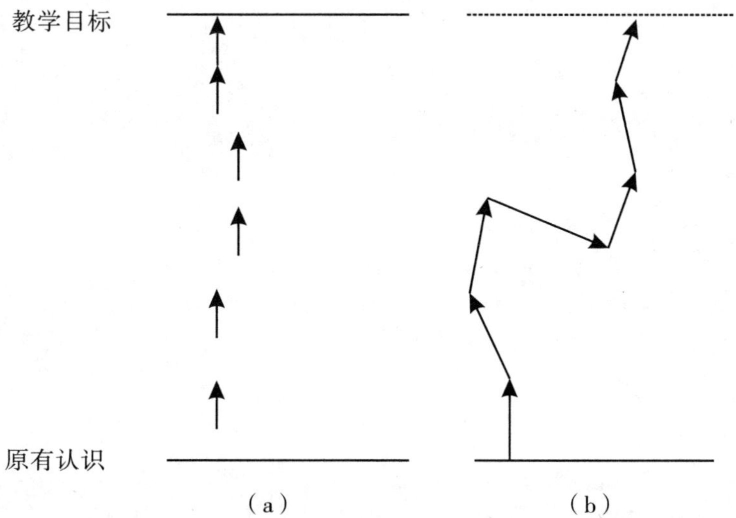

图 1-4　以学生为主体的课堂表现示意图

探究教学要真正以学生为主体，教师的作用应该体现在对学生的探究思路的指导与包括知识、工具、研讨环境等在内的各种条件性支持上。要从思路上指导学生探究，教师自己必须会探究、懂探究。要支持学生探究，而不是替学生探究，最根本的是需要教师彻底放弃“仅仅以教给学生知识结论为目的”的教学观念。具体策略上，应该首先考虑令课堂聚焦于一个核心问题，而不是如启发式教学那样采用“问题链”的策略，更不能提一堆零散的问题，这样，学生作为学习的主体才能有充分的思维空间。图 1-4（b）中每一段箭头的长度都比（a）的长，包含了思维空间的含义，但还没有表达出问题的特征。

总之，理性的批判性思考、将科学探究作为教学内容和真正以学生为主体是探究教学的三个本质特征。

第三节　探究教学的理论基础

教育问题任何时候都不可能脱离社会发展的大背景。不同时期社会发展的不同需要对教育提出种种不同的要求，影响着整个社会对教育功能的定位，也影响着教育者的教育理念与目标追求。进入教学系统内部，学习的主体（学生）与学习的客体（学习内容）又是影响教育目标达成的关键因素，如何认识学生的认知规律，科学教育的内容究竟应该是什么，是选择教的内容与教的方式的最重要的理论依据。为此，本书从现代教育理念、认知理论、科学哲学三个角度来梳理探究教学的理论基础。

一、以人为本的教育理念

教育以何为本？教育的根本目的是什么？社会主流价值观对于这一问题的认识是随着人类文明的进步而发展的。当初之所以要有教育，是为了传承已有的知识；进而教育成为贵族阶级的特权；随着科学技术的发展，国家、民族需要以科学技术为生产力而在世界之林立于不败之地，教育的目的又转向培养国家、民族的精英与社会需要的有文化的劳动者。温家宝总理在联合国教科文组织的第五届全民教育高层会议开幕式上的致辞指出："教育是人类文明传承不息的火炬，是经济社会发展通向明天的桥梁，是实现人的全面发展的基本条件。"[1]全面概括了21世纪中国政府及有识之士对教育的认识，我们的基础教育不再是精英教育，不以培养学科人才为目标，而是大众教育，目的是提高全体公民的素养，为其终身发展奠定基础。由此，"以人为本"成为我国基础教育的基本理念。

"以人为本"的思想自古就有。早在2000多年前的春秋时期，齐国政治家管子就提出"夫霸王之所始也，以人为本。本理则国固，本乱则国危"；古希腊哲学家普罗泰戈拉也提出著名的论断："人是万物的尺度，是存在者存在的尺度，也是不存在者不存在的尺度。"这些都表现了对人

[1] 引自http：//www.china.com.cn/zhibo/2005-11/28/content_8784801.htm。

的作用和价值的重视和肯定。自西方文艺复兴以来，人本主义思潮兴起，真正开始了人的自我觉醒与自我发现，强调以人性代替神性，以人权对抗神权。[1]到了20世纪60年代，美国经济学家舒尔茨提出“人力资本”理论，引起了社会学家、经济学家以及企业家对知识型人才的高度重视。由于在经济与社会发展中人的因素的日益重要，人们又开始赋予“以人为本”的理论以新的内涵，即由过去的“官本位”“钱本位”“资源本位”逐渐成为“人本位”。而在我国，“以人为本”的观点于20世纪90年代末在理论界成为热门话题。2001年“两会”期间，朱镕基总理在政府工作报告中提到了“以人为本”的观点，同年12月，教育部在北京举办首届“以人为本”师德建设论坛,正式以官方的名义响亮地提出了“以人为本”的口号。[2]

所谓“以人为本”，从根本意义上来说，就是一种对“人”在社会历史发展中的主体作用与地位的肯定。反映在教育中，“以人为本”就是要尊重人和为了人的发展。

首先，教育应该尊重被教育者的基本人权。求知与探究是人的天性，那么，让学生用符合他们天性的认知方式去学习，是教育工作者必须做出的选择，至少是要为这种学习提供一定的空间。新出生不久的婴儿已经会通过探究来认识他周围的世界。如果教育完全不让学生去探究，就如同捆住婴儿的手脚、屏蔽他们的五官，是灭绝人性的行为。

其次，教育应该为了人的发展与人终生的生活质量。第一，学生今天在学校求学，学校教育有责任帮助学生发展适应未来社会要求的能力。众所周知，未来社会需要人面对知识的快速更新，需要劳动者创造性地解决问题，而学生在学校中的探究实践有利于帮助学生建立面对新知识、新问题的自信，有利于培养学生创造性地解决问题的能力。为了学生将来更好的职业生活，应该让学生在学校中学习科学探究、理解科学探究。第二，教育还有责任为学生未来的精神生活做准备，那么探究教学有利

[1] “教育以人为本”及其误读[EB/OL].[2011-06-28].http://wenku.baidu.com/view/b966041fc281e53a5802ff3f.html.

[2] 刘廷功.谈如何落实以人为本的教育理念[EB/OL].[2012-04-06].http://mingxiaozhang-yantai.qlteacher.com/Studio/370624196604250014/7485.aspx.

于保持学生的求知欲，培养他们追求真、善、美的态度与能力。说到底，人的最本质的特征是有一个能独立思考的大脑。让我们回到马克思的“人的全面发展”观，人的全面发展就是“人以一种全面的方式，也就是说，作为一个完整的人，占有自己的全面的本质”[1]。人的全面发展，是人的活动特别是人的劳动活动的全面发展，以及人的需要和能力的全面发展；是人的社会关系的全面丰富、社会交往的普遍性和人对社会关系的全面占有与共同控制；是人的素质的全面提高和个性的自由发展。[2]这是马克思主义的最高价值追求。

有个性的、身心健康的人应该是终生具有求知欲、能够独立思考、具有创新精神与实践能力的人，这需要通过探究教学来实现，因为探究教学可以保护人的探究本性不被后来的教育所磨灭，同时能够发展其探究能力。科学教育必须为学生的未来着想，让学生认识真实的科学，并培养学生适应社会生存的能力与态度，为社会的进一步发展做贡献。所以，提倡探究教学是以人为本教育理念的必然结果。

二、建构主义学习观

“儿童对科学的认知特点应是科学教育决策的重要基础。”[3]关于学生是如何学习的研究告诉我们，学生在进入课堂时大脑并不是空的容器，他们带着自己的思维习惯与已有经验对课堂情境中的信息进行分析、处理，建构新的认识，因此，学习过程本质上是学习者自主建构知识的过程。

丁邦平在《论基础科学课程与教学中“科学探究”的价值取向》一文中指出：“20世纪60年代提倡的‘科学探究’与90年代以来提倡的‘科学探究’在价值取向上有重要区别：前者基于归纳主义或逻辑实证主义的科学观，后者基于建构主义的科学观。尽管美国一些重要的科学教育政策文献中不见‘建构主义’一词，但其理论基础无疑是建构主义学习

[1] 马克思. 1844年经济学哲学手稿［M］. 北京：人民出版社，1985：80.
[2] 吴向东. 论马克思人的全面发展理论［EB/OL］.［2009-11-19］. http://hxd.wenming.cn/mkszy/2009-11/19/content_68335.htm.
[3] 古德. 儿童如何学科学——概念的形成和对教学的建议［M］. 北京：人民教育出版社，2005：2.

理论。”[1]事实的确如此。《教作为探究的科学》的前言指出：“近几年来，认知学习理论的发展使教育者们认识到：学习者的需要在建构知识的过程中是非常重要的。研究发现，探究式教学方法能够吸引各种类型的学生，帮助他们理解科学与我们生活的联系，理解科学的本质。”[2]从这里看，该书编者正是从认知学习理论出发，为了学习的需要提倡探究式教学的。前文提及的有关日本提倡探究教学的背景也凸显了这一点，为了改变国民“疏远科学技术、理科”的现状、建设“顶喜欢科学技术、理科”的社会，探究教学是措施之一。另外，建构主义学习理论告诉我们，只有学生成为学习的主体，积极主动地思考与认识世界时，他们的学习才是有效的学习。而教师的经验告诉我们，大多数学生不喜欢被动听讲，为了调动学生学习的积极性，我们也要努力为学生提供参与探究活动的机会。

需要注意的是，建构主义有不同的派别，激进的建构主义认识论认为，客观世界是不能被人真实地反映的，人所认识的世界图像是按照人的已有的认知图式有目的地建构的，“这种观点与主观唯心主义的不可知论相同，而与科学精神是相违背的（Osbome，1996）”，“美国 1995 年版的《国家科学教育标准》‘已完全抛弃’了 1993 年版中的建构主义的观点，把‘科学的探究’作为科学教育的理念和方法（Anderson，2002）”[3]，这里说被抛弃的应该是激进的建构主义观点。

学生在探究式课堂教学中的知识建构应为个人建构与社会建构的统一。王文清在梳理探究式学习的发展脉络时，引用张建伟（2008）的观点，“探究性学习是通过学习者亲身的探究过程而进行的学习，各种探究性学习模式基本都可以归结为‘做中学’的思路”，进一步分析指出，由杜威的“做中学”思想，逐步延伸出两类“做”的典型形式——“手工艺活动”原型和“科学研究活动”原型：“手工艺活动”原型着重于实践性问题的解决，演变出动手（Hand-on）活动和项目（Project）式活动，后由建构主义者从情境认知与学习的角度给予解释，发展出“目标情景”

[1] 丁邦平. 论基础科学课程与教学中“科学探究”的价值取向［J］. 教育科学，2006，22（2）：16-19.

[2] 卡琳，巴斯，康坦特. 教作为探究的科学［M］. 北京：人民教育出版社，2008：前言.

[3] 张红霞. 科学究竟是什么［M］. 北京：教育科学出版社，2003：115.

教学、抛锚式教学、“认知学徒制”学习等方法，特别是对实践活动中的社会文化要素给予更多关注，使“做中学”的实践从实践活动场景发展到“实践共同体”；“科学研究活动”原型着重于科学问题的解决，演变出布鲁纳的科学发现学习（核心是科学概念形成的“假设－检验”过程）和施瓦布的科学探究学习，后由社会建构观点以及分布性认知理论将“科学研究活动”从以强调个人“科学发现”的“实验室”研究转向强调社会交往建构的“科学共同体”研究，进而发展出学校教育中的“知识建构共同体”理论。[1]

依照建构主义学习理论，学生是学习的主体，学习科学的过程也是学生探究认识对象的过程。课堂上，学生应在教师的引导下，与同伴相互激励、相互启发、相互探讨，质疑与论证各种观点，形成自己对科学问题的认识。为此，教师应重视课堂探究过程中师生之间、生生之间的表达、交流、倾听、辩论，使学生养成良好的科学思维，加深学生对知识的理解，促进学生的概念转变。

当然，靠学生自主建构知识完成学习任务需要大量时间，而社会发展不允许下一代将大量时间用于继承人类的已有认识，这是不可回避的尖锐矛盾。为了实现对知识的继承与发展，同时培养适应社会发展需要的公民，我们应该在寻找促进学生探究、建构的方法上下功夫，而不应该放弃走这条艰难然而正确的道路。同时，应该承认，继承式学习也是必要的，在学生学习的全过程中应该整体设计、综合运用各种教学策略与方法。这样做并不违背建构主义学习理论。

三、现代科学本质观

探究教学的兴起还有一个重要的原因，就是当今人们对作为科学教育教学内容的“科学”有了新的认识。特别值得注意的是，丁邦平指出：“尽管科学探究是科学家们普遍的活动方式，也是自20世纪60年代以来许多科学教育家所积极倡导的一种科学教学方式，但持不同哲学观和科学观的科学家进行科学探究的价值观或理论基础是不同的，他们科学探究

[1] 王文清. 促进认知转变的探究教学模型研究［D］. 北京：北京师范大学，2012：78.

的方法论基础也大异其趣。”[1]因此，为当代探究教学寻找理论基础，必须特别关注现代科学哲学对科学本质的认识。

“启蒙运动”以来,人们对科学的理解大致经历了四个阶段[2]:(1)“启蒙运动”时期,科学等同于理性自由与实证探究,理性的核心是实证精神,自然科学是这种精神的集中体现；(2)19世纪中后期，科学作为真理的化身变成了静态的“物”，成了可以传递和储存的对象；(3)20世纪初到20世纪五六十年代，人们一方面坚持“启蒙运动”以后关于科学的经验本性立场，一方面摒弃经验的被动性，基于科学实验重建经验的本质，即人对置身于其中的环境、自然、世界的主动反思、探究与问题解决，科学由此成为“探索与实验”；(4)20世纪八九十年代以来，随着人类逐步进入信息时代，科学开始成为“公共科学”或“大众科学”，科学日益具有解释与辩护的性质，成为一种动态变化且情境关联的有证据的思想。

关于科学究竟是什么，鲁旭东在查尔默斯《科学究竟是什么》的译者前言中大致梳理了科学哲学家们持续不断的探索与论证[3]。在波普尔以前的科学哲学中，由于逻辑实证主义长期占据主导地位，20世纪初盛行经验主义和实证主义的科学观，都认为科学知识是以某种方式从观察所获得的事实中推导出来的，科学理论是以观察事实为基础并得到这些事实的支持的。波普尔认为，科学的特点在于科学理论是可否证的。科学知识的发展从以问题为导向的猜想开始，一旦提出推测性的理论就要对其进行严格的检验。凡经受住检验且没有被否证的理论将被保留下来，否则就会被淘汰。查尔默斯以科学史上的实例说明，当遇到否证时，理论并没有像波普尔所说的那样立刻被放弃，因为有错误的可能不是理论而是辅助性的假定或初始条件。库恩强调科学进步具有革命性，强调科学共同体的重要作用。当科学家遵循同一个范式时，他们是在从事库恩所谓的常态科学，当范式遇到阻碍，困难达到难以控制的程度时，危机就会出现，谬误百出的范式会被另一种不相容的范式取代，从而出现革

[1] 丁邦平. 论基础科学课程与教学中“科学探究”的价值取向[J]. 教育科学，2006，22(2)：16-19.

[2] 李雁冰. 科学探究、科学素养与科学教育[J]. 全球教育展望，2008，37(12)：14-18.

[3] 查尔默斯. 科学究竟是什么[M]. 鲁旭东，译. 3版. 北京：商务印书馆，2011：译者前言.

命。科学就是这样不断向前发展的。拉卡托斯一方面试图修改否证主义以便使其摆脱困境，另一方面也吸收了库恩的部分思想，只是用“研究纲领”取代库恩的范式，并努力寻找一种存在于纲领之外的标准，以便确定非相对主义意义的科学进步。费耶阿本德对所有想保持科学方法特殊地位的尝试提出了挑战，论证说，并不存在这样的方法，而且事实上，科学并不具有一些特征可以使它看起来必然比其他形式的知识优越。查尔默斯肯定费耶阿本德反对存在着一种普遍的非历史的科学方法的主张，但同时指出，在科学中存在着一些方法和标准，但它们有可能因科学不同而相异，而且在某一门科学中它们是可变化的，而且会越变越好。贝叶斯学派认为，哲学家所强调的理论的可错性程度也许被误置或夸大了，像波普尔那样说一个得到充分确证的理论的概率为零是不恰当的。上述种种对科学的说明都存在这样或那样的问题，新实验主义已经兴起。新实验主义者寻求从实验而非从观察中为科学寻找一个相对可靠的基础，查尔默斯认为，新实验主义已经完全把科学哲学带上了一条很有价值的道路，而且它是对过分强调理论支配的方法的一种有益的矫正，但他同时指出，新实验主义依然不是对科学特征的圆满回答。

李雁冰指出，“当科学被理解为有证据的思想、解释和辩护的时候，不仅普通大众有了参与科学研究的必要与可能，而且儿童亦可合法参与科学研究。‘科学探究’因而具有了新的内涵”[1]。物理课程以物理知识为载体，如何看待物理学，从而发挥物理学科独特的教育价值，是每一个物理教育工作者都必须认真思考的重要问题。

对于物理学，我们曾经重点关注它的知识价值，认为科学家建构的物理学知识大厦极大地丰富了人类对于自然界的认识，也以此为基础推动了技术革命，为社会带来日新月异的物质文明；同时，我们也十分重视它的方法论价值，认为物理学开创的科学研究的思想、方法为自然科学研究提供了方法论基础。随着时间的推移，物理学在发展，科学技术更是大大影响着我们的生活，重新审视物理学以及科学、技术，我们发现已有的科学知识不是绝对真理，存在暂定性，不可避免地受科学家主

[1] 李雁冰. 科学探究、科学素养与科学教育[J]. 全球教育展望，2008，37(12)：14-18.

观认识的影响；科学是不断探究、追求真理的过程，而不是已经终结的结论。例如，我们对暗物质、暗能量还知之甚少，就着“盲人摸象”这一寓言故事来思考，今天的科学研究成果也许只相当于其中一位盲人的认识。既然如此，物理教育是不是应该重在教学生探究，而不是一味地只顾着把现有的认识教给学生？当然，探究也需要知识，学生需要掌握他人探究的成果作为自己探究的工具。注意，把知识作为进一步探究的工具来教与作为必须接受的结论来教是有本质不同的。

所以，物理课必须教科学探究，促使学生学习探究技能、理解科学探究，而要达到这个目的，让学生经历探究过程，从而体验探究，进而认识科学探究是最好的方式。

第四节　探究教学的目标

从探究教学的提出以及内涵发展可以看出，事实上存在目标不尽相同的探究教学。有些情况下，采用探究教学的目的主要是促进学生更好地理解科学知识，而有时是为了教给学生探究技能，还有的核心目标就是帮助学生正确理解科学的本质。但是，以促进学生建构科学知识为主要目标的探究教学，同时有利于学生积累对探究的体验；以促使学生学习探究、理解探究为主要目标的探究教学必以科学知识的建构过程为载体，因此也一定有利于学生对科学知识的理解。只是教学目标的主次有所不同，它们应该统一于提高学生科学素养的大目标。从探究教学的三个理论基础出发，探究教学的目标可以简单概括为：(1)更好地理解科学；(2)发展面向未来的能力；(3)养成健康的人格。

一、更好地理解科学

所谓"更好地理解科学"，即提高学生的科学素养，这是当代基础教育科学课程的总目标，它与以人为本的教育理念相契合，是社会发展对科学教育的必然要求。

国务院2006年颁布的《全民科学素质行动计划纲要》指出："科学素质是公民素质的重要组成部分。公民具备基本科学素质一般指了解必要的科学技术知识，掌握基本的科学方法，树立科学思想，崇尚科学精神，并具有一定的应用它们处理实际问题、参与公共事务的能力。"[1]

帮助学生更好地建构科学知识是探究教学的一个重要目标。探究教学与知识建构的一致性，可以保证这一目标的达成。

17世纪的大教育家夸美纽斯就提倡经验调查和实践学习，约翰·洛克同样认为人们所有的思想都源于经验，并且当思想和具体的客观现实相一致时，思想就是正确的。卢梭、裴斯泰洛齐也都强调教育要采用非权威的方

[1] 全民科学素质行动计划纲要（2006—2010—2020年）[EB/OL].[2006-03-20]. http://www.gov.cn/jrzg/2006-03/20/content_231610.htm.

式，使学生通过主动调查和实验而不是通过教师权威讲授的方式来学习自然世界。[1]这些教育思想与探究教学共通的对立面是机械、教条的灌输式教学。灌输只能让学生记住一些死的知识，而这样的知识是无用的知识。为了让学生学习的知识是有用的，就要想办法让学生理解所学的知识。另外，死记硬背也无法调动学生的学习兴趣，在尊重学生的个性、赋予学生选择权的现代社会，学生会因为没有兴趣而远离科学知识。相反，探究式教学可以满足学生的探究欲望，并因为亲身实践与高度的思维参与而可能对知识产生深刻的理解。《美国国家科学教育标准》指出："学科学的中心环节是探究。在参与探究时，学生们要能描述物体和事件，能提出问题，能做出解释，能根据现有科学知识对所作解释加以检验，并且能把自己的看法和意思传达给别人。学生们得会提出自己的假设，会运用判断思维和逻辑思维，会考虑可能的各种解释。学生们这样做就可以把科学知识与推理和思维的技能结合起来，从而可以能动地获得对科学的理解。"[2]

有人认为，新课程强调探究教学，课堂活跃起来了，却削弱了学生对知识的掌握。对此，应有两点认识。第一，真的放手让学生探究的话，学生可能当堂没有完成学习任务，但从长远效果看，学生对这部分知识会有更好的理解。例如，学生通过探究活动，真正搞清楚了滑轮组是如何工作的，对于机械效率就有了真正的理解，用不着死背公式、乱套公式解题了。第二，的确存在将探究活动与知识学习相对立的认识误区，导致在探究教学中忽视学生的知识建构过程。对此，郭玉英指出"强调科学探究，不是不要建构知识，而是要把这两者有机地统一起来"[3]，并提出"探究－建构式教学模型"。

"科学探究和知识的建构是一个统一体的两个侧面：课程标准中强调的科学探究是知识建构过程中外显性的可操作的侧面，同时应伴随着内隐性的思维活动过程，即学生认知结构的发展和建构。"[3]郭玉英认为，鲍勃·高文建立的"知识维"模型[3]即是探究过程和知识产生与建构的统一模型，它描述

[1] 周仕东. 科学哲学视野下的科学探究教学研究［D］. 长春：东北师范大学，2008：5.

[2]（美）国家研究理事会. 美国国家科学教育标准［M］. 戢守志，等译. 北京：科学技术文献出版社，1999：2.

[3] 郭玉英. 探究–建构式教学初探——科学教学中探究与知识建构的统一途径的探索［J］. 课程·教材·教法，2004，24（1）：52–55.

了建立在科学探究基础上的知识建构过程中所涉及的方法和要素之间的关系。如图 1–5 所示，探究过程围绕焦点问题展开，从最下方的顶点沿右侧路径上升，着重描述从回答焦点问题到获取新知识的探究操作过程；从顶点沿左侧上升，则描述了知识建构过程中概念、结构要素、理论和价值观的层次关系。

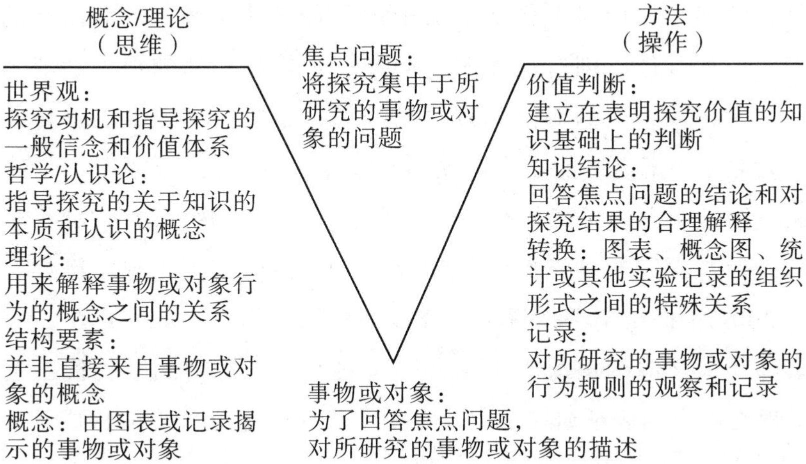

图 1–5　知识维

理解科学，不仅是理解科学知识的内涵及其来龙去脉，还需理解科学知识的得出过程与方法。理解科学是一项事业，科学知识是由科学家团体共同建构的，需要不断接受质疑与反驳。施瓦布在他的《作为探究的科学教学》中曾经做过这样的设想：某个学生，由于所受的科学教育，逐渐形成科学是由不可改变的真理组成的印象；但毕业 5 年或 10 年后，他发现过去学的很多内容如今不再教授了，它们已经过时，可能的结果会是什么呢？施瓦布想到的一种结果是："那些从前的学生，现在是有投票权的公民，他们所能做的只有怀疑教科书和教师的可靠性。在数量极大的情况下，这种对教师和教科书的怀疑变成对科学本身的怀疑……没有别的办法，只好陷入危险的相对主义和玩世不恭。"[1] 只有使学生正确认识科学的本质，才能使学生适应社会的快速发展。

二、发展面向未来的能力

人们早已认识到，现代信息化社会，学生在学校不可能学完人类已

[1] 周仕东. 科学哲学视野下的科学探究教学研究［D］. 长春：东北师范大学，2008：28.

经获得的全部知识；新知识层出不穷，有些在学校学习的知识可能刚刚离开学校就已经过时，而在学校大量学习的现成知识却不能满足未来工作、生活的需要，人要终生学习，不断更新知识；离开学校之后，面对网络化的海量信息资源，人们最需要的是获取信息、甄别信息、使用信息、输出信息的能力，面对工作、生活中的种种具体问题，人们需要的是独立思考、与人合作、创造性地解决问题（包括建构新知识）的能力。正是这些需要构成了人们对探究教学的期待，希望探究教学能够培养学生的这些能力，并把这些能力全部囊括在了"探究能力"之中。

关于探究能力的研究是有关探究教学研究中最热点的研究问题之一，反映了人们对探究教学发展学生探究能力目标的高度重视。例如，李春密等人 2004 年提出中学生科学探究能力的结构模型（如图 1-6）[1]，2012 年北京师范大学的两篇博士论文——《科学探究能力的结构模型及其在科学课程文件中的表征研究》[2]和《中学生化学探究能力的构成及其发展研究》[3]。

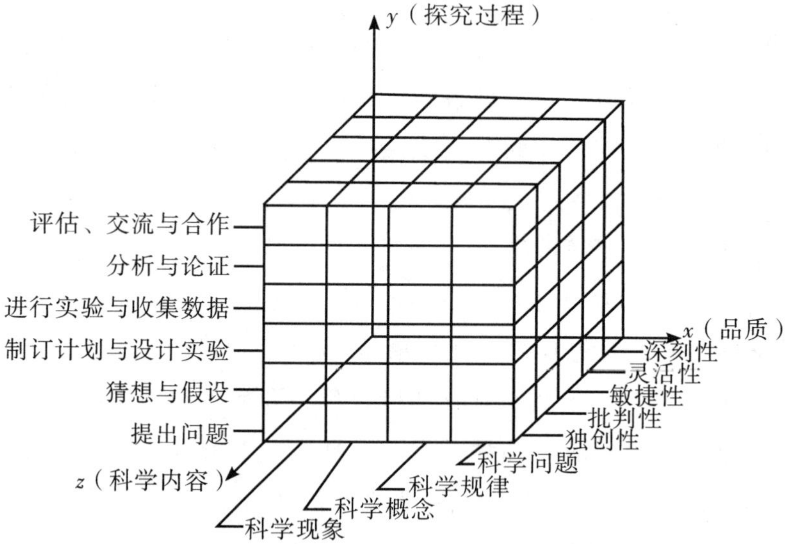

图 1-6 中学生科学探究能力的结构模型

[1] 李春密，梁洁，蔡美洁. 中学生科学探究能力结构模型初探［J］. 课程·教材·教法，2004，24（6）：86-90.

[2] 范佳午. 科学探究能力的结构模型及其在科学课程文件中的表征研究［D］. 北京：北京师范大学，2012.

[3] 刘东方. 中学生化学探究能力的构成及其发展研究［D］. 北京：北京师范大学，2012.

郭玉英等人在提交给教育部的专项课题结题报告中指出：通过对其他国家和地区课程总目标的比较分析，发现“在能力目标体系上，各国表现出多元化的态势，但也有一些共同的能力要求，如在科学探究能力，应用、分析和解决问题能力方面均有所体现。物理实验能力、信息收集处理能力、交流合作能力在各课程标准中出现的也较多”[1]，反映了我国参与课程标准制定的专家已经认识到上述能力对于学生未来发展的重要性，也认识到探究教学可以对上述能力发展做出贡献。

学生在学习中经历一些对物理问题的探究过程，可以体验科学探究的艰辛曲折，感受科学探究的魅力，更能够积累有关科学探究的经验，锻炼探究技能，培养相关的能力，包括合作的能力、研究问题建构新知识的能力、质疑与论证的能力、获取信息加工处理的能力等等，这些都是面向未来公民必须具备的能力，因此应成为探究教学的目标。

另外，郭玉英等人通过对课程标准的国际比较研究还发现，“在对科学探究能力的要求上，我国物理课程标准还需对一些重要的方面做出更明确具体的要求和强调，例如关于科学论证、解释、理论、模型等一些涉及思维层面的深层次的要求，又例如要求学生探究时能够查阅文献；不仅要对‘做探究’提出要求，还应明确要求学生理解探究过程的一些重要方面”[1]，针对我国“初、高中物理课程标准在探究方面的要求所体现出的进阶上的差异尚不明显，建议加大对科学探究能力的发展进阶问题的进一步深入研究和积累”[1]，指出了关于探究教学发展学生面向未来的能力这一目标中有待我们提高认识的方面，值得关注。

三、养成健康的人格

2000多年前，柏拉图在雅典近郊创办了学园，在这个自然主义的贵族学校里，两种不同类型的学生接受不同方式的教育。对于那些将来可能从事一般的、辅助性管理工作的学生，教师教授的是视为绝对真理的知识或教条，这些知识是不可置疑的，学生需要以虔诚的态度接受和学

[1] 郭玉英等人2012年提交教育部的结题报告《我国科学课程标准的前瞻性研究——高中物理学科子课题》。

习这些教条性的知识。另一种是那些将来可能成为统治阶层的学生，教师教给他们的是一套完全不同的思维方式，那些被当作真理教给前一类学生的知识或教条，在这里被摘下真理的帽子而成为有参考价值的建议提供给学生，教师要求这类学生在学习这些知识时保持独立、清醒的头脑，对这些知识或教条的合理性持批判的态度，学生采取系统性的质疑和持续性的探究。[1]

那么今天，我们的科学教育要培养什么样的人？又该通过怎样的方式和途径培养呢？我国基础教育的科学、物理、化学、生物等各学科课程标准都提出，这些课程的基本理念和总目标是提高学生的科学素养，满足全体学生终生发展的需要。从健康人格的角度，2011 年新修订的《义务教育物理课程标准》提到[2]：让学生保持探索科学的兴趣与热情，在认识自然的过程中获得成就感，能独立思考、敢于质疑、尊重事实、勇于创新；关心科学技术的新进展，关注科技发展给社会进步带来的影响；具有环境保护和可持续发展的意识，树立正确的世界观，有振兴中华、将科学服务于人类的使命感与责任感；等等。

人的素质的普遍提高，表现为人的生理素质、心理素质、思想道德素质和科学文化素质等的发展和完善，以及各种素质之间的均衡协调发展。人的个性的发展表现为个人主体性水平的全面提高，以及个人独特性的增加和丰富。[3]也就是说人的自觉能动性、创造性和自主性得到全面发展，个性的模式化、同步化、标准化被消除，个性的单调化、定型化被打破，每个人都追求并保持着独特的人格、理想、社会形象和能力体系，显现着自己独特的存在，呈现出与众不同的差异性，即个人的唯一性、不可重复性、不可取代性，社会因此而充满生机和活力。

社会的发展、进步与科学的发展、进步一样，需要人保持独立思考的品格，不迷信权威，敢于质疑与创新。质疑是物理学重要的思想方法之一。真正的科学探究是很难在短时间内得到结论的，有研究显示，让

[1] 李华. 探究式科学教学的本质特征及问题探讨［J］. 课程・教材・教法，2003（4）：55-59.

[2] 中华人民共和国教育部. 义务教育物理课程标准（2011年版）［S］. 北京：北京师范大学出版社，2012：2-5.

[3] 吴向东. 论马克思人的全面发展理论［EB/OL］.［2009-11-19］. http：//hxd.wenming.cn/mkszy/2009-11/19/content_68335.htm.

学生真实地经历探究过程，更有利于学生理解结论的局限性和质疑的重要性。[1]

总之，通过探究教学要培养学生乐于探索、独立思考、勇于质疑与创新的精神，使学生正确认识科学、技术、社会、环境的关系，成为具有社会责任感的公民，这是探究教学又一个、也可以说是最高的目标追求。

[1] 马宏佳. 以科学探究为核心的科学教育教学策略研究 [D]. 南京：南京师范大学，2005：117.

第五节 实施探究式教学的条件与策略

探究教学最终是要实践的，因此，在认识了探究教学的本质特征之后，还是要将此作为一种教学方式来讨论它的具体实施问题。本节标题特意用了“探究式教学”一词加以强调（除此之外，本书的其他地方都未加区分，而是统称探究教学）。

另外，实践问题不能光靠理论演绎寻找答案，还需提供必要的实例支持以探讨其可行性，这也是本节进行观点阐述时的一个指导思想。

一、探究教学的条件

（1）时间

探究过程需要时间，探究教学必须有充足的时间保证。不多给学生一些思考的时间，以为学生尝试探究解决问题时走弯路是浪费时间，势必造成探究过程走过场、形式化，从而偏离探究教学的本质追求。当然，给学生充足的时间并不意味着放任不管，也不是一定要让学生长时间经历完整的探究（这是教学策略问题，后面再讨论），关键是为了实现探究教学的目标，我们必须要有足够的耐心等待学生完成他们应该经历的思维过程。讲解是教师思考、学生跟进，探究是学生思考、教师观察和指导，存在时间差是必然的，没有反而是不正常的。

（2）空间

空间指的是民主、宽松、包容的探究环境。社会、教育管理者、家长、学生、教师都应该有正确的价值观，能正确地看待、评价教学效果。只有当所有与教学过程相关的人都能认同、理解探究教学的目标追求时，探究教学才可能顺利实施。

学生的探究也需要这样的空间。学生需要教师的信任、鼓励，需要有发表自己意见、被倾听、被重视、不被指责嘲笑的环境以及按照自己的想法“试一试”的机会。如果没有这样的空间环境，学生在教师的指挥下、按教师的思想行动，一定要得出教师期望的答案，那么探究就会徒有形式。

（3）相应的材料、设备

学生的科学探究不一定要有高端仪器，但一定要有基本的设备条件，根据探究任务的需要，进行基本的测量，展开实验研究，或者通过更广泛的信息途径查找资料，进行科学论证。

（4）恰当的课题

不是所有的问题都适合学生进行课堂探究。已有研究发现，“学习者对所学内容没有良好的知识准备（或之前的丰富经验）时，最小指导的探究将会引起认知超载，学习效果和效率低下”[1]。知识、经验、探究技能都是学生完成探究任务所必需的。这就要求教师慎重精选适合学生课堂探究的课题。

恰当的课题还意味着问题应该是学生感兴趣的，而不是远离学生生活和认知需要的。此外，恰当的课题还在于判断是否拥有开展研究的条件，例如，只有在太空环境才能完成的实验，或者有危险的实验都不适合课堂探究。因此，选择恰当的课题是实施探究教学的前提。注意，这与“探究教学适合所有学生”的理念并不矛盾。

（5）教师

教师是探究教学成败的关键因素。卢慕稚等人基于对初中物理探究教学实践的观察，提取典型案例进行分析发现：教师对物理学知识有深刻理解才能恰当引导学生的探究过程；教师具备科学探究的知识才能更好地培养学生的探究能力；教师运用科学的思维方式思考物理问题才能真正从本质上实施探究教学。[2]

此外，有人认为探究教学只适合“好学生”，事实上，持这种观点的人眼里追寻的更多的恐怕是“像样的”知识结论。如果我们能稍微放宽一点对结论精准程度的要求，关注一下学生经历真正的探究（相对于教师过度代劳的所谓探究而言）时的专注、获得成功时的喜悦，以及长期开展探究教学在学生身上发生的潜移默化的变化——能力上的、思维习

[1] 来自范佳午对已有探究教学资料的整理笔记。

[2] 卢慕稚，徐力. 从实践案例看物理教师学科素养对探究教学的影响［J］. 物理教师，2013，34（2）：17-18.

惯上的、精神气质上的等等，我们就能看到处于不同能力层次上的每个学生的进步。这里作为证据引用两个对于特殊学生群体的研究：罗斯贝里等人（1992）指出，母语不是英语的学生能成功地进行科学探究，并理解语言学习中的科学概念；斯克拉格斯（1993）等人对残障学生的研究发现，探究式教学明显比仅是纸上谈兵的书本学习能获得更好的学习效果。[1]可见，探究教学应该也可以面向所有层次水平的学生。

在课堂上，让学生进行与科学家的研究工作类似的科学探究，在此过程中建构科学知识、提高探究技能、养成科学思维习惯（这就是探究教学），只要结果可以是开放性的，就不必要求学生拥有丰富的知识储备和科研能力，也不必要求配置精密的科学仪器。人只要有好奇心，任何时候、任何条件下都可以投入探究，探究教学恰恰是利用了人的这一天性。教师想方设法创造诱发学生探究的环境，学生全身心地投入其中，教师从旁给予支持与引导，最终学生收获经验、感悟，再上升为知识、能力、情感态度与价值观。探究教学并非高不可攀。

二、探究教学的策略

在探究教学思想提出的同时就伴随着各种各样的实施策略（或模式）。国内已有不少学者对探究教学的实施策略进行过介绍与综述。1984 年钟启泉将萨其曼的探究训练模式作为着眼于信息处理的教学模式介绍给国人，这种探究训练法的最大特点在于探究过程的训练。儿童通过教师的提问，一步步地展开教学，最后，教师同儿童一起分析这个探究过程，不仅以一定的方式提出因果关系的逻辑结构的原理，也以一定的方式提出探究策略本身。[2]1986 年高德建介绍了苏格拉底法、有控制或指导的讨论、跳板技术、问题解决法、个案研究法、设计、项目研究等七种探究教学的方法。[3]进入 21 世纪后，徐学福《美国“探究教学”研究 30 年》[4]、

[1] 卡琳，巴斯，康坦特. 教作为探究的科学［M］. 北京：人民教育出版社，2008：121.
[2] 钟启泉. 着眼于信息处理的教学模式——现代教学模式论研究札记之一［J］. 全球教育展望，1984，（1）：16-24.
[3] 高德建. 教师怎样组织和指导探究教学［J］. 外国教育研究，1986（2）：43-47.
[4] 徐学福. 美国“探究教学”研究30年［J］. 全球教育展望，2001（8）：57-63.

高潇怡《科学教育中的探究教学模式发展述评》[1]、童海云《科学探究结构的再探究》[2]、王晶莹《美国探究教学模式述评》[3]更多的是综述各种探究教学模式，介绍其中的发展变迁，其中普遍提到的探究教学模式有：萨其曼探究教学模式，有结构的探究，指导型探究，自由探究，学习环以及在此基础上的发展如 5E 模式等。针对当前探究教学出现的问题与面临的困难，依据探究教学的理论基础与教学目标，这里补充提出或进一步强调以下四点不同层面的实施策略。

（1）整体规划、合理布局，使学生有机会经历科学探究的各个环节，从而全面认识科学的本质

应争取让学生每学期都有几次经历完整探究过程的机会，其他教学课题则可以根据内容特点选择侧重探究过程的某一两个环节，使学生得到更深刻的探究体验。因此，教师应对学段、学年、学期的探究教学有整体规划，合理布局，使学生能比较全面地了解科学探究，而不至于因为缺失对某些要素的体验导致对科学形成片面的理解。

所有课程文件对探究活动的类型均做了较为明确的描述，包括以实验探究、观察与描述研究、现场研究三种形式进行科学探究活动，实验探究所占比例最大（课题报告）。我国的实践中还有理论探究，如对牛顿定律进行不同条件下的推导演绎，得到动能定理。这也是科学家研究工作的一部分，也是探究教学的一种活动形式，特别是将理论探究与实验探究的结果进行比较，认识科学知识的建构机制，可以促使学生更全面地理解科学的本质。

（2）精心挑选适合学生探究的课题，引导学生围绕焦点问题展开深入的探究

美国国家课程标准提出“对学生们从所亲历的事物中产生的一些问题进行探究是科学教学所要采取的主要做法”[4]，其主旨在于提倡探究教学，同时也告诉我们，探究的课题应该来自学生的真实问题，退一步说，

[1] 高潇怡. 科学教育中的探究教学模式发展述评［J］. 外国教育研究，2007（3）：76-80.

[2] 童海云. 科学探究结构的再探究［J］. 科学课，2008（3）：6-8.

[3] 王晶莹. 美国探究教学模式述评［J］. 上海教育科研，2010（4）：61-63.

[4]（美）国家研究理事会. 美国国家科学教育标准［M］. 戢守志，等译. 北京：科学技术文献出版社，1999：38.

至少应该考虑什么样的问题适合学生探究，在将“完成传授知识的任务”与“实施探究教学”相结合的时候，应该更多地考虑学生的感受，让课堂探究的问题成为学生的真问题。这就需要教师下功夫创设有利于学生发现问题的情境，而不是自己在条件不成熟的情况下抛出问题强加给学生。

郭玉英（2004）、王文清（2011）等人提出的探究教学模型都强调探究教学的课堂要有一个焦点问题——将探究集中于所研究的事物或对象的问题[1]。这个问题应是贯穿探究过程始终的，而不是完成提出问题的任务之后就忘记了，也不是由教师提出一系列的问题，用“问题串”引导学生思维，最终将学生引向“正确的结论”，使学生的思考是答问式的，这样就失去用探究锻炼学生独立思考的本意。

有了恰当的焦点问题，学生才可能围绕焦点问题展开深入的探究。此时，猜想、假设、设计研究方案等环节，都是为了探究焦点问题而使用的方法、策略、途径、手段。寻求解释、质疑已有结论、提供新证据、辩论、困惑、暂时接受……这才是真实的探究过程。

（3）以学生为主体，教师为学生提供不同程度的帮助，实施不同开放度的探究教学

“以学生为主体”与“教师为学生提供帮助”并不矛盾，因为以学生为主体的探究是需要条件的，除了外部的环境、物质条件之外，最重要的是学生对于所要探究的问题领域要有一定的认知基础——知识、经验、探究技能等，因此，除了精选适合学生探究的课题，教师还应根据学生的需要，给学生提供适度的帮助，这就是开放程度不同的探究教学。但是，帮是为了不帮，因此必须遵循适度的原则，切不可为了节省时间、避免学生走弯路而代替学生的实践（包括动手、动口、动脑等多个方面）。

采用这一策略还应牢记：帮助的对象是全体学生。这也就意味着在同一课堂上，教师要为不同的学生提供不同的帮助，使每个学生都有探究的体验。

（4）将科学探究作为教学内容

探究教学的目的不是为了让学生简单经历探究，而是为了通过经历

[1] 郭玉英. 探究–建构式教学初探——科学教学中探究与知识建构的统一途径的探索［J］. 课程·教材·教法，2004，24（1）：52–55.

科学探究获得相应的体验与经验，学习探究，并理解探究。所以，一定要将科学探究作为教学内容，在经历的基础上，引导学生对探究过程中的要素、科学探究的本质特征等进行思考、反思，包括开展“探究的探究”。下面举一个高中物理教学中的案例来说明这一教学策略的可行性。

北京市十一学校秦建云老师对于“自由落体”的教学设计[1]如下：

学情分析：

1. 学生已掌握了匀变速直线运动的基本特点，能用这些理论处理基本的匀变速直线运动，有自己独立学习与思考自由落体运动的能力。

2. 通过个体或小组学习，虽然可以对亚里士多德与伽利略的研究有了解，但对科学研究方法的认识与使用尚有一定的差距，特别是对科学方法的本质与自觉应用，这是学生不能很好完成初、高中物理学习过渡的关键。

3. 受自身研究条件的限制，学生没有办法从实验的角度来认识自由落体运动的特点，学生需要进行实验探究。

教学从简述亚里士多德与伽利略的研究结果开始。“亚里士多德认为：轻物体下落得慢，重物体下落得快。伽利略则认为：自由落体运动的快慢与物体的轻重无关；自由落体运动是匀变速直线运动。”随后，抛出第一系列问题：

问题1：亚里士多德与伽利略都是伟大的学者，但是对自由落体运动的研究，为什么伽利略得到了正确的结论而亚里士多德却得出了错误的结果？

提出这一问题让学生讨论的目的是让学生体验：

①决定研究成败的关键是：态度、方法与技术。

②亚里士多德与伽利略在自由落体运动研究上的主要差异是方法问题，是方法的科学性问题而不是方法是否相同的问题。

③科学方法的主要特征是：

a. 与数学的结合（逻辑的应用）。

b. 通过实践来判断理论是否正确。

[1] 出自秦建云的教师培训讲座PPT。

问题 2：如果你生活在亚里士多德的年代，面对比比皆是的重物下落快的现象，你会怎样想？

目的是让学生体验：

①学习科学方法的内容简单，自觉应用科学方法解决问题难；我们的学习过程就是用科学方法解决问题的过程。

②通过推理后的假设才是探究的有效假设，它可以使我们的探究更快捷。

问题 3：在不能实现真空环境的情况下，如何粗略验证自由落体运动的快慢与物体的轻重无关？

目的是让学生体验：

①突出主要矛盾，减弱次要矛盾，采用逼近思想是科学研究的有效方法，特别是在技术达不到的情况下。这是进行前沿研究的常用方法。

②使学生明白现实落体运动在满足什么条件时可视为自由落体运动。

问题 4：伽利略利用实验直接验证了自由落体运动是匀变速直线运动吗？为什么？

问题 5：请设计实验直接验证自由落体运动是匀变速直线运动。

问题 6：下表（略）是通过实验测得的各地重力加速度的值，你从中有哪些发现？

问题 7：当你得到重力加速度随纬度变化的规律后，还想得到重力加速度的哪些规律？你为什么想得到这些规律？

课下思考：了解重力加速度在实际工作中的应用（配合科普讲座：给地球做“CT”）。

按照这个教学设计，学生将回望历史，思考两位伟大的学者为何得出了不同的结论，认识什么是科学方法；学生还要走进历史，体会在当年的科技条件下如何开展科学探究；最终学生又要回到现实中，考虑如何用现代技术重新研究那个历史问题；甚至还要展望未来，提出新问题。

历史是人类宝贵的精神财富，他人科学探究过程成功与失败的经验教训也是难得的认识资源，对已有的探究过程进行剖析也是一种可行的促使学生理解科学探究的探究教学策略。

我国新世纪初、高中物理课程的基本理念都包括“提倡教学方式多样化”[1,2],《美国国家科学教育标准》也指出:“这部标准虽然强调探究，但是这不能解释为我们建议科学教学只应采取探究的方式。教师们应该运用不同的策略设法使学生们掌握内容标准所描述的知识，弄懂所描述的道理，学会所描述的技能。”“那些应该弄懂的东西和应该学会的技能，靠任何单一的教学策略或学习活动都是无法办到的。”[3]也就是说，探究教学不是唯一的科学教学方式，根据每节课具体的教学内容、教学目标、实施条件选择恰当的教学策略，发挥各种教学方式的优势，才能实现最优的教学效果。但是，从前面论述的探究教学理论来看，探究教学思想符合时代的要求，代表着教育改革的方向。

[1] 中华人民共和国教育部. 义务教育物理课程标准（2011年版）[S]. 北京：北京师范大学出版社，2012：3.

[2] 中华人民共和国教育部. 普通高中物理课程标准（实验）[S]. 北京：人民教育出版社，2003：2.

[3]（美）国家研究理事会. 美国国家科学教育标准 [M]. 戢守志，等译. 北京：科学技术文献出版社，1999：30.

第六节　认识探究教学的局限性

任何教学模式都有其局限性，探究教学也不例外。认识探究教学的局限性，才能在科学教育中更恰当地实施探究教学。

根据现有研究，探究教学的局限性表现在如下两个方面。

一、知识量与知识的系统性方面

美国加利福尼亚州科学标准制定委员会成员 Cromer 批评《美国国家科学教育标准》在强调探究时对系统的、具体的探究技能的学习重视不够。[1]

探究教学的一个问题是，在有限的学校学习时间内，单靠探究学习获得的知识量极为有限，不能满足学生渴望获得大量知识的需要，也不符合社会赋予学校教育传承人类文明的使命要求。现代信息社会，有限的学习时间与学校教育传承人类文化遗产的任务之间的矛盾日益突出。尽管教育工作者已经取得共识，但还是存在知识量与课时的尖锐矛盾。

从另一个角度说，学生学习不同类型的知识需要教师采用不同的教学策略，探究教学不可能是科学教学的唯一方式。

即使是为了更好地实施探究教学，也不能只有探究教学一种教学方式。因为学生参与探究学习还需要一定的基础知识与经验，是不能单靠探究教学来解决的。也就是说，授受式教学、强化技能训练也是必不可少的教学方式，甚至有些时候灌输也是不可缺少的方式，且它唯一的优势恰恰是探究式教学的劣势。举例来说，为了避免学生在探究活动中受到伤害，教师必须向学生强调安全操作要领，讲解清楚其中的利害自然是好的，若学生还不能理解，此时的“灌输”也是必要的。

再有，量的不足还会带来形成系统认识的困难。探究教学侧重对具体科学问题的深入探究，较少涉及对知识结构的整体认识（从探寻对光

[1] 范佳午，郭玉英. 美国科学课程中的探究——争论、实践和启示［J］. 上海教育科研，2012（11）：29-32.

电效应现象的解释到整体认识光的本质可以说是一个例外）。

也就是说，中学物理教学需要综合运用包括探究式教学与讲授式教学等在内的多种教学方式，共同为实现“提高学生的科学素养”这一总的课程目标服务。

二、工程技术素养方面

探究教学的第二个局限性在于现在的探究教学偏重科学问题，忽视了工程技术实践。科学必须通过技术才能达到造福人类的目的，技术素养与科学素养、人文素养一样，是一个完整的人不可或缺的精神财富。美国国家研究理事会 2011 年颁布《新框架》，用“科学与工程的实践”取代“探究”，体现出专家对已经发生的课程改革实践的深化认识。只强调探究是不够的，人们需要解决的不仅是需要探究解决的科学问题，还有大量的实际问题，如技术问题、社会问题、情感道德问题等，探究教学不能培养学生全部的知识、能力与观念。

总之，我们既要充分认识探究教学的优势，特别是针对我国基础教育过于注重知识传授的问题，大力提倡探究教学，又要认识到探究教学的局限性，合理选择教学方式，不要为了探究教学而形式化地“探究”。

第二章 教师探究教学观的分析框架与研究方法

建立教师探究教学观的分析框架是研究教师探究教学观现状的基础。首先确定教师的探究教学观属于教师教育观念中的一种教学观，进而借鉴教育学领域关于教师个人教育观念系统的已有研究成果，确定本书分析教师探究教学观的维度与研究方法。

第一节 关于教师教学观的已有研究概述

一、教学观念的概念种属

鞠玉翠指出，国内外研究中与“教师个人实践理论”（Teachers' Personal Practical Theories）相关的术语有：教育理念（代表性的观点主要有：指关于教育的理性信念——强调观念的明晰和正确；指对“好教育”或教育理想的观念，关心“教育应是什么”）、教育信念（强调坚定性、稳定性）、内隐理论（强调无意识性）、缄默理论或默会成分（强调不可言述性）、实践理论（强调与实践的关系——来自实践，更主要的是体现于实践）、个人理论（强调其个体性）、个人实践知识、个人教育哲学、民间教育学、教育观念（适用范围最广，囊括以上各概念）等。[1]

易凌云、庞丽娟[2]也指出，对教师教育观念的关注源于20世纪70年代，教师的教育观念作为“教师教育思维”的组成部分逐渐出现在各类教育研究的课题中，“教师的理论”（Teacher Theories and Beliefs）、“教师的视角”（Teacher Perspective）、“教师头脑中的形象”（Teacher Images）等诸多概念都被用于表示教师的教育观念。到了20世纪80年代，出现了有关教师教育观念的专门研究，“教师教育观念”（Teacher Beliefs）这一概念为大多数研究者所认可并采用。20世纪90年代末至21世纪初，随着国内外的研究者不约而同地把“教师自主发展”作为教师专业发展的象征和标志，客观上相应地要求对“教师个体的对教育的认识和观点在教育实践中的独特作用”加以肯定与探讨，“教师个人教育观念”的概念应运而生，这一概念及其所拓展的内涵与意义正逐渐得到越来越多的研究者的认同。

林静等[3]认为，“教师教学观念”的研究兴起于20世纪80年代。1983年Larsson提出“教师的教学观念是指教师从实践的经验中逐步形

[1] 鞠玉翠. 教师个人实践理论的叙事探究［D］. 上海：华东师范大学，2003：2.

[2] 易凌云，庞丽娟. 教师个人教育观念的基本理论问题：内涵、结构与特征［J］. 湖南师范大学教育科学学报，2006，5（4）：22-27.

[3] 林静，刘恩山. 教师教学观念研究的概况与启示［J］. 教师教育研究，2009，21（4）：31-36.

成的对教学的本质和过程的基本看法”，这一界定得到诸多研究者的认同，同时也将教学观念从教育观念的概念范畴中剥离出来，成为一个独立的主题并得到国外研究者的关注和探讨。但是我国目前对教学观念的理论探讨更多的还是包含于教育观念之中。

由此可以看出，它们在用词上虽有差异，但表达的基本是同一现象的不同侧面或不同层次，不会引起歧义。本书在这个背景下使用“探究教学观”一词，认定其属于教育观念中的教学观，且是教学观的一部分，即关于一种教学模式的本质和过程的基本看法，并列的可以有实验教学观、概念教学观、合作教学观等。

二、教学观念的内涵与表现形态

1983 年 Larsson 提出“教师的教学观念是指教师从实践的经验中逐步形成的对教学的本质和过程的基本看法”，此后，基于 Larsson 的概念界定，我国也有一些学者对教学观念的概念进行了补充。例如杨启亮（2000）提出：“教学观念是关于教学的看法和思想，更确切地说，是人们思维教学问题获得的结果。”王传金等（2006）认为，教学是人为和为人的活动，教学的未来指向性要求我们对教学的看法和认识不能只停留在对教学现实的反映，还要超越教学现实，指向未来。所以教学观念的定义既包括教师对教学问题的现实性认识，也包括教师对教学问题的前瞻性价值判断和结果选择。[1]教学观念是关于教学问题的，既包括对现实的看法，也包括理想追求。这样的界定内涵更丰富，也比较符合教师教学观念的多重性。例如，教师心中既有理想的教学目标、过程，又有当前必须如何做的信念。此为观念涉及的内容。

至于观念的认识水平，李召存[2]认为，观念既可以是零散的、不系统的感性认识，也可以是系统化、理论化的理性认识，是“经验和理论在人们头脑中的积淀”[3]。作为一种感性认识，“观念是客观事物在人脑里

[1] 林静，刘恩山. 教师教学观念研究的概况与启示［J］. 教师教育研究，2009，21（4）：31-36.
[2] 李召存. 关于教育观念的理论思考［J］. 教育理论与实践，2002（6）：6-10.
[3] 李君如. 观念更新论［M］. 沈阳：辽宁教育出版社，1998：3.

留下的概括化形象，即知觉和表象”[1]。它是对具体事物的一种直觉、经验性的把握和总结。作为一种理性认识，“观念是作为人们思维活动结果的思想，即一种理性认识”[2]，是人在对外部现象进行分析、概括、归纳的基础上形成的一种理性把握，具有系统化、体系化、概括化的特点。在这里观念成了思想、理论的代名词。

易凌云、庞丽娟[3]也认为：教师个人教育观念是指教师在一定的社会历史文化背景下，在日常生活、教育教学实践与专业理论学习中，基于对学生发展特征和教育活动规律的主观性认识而形成的有关教育的个人看法，这些看法直接影响教师对某个教育问题的判断，进而影响其教育行为的实施。可以从以下几方面来理解教师个人教育观念的内涵。

第一，教师个人教育观念是特定教师个体所独有的教育观念群；第二，教师个人教育观念受时空的限制，体现着社会历史性与文化性或称时代性与地域性；第三，教师的个人教育观念可以是有组织、系统化和理论化了的观念体系，单个观念之间有密切联系并且具有很强的一致性，通常对某个问题的具体看法是建立在对另一些问题具体看法的基础之上；第四，教师的个人教育观念有些是经过了严密的思维加工的理论认识，有些只是从日常生活中习得的朴素看法或是从实际教学实践中得出的经验总结，是一些感性的认识，这些感性认识没有经过严密的逻辑分析与论证，但却在教育实践中切实地发挥着作用；第五，教师个人教育观念实质反映了教师本人对教育问题的价值取向与价值选择；第六，教师个人教育观念是社会文化适应与教师个体建构共同作用的结果；第七，教师个人教育观念不是一个静态的观念系统或观念集合，而是一个不断变化的动态的过程体系。

根据是否可以意识与表达、是否能够付诸实践两个维度，易凌云、庞丽娟把教师个人教育观念区分为三种存在形态：（1）可以意识与表达，也能够付诸实践；（2）可以意识与表达，但不能够付诸实践；（3）不能

[1] 任启文. 改革开放与思维方式的转换［M］. 郑州：河南人民出版社，1993：28.

[2] 李君如. 观念更新论［M］. 沈阳：辽宁教育出版社，1998：3.

[3] 易凌云，庞丽娟. 教师个人教育观念的基本理论问题：内涵、结构与特征［J］. 湖南师范大学教育科学学报，2006，5（4）：22-27.

意识与表达，但能够付诸实践。[1]我们认为这种分类符合实际，因此在研究中将注意这三种教育观念的存在，特别是不能遗漏是否“能够付诸实践”这一维度。

三、教师个人教育观念系统的结构

易凌云、庞丽娟[1]发展了卢卡奇（Rokeach，1987）、王恭志（1998）对观念系统结构的研究，提出：教师个人教育观念系统是一个复杂的综合体，其结构可以从不同的角度进行分析。从横向的角度看，根据其包括的内容有如下图解（图 2-1）。

- 教师个人教育观念系统
  - 对抽象的教育因素或关系的看法
    - 教育目的观
    - 教育价值观
    - 教育功能观
    - 教育质量观
    - 师生观
    - ……
  - 对具体的教育客体的看法
    - 课程观
    - 教学内容观
    - 教学方法观
    - ……
  - 对具体的教育主体的看法
    - 对学生的看法
      - 学生观
      - 学生发展观
      - 人才观
      - 对学生的期望
      - ……
    - 对教师的看法
      - 教师角色观
      - 自我效能观
      - ……

图 2-1　教师个人教育观念系统横向结构图

从纵向的角度看，教师个人教育观念不仅有中心、边缘之分，而且也有水平高低之分，可以用图 2-2 表示：

［1］易凌云，庞丽娟. 教师个人教育观念的基本理论问题：内涵、结构与特征［J］. 湖南师范大学教育科学学报，2006，5（4）：22-27.

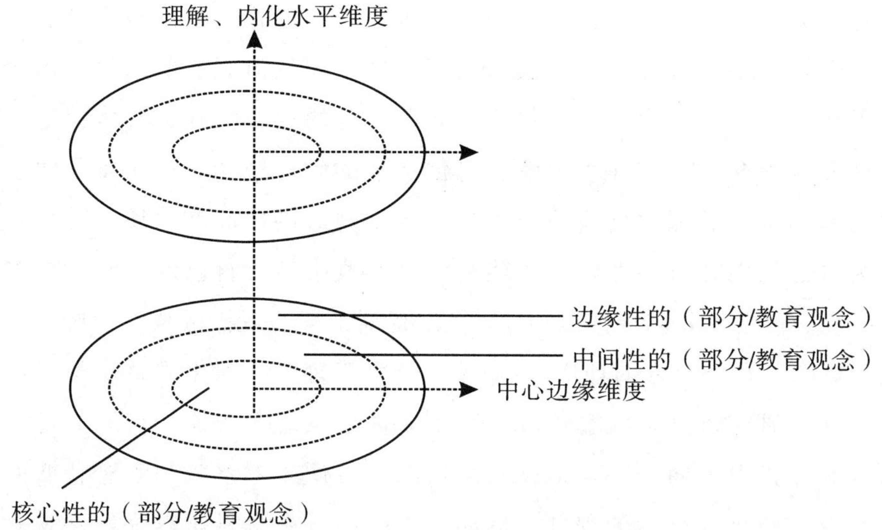

图 2-2　教师个人教育观念系统纵向结构图

她们指出，这一图示首先表明了两层意思：(1) 对于某个具体的教师个人教育观念而言，它是由核心部分、中间部分和边缘部分组成。如教师的课程观，其核心部分是教师对课程目的与功能的认识，教师对课程内容和结构等的看法是中间部分，教师对课程内容呈现的方法、手段等方面的认识则属于边缘部分。当然这种区分只是相对的，特别是中间部分和边缘部分界限并不非常绝对而且相互之间可能转化。(2) 就教师的教育观念系统来看，它包括核心观念、中间观念和边缘观念。她们认为，教师的教育本质观、教育价值观和教育功能观是教师个人教育观念系统中的核心观念，课程观、学生观、教师观和师生观等属于中间观念，而教师的知识观、教学观和方法观等属于边缘观念。可以认为，核心性的教育观念（或教育观念的核心部分）在一定程度上决定和制约着中间性和边缘性的教育观念（或部分）。

其次，图 2-2 中的理解、内化水平维度实质上表示的是教师对某种教育观念的理解、内化和有效运用的程度。根据这种理解、内化水平和运用程度的不同，可以把教师个人教育观念划分为各个不同的层次：(1) 听说与简单重复水平的教育观念。教师听说过某一观念的概念并且能够说出相应的名称，知道这种观念是正确的，但并不理解，更谈不上内化。这种水平的教育观念对教师而言还只是“外在的理论和概念”，对教师的教育行为不会产生很大影响。(2)初步理解、内化水平的教育观念。教师不但知道某一教育观念的概念与正确性，而且对观念的内涵、内容等有了初步的理解和内化，偶尔还能够在自己的教育实践中有意识地运用这种教育观念。(3)深入理解、内化水平的教育观念。在初步理解与内化的基础上，教师深刻地理解了某一教育观念的内涵和本质，并将其内化为自己的内在行为准则，能够在教育实践中结合自己的实际教育情境经常性、自觉性和创造性地加以运用，此时的教育观念才成为教师的"自我的概念"和"个人的理论"，这是一种真正理解、内化了的教育观念。

这一研究将复杂的教育观念系统立体地呈现了出来，可以为进一步深入研究指引方向。特别是纵向结构图，更便于考察教师观念转变的水平与观念转化为行为的程度。例如，林静的《中学科学教师教学观念和教学行为研究》就是在这一框架下进行的。该研究选择师生观、知识观、学习观、评价观四个"中间观念"作为考察内容,从三个课堂教学要素——活动的主体(学生和教师)、客体(目标和内容)与活动的情境(课堂交往)出发，用具体的课堂教学情境设问调查，评判教师的教学观念是学科知识为本还是科学素养为本，是教师中心还是学生中心。研究者称"本研究基于对科学教师教学观念和教学行为的现状调查，最终目的是想揭示科学教师在新课程理念冲击下，教学观念和教学行为之间的关系。这两者之间的'关系'，是指教师哪些教学观念在影响着教师的教学行为，或者说哪些观念能落实在实践层面，而哪些教学观念教师能表达和意识，但是不能有效地影响其教学行为，即不能落实在教学实践层面上，又有哪些教学观念实际上在影响着教师的教学行为，但是教师自己没有意识到，或者询问他时他表达是持反对意见的教学观念。因此，研究想探测教师教学观念和教学行为之间的关系，就是想了解教师外显性的教学观念是什么，表层性的教学观念有哪些，缄默性教学观念又有哪些。教学观念的外显性、表层性和缄默性就代表了教师教学观念和教学行为的关系预设。这是从教师教学观念体系方面去了解观念和行为的关系"。[1]

[1] 林静. 中学科学教师教学观念和教学行为研究[D]. 北京：北京师范大学，2008：71-74.

第二节　探究教学观的分析维度与结构图表征

依据易凌云、庞丽娟等人[1]的研究成果，本书将上述教师个人教育观念系统纵向结构图应用到一个具体的教学观念上，提出教师的探究教学观也存在双层结构，即在理解、内化维度上存在两个层面：语言表达层面与教学行为表达层面（如图 2-3）。

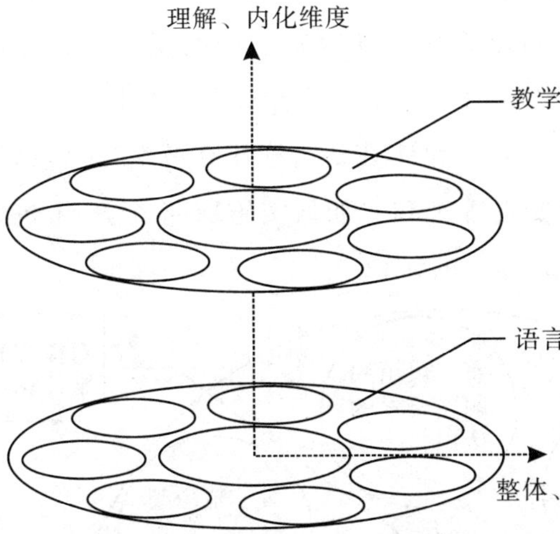

图 2-3　教师探究教学观结构示意图

语言表达层面，即理解的层面，主要靠教师的语言表达来呈现教师对探究教学的理解，包括整体认识与对各探究要素的理解，其认识的水平表现为认识的零散或有系统、表面或深刻等方面，我们用"系统性"概括之。在图 2-4 中，语言表达层面有内圆与外环上的七个小圆，内圆是教师对探究教学的整体认识，包括对"什么是探究教学"（X 维度）、"为什么要实施探究教学"（Y 维度）和"如何实施探究教学"（Z 维度）的认识；外环上的七个小圆对应教师对科学探究七个要素的理解，同样包括是什么、为什么和如何做三个维度的认识。七个小圆的集合并不等于外环，意味着还可能有其他的认识内容，但由于本书的研究对象是中学物理教

[1] 易凌云，庞丽娟．教师个人教育观念的基本理论问题：内涵、结构与特征［J］．湖南师范大学教育科学学报，2006，5（4）：22-27.

师，他们认识探究教学的一个重要来源是物理课程标准，所以本书的分析框架选择尊重中学物理教师当前的认识习惯。

教学行为表达层面，即已经内化的层面，是教师探究教学观中能够有意识地落实到教学实践上的层次（水平）。教师用自己的教学实践行为或设计出来准备用于实践的行为诠释自己的探究教学观，例如，整堂课中拿出大量时间与学生讨论、设计实验方案，表明教师对探究教学中“设计实验与制订计划”要素的重视；不追究数据的可信度即宣告得出探究结论，反映教师缺乏“分析与论证”的意识；说课或课后研讨中对教学设计意图的说明或评课意见直接反映教师心中的观念——宣告自己首先追求什么、关注什么，即用实践行为及其意图诠释对“什么是探究教学”（包括什么是“提出问题”等）、“为什么要实施探究教学”（包括为什么“提出问题”是科学探究的要素等）和“如何实施探究教学”（包括如何培养学生提出科学问题的能力等）的认识。

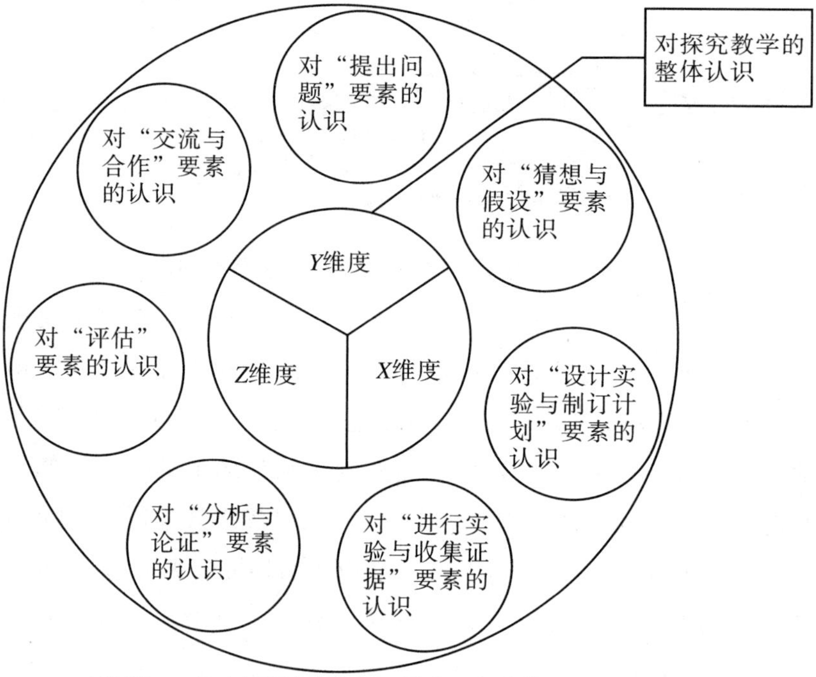

X 维度——什么是探究教学　Y 维度——为什么要实施探究教学

Z 维度——如何实施探究教学

图 2-4　在同一水平上教师探究教学观的内容示意

第三节　本书采用的研究方法

本书采用定量研究与质的研究相结合的方法，用“量”来反映教师对各种观点的认同度，从而显示当前教师普遍认同哪些观点，不赞同（或者缺乏）哪些观点，对于哪些观点还存在认识分歧；用质性材料揭示教师真实的想法，解释他们用“官方语言”表达的观点的真正内涵究竟是怎样的。

关于研究对象的选取，首先必须要保证其代表性，在此基础上，采取方便取样原则。

一、问卷调查法

随着教育科研的普及，大量的问卷调查铺天盖地，问卷的信度受到广泛质疑。然而在教育研究中问卷又是获得较大量数据的重要方法，因此，如何确保问卷调查的信度就是开展问卷调查研究首先需要面对的问题。

本书设想的五个解决途径分别是：①借鉴香港黄显怀教授“良好科学教学”以及郭玉英教授“三地教师探究教学观比较研究”等研究采用的方法，开发结合教学实录的观念调查问卷，期望真实的情境能引导被试真实地表达观点；②考虑到有人会因完全不理解题干中所述的概念而无法表明自己的态度，这与“不赞成也不反对”不是一回事，故应在五级量表的基础上增设“不知道”选项；③将问卷调查尽可能融入教师的学习过程，使教师能认真思考作答；④答卷后再组织讨论并录音，从中可以更好地理解教师的真实想法，用以解释定量的数据；⑤用多项调查结果的一致性保障结论的可信。

1. 编制问卷

首先，计划开发两种类型的三套问卷，第一种是直接的观点调查，即问卷Ⅰ；第二种是基于教学实录的观点调查，即围绕初中物理课堂教学情境设问的问卷Ⅱ和围绕高中物理课堂教学情境设问的问卷Ⅲ。

问卷的结构应包括指导语、被试的基本情况调查与正式调查题三部分。正式调查题的主体用改进后的五级量表呈现，后面可以追加几个选择题、排序题和开放性问题，考虑同时满足教师探究教学观的现状与影响因素两项研究的需要。第二种基于教学录像的调查问卷后附教学过程介绍，以方便被试教师查阅。本书对五级量表方式稍加修改，即在五级量表的5个赞同级别之外，补充增设"不知道"选项，代表"不了解相关内容，无法发表意见"，与知情下的"不赞成也不反对"加以区别。

根据本书制订的教师探究教学观分析框架编制问卷，每份问卷都应该包含对探究教学整体认识的三个维度以及对各探究要素的认识。以问卷Ⅰ为例，五级量表部分共有50道题，含一组测谎题，表2-1除显示每道题的观点陈述外，还给出了观点的正反向，以及对应分析框架的位置。

表2-1 问卷Ⅰ五级量表部分所调查观点与分析框架的对应关系

题号	观点陈述	命题正反向	维度
1	中学物理教学需要方式多样化，就目前现状来看应该大力提倡探究式	正向	态度
2	探究教学的理念很好，但在日常教学中实施有困难	正向	态度
3	探究教学是指用科学探究的方法教物理知识	正向	X
4	探究教学是指让学生经历科学探究的过程	正向	X
5	探究教学是指教学生科学探究的方法	正向	X
6	让学生亲自动手实验是探究教学的典型特征	反向	X
7	让学生尝试提出自己的解释或方案是探究教学的典型特征	正向	X
8	师生就观点进行论证是探究教学的典型特征	正向	X
9	探究教学与启发式教学的实质是一致的	反向	X
10	探究教学适合各种层次的学生	正向	Z
11	探究教学最终一定要有一个标准答案	测谎题、反向	X
12	物理课程标准要求的探究教学必须完整体现探究的七个要素	反向	X
13	课堂探究教学主要是体验探究的过程，真正的探究只有在课外才能实现	正向	X
14	探究有利于让学生了解物理学真实的研究过程	正向	Y
15	探究过程有利于学生加深对所学知识的理解	正向	Y

续表

题号	观点陈述	命题正反向	维度
16	探究活动有利于调动学生学习的积极性	正向	Y
17	探究教学有利于学生科学思维能力的发展	正向	Y
18	探究教学有利于培养学生的实践能力	正向	Y
19	探究教学有利于学生学会合作	正向	Y
20	探究教学有利于培养学生的创新意识	正向	Y
21	探究教学需要教师花费大量精力	正向	Z
22	对于提高考试成绩，探究教学的效果不如讲授教学加练习	反向	Y
23	是否用探究的方式教一定程度上受教材的影响	正向	Z
24	一般来说概念教学不适合用探究的方式进行	反向	Z
25	探究教学可以采用多种不同的操作模式	正向	Z
26	课堂探究的问题不必一定由学生提出	正向	提出问题
27	“为什么高跟鞋鞋跟在湿地上的压痕会比平跟鞋深”这样的问题不是科学问题	正向	
28	探究教学需要在课堂上对所提问题是否可研究和值得研究进行判断	正向	
29	探究教学的问题可以是学生已知结论的问题	正向	
30	猜想与假设是科学探究必不可少的环节	反向	猜想与假设
31	让学生提出猜想的主要目的是培养学生的发散思维能力	反向	
32	让学生提出各种猜想可以暴露学生头脑中的原有认识，是一个很重要的教学环节	正向	
33	好的猜想、假设应该是一个可以检验的命题	正向	
34	猜想、假设对于科学研究具有重要的导向作用	正向	
35	提出猜想、假设后应该先对其进行理性分析，然后再进行实验验证	正向	
36	探究教学应该由学生来决定需要收集什么样的数据	正向	设计
37	科学探究必须控制变量	反向	
38	通过探究教学学生应该学会选择实验器材	正向	
39	训练学生正确地使用工具、设备、材料不是探究教学的任务	反向	数据
40	收集证据的方式不包括查阅资料	反向	
41	收集证据时要评估数据资料的可靠性	正向	

续表

题号	观点陈述	命题正反向	维度
42	分析与论证环节的主要任务就是归纳科学规律	反向	结论
43	因为学校的实验条件有限，探究教学不必强调数据的精确度	正向	
44	在时间不充裕的情况下，探究教学首先应该保证学生参与方案设计与收集数据的过程，对探究结果的讨论可以淡化	反向	
45	评估应注意探究活动中未解决的矛盾	正向	评估
46	评估环节应该就假设与实验结果间的差异进行分析	正向	
47	在探究教学中促进学生交流的目的主要是训练学生有效地表达自己的思想	反向	交流
48	经常提醒学生认真思考别人的观点对于探究教学来说并不是太重要	反向	
49	探究教学中师生的对话比让学生交流讨论更有意义	反向	
50	探究教学不一定要有标准答案	测谎题	

问卷Ⅱ和问卷Ⅲ分别基于一节初中物理探究教学课“摩擦力”和一节高中物理探究教学课“楞次定律”（课例分别选自2007年中国教育学会物理教学专业委员会第四届全国物理教学改革创新大赛和2009年中国教育学会物理教学专业委员会第一届全国物理教学名师赛），围绕教学过程陈述的相关探究教学观点，询问被试教师对其认同的程度。考虑到两节教学录像的学段特点，借助初中教师培训的机会实施调查时使用问卷Ⅱ，借助高中教师培训的机会实施调查时使用问卷Ⅲ，另外也有不加区别使用的情况。

具体问卷见附录1、附录2、附录3。

2. 努力提高问卷效度

问卷的效度是保证研究结果可信的基础。为此，每一份问卷都经过研究小组的讨论和专家确认。以问卷Ⅲ的产生过程为例。

第一步，从刚刚完成、可以公开研讨、教师关注度高的全国中学物理名师赛实录中选择典型课例，编制问卷，讨论、修改后形成问卷初稿。

第二步，将问卷初稿拿到教育硕士课程中试用。让他们答卷后分组讨论，尤其对分歧较大的观点各自陈述理由，从中发现一些初稿文字表述的问题，进行修改。

第三步，访谈资深中学物理教师，倾听其对问卷的意见。该教师曾参与对名师赛中同课题一位选手教学设计的指导，对该课题中学物理教学有深刻的思考。他高度肯定问卷Ⅲ呈现的评课观点具有典型性与代表性，表示如果拿到中学物理教师中征求意见，教师会乐于发表意见，能够调查出教师的真实想法。另外，他的意见启发研究者在问卷中增加了考察教师对教学内容理解情况的题目，目的之一也是引起教师对问卷的关注。

第四步，利用物理教学国际研讨会2010年暑期在北京师范大学召开的契机，研究者主持一个工作坊，向来自全国各地的12位专家介绍了问卷的编制思路，一起使用问卷Ⅲ对“楞次定律”一课进行观课与评议，最后请专家判定问卷各观点的维度。这12位专家的工作背景分别为：大学1人；中学3人；教研部门4人；教育出版部门3人；未知1人。

表2-2　用于问卷Ⅲ维度确定的专家调查表样例

维度	序号	评课观点	赞成⟵⟶反对					不知道
			5	4	3	2	1	0
	3	本节课的主要内容是分析实验数据得出结论。因为包含了一个以上的探究要素，所以可以视为探究教学						
	4	要想让学生通过探究得到楞次定律难度太大，所以这个课题不太适合采用探究教学						
		……						
	40	只有让师生都认识到学习的目的不是会做题而是能够解决实际问题，探究教学才能普及						

活动结束后，将专家意见录入Excel表格，结果发现在某些观点的维度确认上专家意见分歧较大，并且不能简单地采取取平均的方法来处理。故又将整体情况通过邮件反馈给所有专家，请他们考虑其他人的意见后重新判断，结果收到1位专家的回信，修改率为26.3%，重新确定的维度与设计者的初始意见一致度达到71.1%。此时，研究者重新审视自己的原始设计，发现分歧主要在于专家将更多的观点归于教学策略，而研究者则更倾向于将其视为教师理解的探究教学的特征。例如，“如果教

师让学生观察 DIS 记录的图像提出问题，则更能体现探究教学的特征”“发射铝环的实验对于本节课的探究没有起到创设问题情境的作用”“教师首先让学生尝试总结规律并体验失败，是好的探究教学策略”“如果没有课时的限制，教师应该用更大的耐心等待学生做出多种尝试性的努力”等，专家认为这 4 个观点反映的是教师心中的探究教学策略，研究者认为这可能更接近被试教师的思路，于是决定采纳专家的意见。但是，对另外 7 个观点本书坚持原维度。例如，“在进行涉及多个因素的科学探究时必须控制变量”，本人坚持认为这不是教学策略问题，而体现的是教师对科学探究的认识。因为预研究发现，很多教师机械地强调“控制变量”，将其与科学探究等同，视为科学探究的唯一科学方法，认为只要是科学探究就必须控制变量，所以对该观点的赞同度应归属于 *X* 维度。又如，“本节课这样让学生探究太费时间，因此本节课的探究过程可以简化，让学生简单经历一下即可”，调查的重点在前半句，“简化”本身也不是具体的探究教学策略，反映的是教师对探究教学的态度。这样，最终的一致度为 81.6%。

表2-3 问卷Ⅲ五级量表各题认识维度的确定过程与结果

题号	专家维度	设计维度	修改后	题号	专家维度	设计维度	修改后
1	/	/	/	15	*Z*	*X*	*Z*
2	/	/	/	16	*Z*	*X*	*X*
3	*X*	*X*	*X*	17	*Z*	*Z*	*Z*
4	*Z*	*Z*	*Z*	18	*Z*	*X*	*X*
5	*Z*	*Z*	*Z*	19	*Z*	*X*	*X*
6	*Z*	*X*	*X*	20	*Z*	*X*	*X*
7	*X*	*X*	*X*	21	*X*	*X*	*X*
8	*Z*	*X*	*Z*	22	*X*	*X*	*X*
9	*Z*	*Z*	*Z*	23	*Y*	*Z*	*Z*
10	*Z*	*Z*	*Z*	24	*Y*	*Y*	*Y*
11	*X*	*X*	*X*	25	*Y*	*Y*	*Y*
12	*X*	*X*	*X*	26	*Y*	*Y*	*Y*
13	*Z*	*Z*	*Z*	27	*Y*	*Y*	*Y*
14	*Z*	*Z*	*Z*	28	*Y*	*Y*	*Y*

续表

题号	专家维度	设计维度	修改后	题号	专家维度	设计维度	修改后
29	*Z*	*X*	*Z*	35	*Y*	*Y*	*Y*
30	*X*	*X*	*X*	36	*Y*	*Y*	*Y*
31	*X*	*X*	*X*	37	*Z*	*Z*	*Z*
32	*Z*	*X*	*X*	38	*X*	*X*	*X*
33	*Z*	*X*	*Z*	39	*Z*	*Z*	*Z*
34	*X*	*X*	*X*	40	*Z*	*Z*	*Z*

3. 制订数据处理方案

本研究问卷调查的目的是为了诊断而不是为了报告结果，所以对数据的处理将关注被调查者对每一个观点给出的反馈信息，在分析框架指导下进行分析，最后给出用于整体评价的总分，而不会将精力用于数据的统整、归一。

（1）计算观点赞同度并分类排序

在调查时使用数字“5、4、3、2、1”分别代表对某个观点的赞同程度（用“0”表示“不知道”），统计时，为了更好地区分“赞成”与“反对”意见，将“3 不赞成也不反对”赋值为“0”，赞成为正，反对为负，即 5→2，4→1，3→0，2→-1，1→-2，且将问卷中选“0”的记为“X”，计算平均分时用有效问卷数减去该观点选“X”的人数，最终对同类问题按平均分绝对值的大小由高到低排序。这样，平均分的绝对值大小反映被调查群体是否整体上持某个观点，平均分的绝对值越趋近于“2”，说明该群体的观点越明确，反之，越趋近于“0”，越说明其整体上还没有明确的观点。平均值为“正”或“负”分别表示被调查群体对问卷所陈述观点整体上倾向于赞成或反对。

（2）针对某些观点统计不同赞同级别的人数分布

根据需要，对某些观点除了计算观点赞同度外，还需要进一步统计不同赞同等级的人数，分“赞成”（选 5 或 4）、“反对”（选 1 或 2）和“不确定”（选 3 或 0）三类计算人数的百分比，目的是考察教师观点的一致性，重点在于发现认识不一致的观点，也就是需要加强理论研究、舆论传播、引导教师进一步思考的内容。

此外，由于问卷调查往往与教学、培训相结合，安排有小组讨论，所以可结合录音对数据进行分析、解释。

4. 问卷实施与质量分析

问卷调查的时间、对象、所用问卷、回收有效问卷份数等实施情况如表 2-4 所示。调查对象的取样首先是以方便实施调查为原则，利用研究生课程、教师培训等有组织的活动，将问卷调查融入课程与培训，一般是以调查作为引导教师反思自己探究教学观的工具，先观看课堂教学录像、回答问卷上的问题（问卷Ⅰ没有看录像环节而是直接答卷），然后组织教师交流答案，发现差异较大的观点，进行对话交流。从课程与培训的角度使调查对教师发展有意义，从本书的角度，既获得了卷面表达的教师对诸观点的赞同度数据，又进一步了解到一些教师对个人观点的解释。反思这些样本的代表性，本书认为他们可以代表我国中学物理教师队伍中较为优秀的群体。

表2-4　有关教师探究教学观现状的问卷调查实施概况

施测时间	调查对象	代码	有效卷	使用的问卷	施测环境
2010-7-19	北京师范大学教育硕士	B	20	问卷Ⅰ	与课程相结合（保留分组讨论录音）
2010-8-30	首都师范大学教育硕士	S	10	问卷Ⅰ	作为课程实施前的调查
2010-9-15	首都师范大学附属中学高中物理教师	F	10	问卷Ⅰ	教研组活动
2010-11-6	广西师范大学“国培”西部地区初中物理教师	G	31	问卷Ⅱ	与培训活动相结合，调查融入培训
2010-8-23	石家庄市新课程培训高中物理教师	Z	86	问卷Ⅲ	与培训活动相结合，调查融入培训
2010-9-28	北京教育学院市级培训高中物理教师	J	37	问卷Ⅲ	与培训活动相结合，调查融入培训（有分组讨论录音）

对三个问卷分别汇总数据，利用 SPSS 软件计算五级量表部分的整卷信度，结果如下：

问卷Ⅰ：alpha=0.833（题目总量：50 题）

问卷Ⅱ：alpha=0.682（题目总量：30题）

问卷Ⅲ：alpha=0.873（题目总量：40题）

即三份问卷的结果都是可信的。问卷Ⅱ的信度偏低，因此，在调查项目相同时，将更多地采信问卷Ⅰ和问卷Ⅲ的数据进行分析。

二、文本分析法

为了获得更加真实、客观的教师探究教学观的表现性数据，本书决定采信非研究干预状态下能够反映教师探究教学观的质性资料。首先通过质性分析提取作者的观点，其次是在质性分析的基础上再做定量研究，通过统计观点或行为的频次描述教师探究教学观的整体水平。

文本分析一方面作为独立研究获得结论，另一方面与问卷调查取得的结果进行比较。（大多数时候结果是一致的，可以说是互证，但也有不一致的地方，此时相互对照分析，可能得出更有说服力的解释。）

1. 质性资料的内容、来源与分析方法

本书收集的质性研究资料为中学物理教师的探究教学设计与课堂教学录像，包括中国教育学会物理教学专业委员会（以下简称"学会"）主办的三届以探究教学为主题的全国中学物理教学改革创新大赛选手提交的教学录像和部分教学设计、教案，北京市农村教师培训项目中郊区县初中物理教师提交的教学录像、教案、教学设计说课稿等，详细信息列表如表2-5所示。其中大部分资料用于预研究，是形成本书整体设计的基础。最终用于本书关于教师探究教学观现状文本分析的是7组探究教学设计说课稿与答辩过程实录和20节探究教学实录及相应的课后反思与同伴点评，涉及初中物理教师36人。资料代码与内容信息见附录5。

表2-5 与本书研究相关的全部质性资料信息表

序号	资料来源	资料类型	数量	备注
1	2005年全国中学物理教学改革创新大赛	教学录像	30	选其中一节编制问卷
2	2007年全国中学物理教学改革创新大赛	教学录像	30	/
3	2009年全国中学物理教学改革创新大赛	教学录像	63	附教学设计

续表

序号	资料来源	资料类型	数量	备注
4	2009年全国中学物理教学名师赛	教学录像	33	选其中一节编制问卷
5	2010年全国中学物理教学名师赛	教学录像	61	/
6	2007年以来北京市农村物理教师培训项目	真实课堂与教学录像	200多节	含优秀教师的示范课
7	北京六郊区县教师课堂教学录像课评比（2010年）	教学录像	29	附教学设计
8	基于学科专业素养提升的说课展示活动（2012年）	说课过程实录	7	含反思
9	基于农村中小学课堂的课程研究与农村教师专业发展项目	教学实录、课后反思、同伴点评	20	/

对于上述质性资料，本书采取定性分析与定量研究两种方法。

首先是对全部质性资料进行逐一审视，从中发现典型事件、有代表性的观点，形成典型案例分析。

然后是对产生典型案例的全部文本进行量化研究：①根据典型案例分析的初步结论，结合相关理论研究的观点，设定待统计的教学行为或说法，概括为一系列编码；②反复阅读质性资料文本，将符合既定行为、说法的内容进行编码登录；③统计各编码出现的频次，以此反映教师整体表现出来的探究教学观念。

2. 文本分析的信度检验

文本分析不可避免地带有研究者的主观认识，其结果的信度是研究质量的关键。本书按如下公式通过两次对同一文本进行编码登录的相互一致度计算信度，且 R_A 表示由两位不同的研究者进行编码登录计算出来的信度，R_B 表示笔者前后两次对同一文本进行编码登录计算出来的信度。结果如表 2-6 所示（信度分析过程示例见附录 6）。

相互一致度：

$$D=2M/(N_1+N_2)$$

其中：M 为两次编码登录完全相同的编码个数，N_1 为第一次登录给出的编码个数，N_2 为第二次登录给出的编码个数。

信度：

$$R=nD/[1+(n-1)D]$$

n 为次数，本书中 $n=2$。

表2-6　文本分析的信度

类型	N_{1A}	N_{2A}	M_A	R_A	N_{1B}	N_{2B}	M_B	R_B
X维度编码	25	27	23	0.94	17	17	16	0.97
Y维度编码	9	38	6	0.41	9	8	8	0.97
Z维度编码	14	11	3	0.39	14	15	13	0.94

可以看到，不同研究者之间的编码登录只在 X 维度有比较高的信度，其他两个维度的信度都很低。可能的原因是 X 维度的编码比较客观，且另一位做编码登录的研究者与笔者一起对该维度的编码做过多次讨论；对 Y 维度与 Z 维度编码登录信度的检验换了另一位研究者，不熟悉本研究，且这两个维度的编码属于对文本作者思想的理解，比 X 维度对师生课堂行为编码的质性程度高，所以较难达成一致。而笔者前后两次对同一文本各维度编码登录的信度都大于 0.9，可以理解为笔者为自己定制了一把不受外界条件影响的尺子，然后用这把尺子进行测量，结果具有稳定性，可以被笔者用来描述被测量物的一些特征。

第三章 语言表达层面的探究教学观现状研究

在本书的分析框架中，用语言表达和用教学行为表达分属探究教学观的两个层面。语言表达层面的探究教学观，即教师在自己头脑中形成并可以用语言表达的关于探究教学是什么、为什么和应该如何实施的观点。本书通过3份调查问卷（问卷Ⅰ、问卷Ⅱ、问卷Ⅲ）收集数据，基于统计结果以及伴随问卷的讨论录音得出现状报告。

第一节 关于“什么是探究教学”的认识现状

一、教师对“什么是探究教学”的整体认识

1. 基于问卷Ⅰ的调查结果

2010年7月到9月，利用教育硕士暑期课程及教研组活动的机会，共发放问卷Ⅰ 42份，回收42份，有效卷40份。对其中五级量表部分X维度的题目按照观点赞同度绝对值大小由高到低排序，统计结果如表3-1所示。

表3-1 问卷Ⅰ五级量表部分X维度相关观点统计结果

序号	题号	观点	赞同度
1	11	探究教学最终一定要有一个标准答案	−1.58
2	4	探究教学是指让学生经历科学探究的过程	1.28
3	12	探究教学一定要完整体现探究的七个要素	−1.16
4	2	探究教学的理念很好，但在日常教学中实施有困难	1.10
5	7	让学生尝试提出自己的解释或方案是探究教学的典型特征	1.00
6	1	中学物理教学需要方式多样化，就目前现状来看应该大力提倡探究式	0.93
7	13	课堂探究教学主要是体验探究的过程，真正的探究只有在课外才能实现	−0.90
8	5	探究教学是指教学生科学探究的方法	0.75
9	9	探究教学与启发式教学的实质是一致的	−0.50
10	8	师生就观点进行论证是探究教学的典型特征	0.44
11	6	让学生亲自动手实验是探究教学的典型特征	0.08
12	3	探究教学是指用科学探究的方法教物理知识	0.05

首先值得注意的是，绝大多数的教师认为探究教学的理念很好，应该大力提倡，包括认为课堂上不应只是体验探究过程，也应该有真正的探究，但同时认为其日常实施有困难。为什么教师们认为探究教学的理念很好？他们心目中理想的探究教学是怎样的？从问卷结果看，他们认为“探究教学是指让学生经历科学探究的过程”（赞同度1.28）、“探究教

学不一定要有标准答案”（赞同度 1.58）。

但是，这样的探究教学在日常教学中很难实现（赞同度 1.10）。那么，在这种困境下可视为探究教学的教学行为又该如何呢？对此，教师们的观点变得模糊，关于“师生就观点进行论证是探究教学的典型特征”“让学生亲自动手实验是探究教学的典型特征”“探究教学是指用科学探究的方法教物理知识”，赞同度均小于 0.5，即结论趋向既不赞成也不反对，实际上是赞成的与反对的比例势均力敌，还有不少人直接表示“既不赞成也不反对”。相对来说还比较统一的认识是“探究教学也不一定要完整体现探究的七个要素”（赞同度 1.16）、“让学生尝试提出自己的解释或方案是探究教学的典型特征”（赞同度 1.00）、“探究教学是指教学生科学探究的方法”（赞同度 0.75），这个结果与广大教师的探究教学实践是相符的（实践中频次最高的具有探究教学特征的教学行为是让学生提出猜想并设计实验方案；“教科学探究方法”最突出的表现是强调控制变量）。至于“探究教学与启发式教学的实质是一致的”说法，赞同度为 -0.50，10% 的教师直接选择“不了解相关内容，无法发表意见”，说明有不少教师对该问题缺乏思考。

2. 基于问卷Ⅲ的调查结果

结合具体教学课例展开的问卷调查能够更多地反映教师对“现实可实施的探究教学应该是什么样”的认识。表 3-2 是通过问卷Ⅲ对 123 名参加高中新课程培训的教师进行调查的结果。

表3-2　问卷Ⅲ五级量表部分X维度相关统计数据

序号	题号	观点	赞同度
1	7	对于学生独立探究有困难的问题，教师可以给予较多的帮助，即使这样让学生经历探究过程也是有意义的	1.38
2	28	对本节课的探究思路与结论进行概括小结，也是探究教学的重要环节	1.10
3	3	本节课的主要内容是分析实验数据得出结论。因为包含了一个以上的探究要素，所以可以视为探究教学	1.08
4	18	当一名学生说出中介“可能与N,S极的方向有关”时，教师不应该急于给出自己的肯定性评价	1.04

续表

序号	题号	观点	赞同度
5	26	将学生的探究过程与科学家的探究过程进行比较，让学生认识其差异，是探究教学的必要内容	0.85
6	25	将学生的探究过程与科学家的探究过程进行比较，让学生认识其一致性，是探究教学的必要内容	0.84
7	11	学生在教师的带领下依次得出3条概括化程度不同的探究结论，这在一定程度上体现了科学研究是不断发展的，因此可以视为探究教学	0.80
8	20	录像中同组学生自发交流的画面说明这一过程具有一定的探究性	0.71
9	27	将楞次定律与右手定则进行比较，也是科学探究应有的环节	0.60
10	38	从录像中看到学生的状态有困惑、有交流、有思考，足以判断本节课是探究教学	0.46
11	12	课堂上学生总是思考教师提出的问题，从教师那里获得思路不能算是探究教学	–0.18
12	6	本节课这样让学生探究太费时间，因此本节课的探究过程可以简化，让学生简单经历一下即可	–0.07

其中赞同度最高的观点是“对于学生独立探究有困难的问题，教师可以给予较多的帮助，即使这样让学生经历探究过程也是有意义的”（赞同度 1.38），表明：从理想回到现实后，教师“不得不选择去更多地帮助学生”。接下来的问题是帮学生做什么，帮到什么程度。课例中的执教教师下了很大功夫引导学生尝试提出与感应电流方向、磁通量变化相关的因素，最后指出“寻找中介”的思想是进行科学探究时常用的思想方法，这两点得到了广大教师的认同（取信于现场讨论发言），同时大家也认可“当一名学生说出中介‘可能与 N,S 极的方向有关’时，教师不应该急于给出自己的肯定性评价”（赞同度 1.04），说明教师们认为，探究教学应该注重教学生科学思维的方法，也应该尽可能给学生提供实践的机会，让学生有思考的空间。甚至作为旁观者，他们比实践者更能清楚地认识到这一点，也表现出更大的耐心。但是，他们又不能同意“课堂上学生总是思考教师提出的问题，从教师那里获得思路不能算是探究教学”（赞同度 -0.18），又说明教师们能给学生的空间是有限的——教师引导学生

的思考方向，这也就算是探究教学了。

综合以上两份问卷的调查结果，中学物理教师对“什么是探究教学”的整体认识在语言表达层面是笼统地认为“探究教学就是让学生经历科学探究的过程”，探究教学应该重视学生的活动，让学生有更多的机会参与探究过程。从观念上，探究教学是获得广大教师普遍认同的理想的教育模式。但当考虑到探究教学的常态实施，教师们对“什么是探究教学”的标准就降低了，“只要教师呈现科学探究过程”，即只要不是不讲道理地灌输知识，而是把科学结论的得出过程展示出来，就算是让学生经历探究过程了。虽然教师还在追求让学生参与探究活动，但已经严重忽视对学生思维参与的要求。

二、教师对科学探究要素的认识

教师对探究教学的整体认识如上所述，那么，对于探究诸要素的具体理解又是怎样的呢？问卷 I 还调查了教师对科学探究要素的认识，统计结果见表 3-3，直观显示如图 3-1 所示。

表3-3 问卷 I 有关科学探究要素的观点调查结果

要素	题号	观点	赞同度
提出问题	27	“为什么高跟鞋鞋跟在湿地上的压痕会比平跟鞋深”这样的问题**不是**科学问题	-1.38
	26	课堂探究的问题**不必**一定由学生提出	1.26
	28	探究教学需要在课堂上对所提问题是否**可研究和值得研究**进行判断	0.98
	29	探究教学的问题可以是学生已知结论的问题	0.72
猜想假设	34	猜想、假设对于科学研究具有重要的导向作用	1.40
	32	让学生提出各种猜想可以暴露学生头脑中的原有认识，是一个很重要的教学环节	1.31
	30	猜想与假设是科学探究必不可少的环节	1.05
	31	让学生提出猜想的主要目的是培养学生的发散思维能力	1.03
	33	好的猜想、假设应该是一个可以检验的命题	0.95
	35	提出猜想、假设后应该先对其进行理性分析，然后再进行实验验证	0.93

续表

要素	题号	观点	赞同度
设计实验	38	通过探究教学学生应该学会选择实验器材	1.20
	37	科学探究必须控制变量	0.68
	36	探究教学应该由学生来决定需要收集什么样的数据	0.20
收集证据	40	收集证据的方式不包括查阅资料	−1.43
	41	收集证据时要评估数据资料的可靠性	1.20
	39	训练学生正确地使用工具、设备、材料**不是探究教学**的任务	−0.63
分析论证	44	在**时间不充裕**的情况下，探究教学首先应该保证学生参与方案设计与收集数据的过程，**对探究结果的讨论可以淡化**	−0.51
	43	因为学校的实验条件有限，探究教学不必强调数据的精确度	−0.38
	42	分析与论证环节的主要任务就是归纳科学规律	0.21
评估	46	评估环节应该就假设与实验结果间的差异进行分析	1.20
	45	评估应注意探究活动中未解决的矛盾	0.92
交流	48	经常提醒学生认真思考别人的观点对于探究教学来说并不是太重要	−1.23
	47	在探究教学中促进学生交流的目的主要是训练学生有效地表达自己的思想	0.63
	49	探究教学中师生的对话比让学生交流讨论更有意义	−0.60

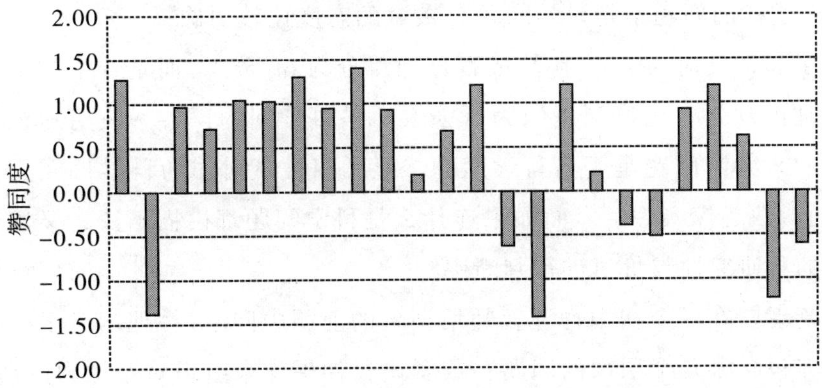

图 3-1　被试对问卷Ⅰ中关于科学探究各要素的观点赞同度的柱状图

当我们面对这些数据时发现，受题量的限制，要求被试评判的观点不能全面涵盖有关科学探究要素的基本内容，且问卷上的观点陈述有可能存在由于关注点不同导致的不同态度。例如，对于“分析与论证环节的主要任务就是归纳科学规律”，有人纠结于归纳科学规律是不是“主要任务”，有人质疑“就是”一词用得过于绝对。这时，调查之后的小组讨论即可以提供一些分析的线索与证据。

下面就基于现有调查数据与讨论录音对教师关于科学探究各要素的认识逐一做一些分析。

1. 关于提出问题

问卷的观点涉及什么样的问题适合在课堂上探究，是否需要对问题进行审视、判断，以及问题应该由谁来提出等方面。从调查结果看，被试对“探究教学的问题可以是学生已知结论的问题”倾向于赞同，但赞同度不高（0.72，相对于非常赞成为 2，换算成百分制仅为 36 分），亦可理解为有些不确定。录音显示，其背后存在两种截然不同的观点，一种认为“已经知道结论了还有什么好探究的？那是假探究！”，另一种则认为“学生即使知道结论也往往不知道得出结论的过程，知其然不知其所以然，因此，探究就是让学生经历得出结论的过程，知道结论是怎么得来的”。此处的观点之争，实际上反映的仍然是关于“什么是探究教学”的整体认识问题。课堂上可探究的问题应该是什么样的问题，讨论中教师没有关注。对于观点 27“‘为什么高跟鞋鞋跟在湿地上的压痕会比平跟鞋深’这样的问题不是科学问题”，被试的态度比较明确——反对（-1.38，相对于非常反对为 -2，换算成百分制得分为 69 分），而录音中教师们给出的理由却是“压痕深是因为压强大。是科学问题！”——用知识领域的归属来判断问题是否为科学问题，显示出被试对作为科学探究要素的“问题”缺乏深入理解。而如果连什么是科学问题都模糊不清，又何谈对问题的可研究性与价值进行判断呢？

笔者曾在一个初中物理教师培训班的前测中问：“物理学对于摩擦力的研究包含哪几个层次的问题？或者说，如果你来组织对摩擦力的研究，你认为应包含哪几类问题？”结果，30 位被调查的教师只有 1 人没有回答此题，但其余每位教师所提问题最多不超过 5 个，没有一个人提出的问题能包含有关摩擦力概念、规律、机理、应用四个方面，更不用说显示其对问题有分类的意识。总计提出 105 个问题，分类统计如表 3-4 所示。

表3-4　某培训班上教师提出的有关摩擦力的问题统计

问题	提问频次	问题	提问频次	问题	提问频次
影响因素	25	概念、定义	14	产生条件	14
增大和减小摩擦的方法	14	方向	14	分类	8
生活中的应用	5	大小	4	原因	2
利弊	2	怎样测量	2	效果	1

再从问题情境的创设看看教师对“提出问题”的理解。每位教师都非常重视课的导入环节，正所谓“好的开始等于成功的一半”，对于探究教学的公开课就更是如此。那么教师都是如何创设问题情境导入探究教学的？旁观教师又是如何看待、评价这样的教学设计？此项调查的目的是从问题情境的创设看教师对“提出问题”的理解。相关的问卷调查结果见表3-5。

表3-5　关于创设问题情境的观点调查数据

调查对象	问卷-题号	观点	赞同度	5	4	2	1	3	0
G	Ⅱ-1	播放《小鬼当家》视频片段**起到了**引导学生发现问题的作用	1.50	20	7	0	1	2	1
				87%		3%		10%	
J+Z	Ⅲ-21	发射铝环的实验对于本节课的探究**没有起到**创设问题情境的作用	0.11	25	27	28	18	24	1
				42%		37%		20%	

问卷Ⅱ第1题的观点赞同度为1.50，大多数教师（87%）认为“播放《小鬼当家》视频片段起到了引导学生发现问题的作用”。结合教学录像来看，执教教师播放的视频内容为主人公往地上撒满豆子，使进入家中的窃贼滑倒在地。播放后教师向学生提出的问题是：“你怎么评价片中的主人公？”三位学生的发言都集中在说主人公聪明、勇敢，运用智慧勇斗歹徒。最后教师指出：“我觉得这个主人公平时在生活中一定是一个很善于观察和细心的人。你看他巧妙地利用了摩擦力的知识，惩治了坏人，保护了自己。希望同学们今后也做这样的有心人。今天就让我们一起走近摩擦力。”2005年全国中学物理教学改革创新大赛的主题是探究教学，显然执教者做这样的教学设计目的是创设生动、有趣的问题情境，以利于学生发现问题，进而探究有关摩擦力的知识。回答问卷的大多数教师

更是明确表示认同这样的做法起到了“引导学生发现问题的作用”，说明当前大多数中学物理教师把发现问题等同于发现问题领域，只要提供的情境中涉及当堂将要学习的知识甚至只要出现相应的名词，就认为是“提出问题”了。

问卷Ⅲ的调查结果也反映了类似的状况，支持“发射铝环的实验对于本节课的探究没有起到创设问题情境的作用”观点的教师只有42%，有37%的教师反对该观点，即认为“发射铝环的实验对于本节课的探究起到了创设问题情境的作用”，还有20%的教师对此没有明确的判断。事实上，教师在课堂上演示的发射铝环实验只能激起学生对“铝环在线圈接通开关的瞬间跳起”现象的好奇，即使思考“为什么”，也没有形成一连串的推理（例如，要么想：跳起来是因为铝环受力，这个力应该与线圈通电有关，那么，线圈为什么会突然产生力？力的作用是相互的，线圈通电会使铝环内部发生什么变化吗？产生的是什么力？力的大小、方向与什么因素有关？有什么规律？……要么想：铝环跳起来的能量是从哪儿来的？电能通过怎样的途径才能转化为铝环的动能？这里面有什么规律……），很难进入实质性的探究过程。至此只能说是创设了激发学生求知欲望的情境。课堂上，执教教师是通过另一个已知的实验现象——当条形磁铁进入或离开线圈时，与线圈串联的灵敏电流计指针偏转——来引导学生思考：“既然感应电流是因为磁通量变化产生的，我们有理由猜想感应电流的方向与磁通量变化情况有关，那么两者之间有什么关系呢？”这才是该节课学生要探究的问题。

问卷后的研讨进一步显示，教师们对于课的导入的关注点在于能否很好地调动学生学习的积极性，“只要学生对课题感兴趣就OK了”，并没有有意识地关注要探究的“问题”。真比较起来，教师们也能甄别出“《小鬼当家》那段视频只能说明应该学习摩擦力的知识，不如让学生体验将两本书的书页交叉起来后很难拉开，那样学生更容易想到‘为什么两本书交叉后摩擦力那么大’的问题”，“铝环只是现象明显，向线圈中插、拔磁铁时检流计指针偏转方向不同，才容易引导学生去找规律”，说明教师通过创设情境引导学生发现问题、提出问题的意识不强，对问题的认识比较笼统、含糊，但只要引导教师思考就有提高认识的可能性。

2. 关于猜想与假设

问卷的观点涉及猜想、假设对于科学探究的重要性，猜想、假设在教学中的作用，什么是猜想、假设，应该如何处理猜想、假设。从调查结果看，被试普遍赞同：猜想与假设是科学探究必不可少的环节；猜想与假设对于科学研究具有重要的导向作用；让学生提出各种猜想可以暴露学生头脑中的原有认识，是一个很重要的教学环节；让学生提出猜想的主要目的是培养学生的发散思维能力。其中，对于“必不可少”和“主要目的”的赞同度要弱一些。相对而言，对于“好的猜想、假设应该是一个可以检验的命题”与“提出猜想、假设后应该先对其进行理性分析，然后再进行实验验证”的赞同度偏低（分别为 0.95 和 0.93，相当于不足 50 分），反映出被试对猜想、假设的具体理解还存在不足。录音中没有对此观点的讨论，也反映出被试尚缺乏深究此问题的意识。

3. 关于设计实验与收集证据

问卷的观点涉及科学探究中设计、制订研究方案（调查限于设计实验）与收集证据两要素的内涵、教学目标与实施策略等。从调查结果看，被试能理性地认识到：“收集证据的方式包括查阅资料”“收集证据时要评估数据资料的可靠性”“通过探究教学学生应该学会选择实验器材”，但是对“科学探究是否必须控制变量”与“训练学生正确地使用工具、设备、材料是否为探究教学的任务”的认识比较模糊，对于具体实践中是否“应该由学生来决定需要收集什么样的数据”，近乎认为无所谓（赞同度 0.20）。

关于认识比较模糊的两个观点，讨论中涉及来自教学实践经验的认识“教学中我们总是强调要控制变量”与对真实科研的审视“真正的科学研究也不一定都采用控制变量法。比如，生物研究有时无法控制变量来研究单个因素的作用”，也反映出不同被试对问卷用词有不同的理解，例如“我认为物理教学肯定要训练学生正确地使用测量工具、设备，不是探究教学特有的任务”。由此分析，教师对科学探究中设计研究方案、收集证据的过程有基本正确的理性认识，教学要求也比较清楚。实践层面的问题留待第四章再做分析。

4. 关于分析与论证

问卷的观点涉及分析与论证的内容、在探究教学中的重要性以及教学实施策略。从调查结果看，被试对问卷中陈述的观点赞同度都不高，反映出教师平时对科学探究过程中分析与论证要素不够重视，缺乏理性思考。

5. 关于评估与交流

问卷的观点涉及评估的内涵与提倡交流的目的等。从调查结果看，被试比较赞同“评估环节应该就假设与实验结果间的差异进行分析”，对于“评估应注意探究活动中未解决的矛盾”的赞同度相对来说也不低（在第四章会看到，教学实践中见不到相应的教学行为）。被试反对“经常提醒学生认真思考别人的观点对于探究教学来说并不是太重要”，但对于探究教学实施中是否要强调学生间的对话交流以及训练学生有效地表达自己的思想是否为促进学生交流的主要目的认识模糊。

总之，在教师对探究教学的概念拥有表面上正确的整体认识——“探究教学就是让学生经历科学探究的过程”的基础上，存在深入一点的、对探究过程中诸要素的认识概念不清、对某些要素不够重视的问题。本来“探究教学也不一定要完整体现科学探究的七个要素”作为中学物理课堂教学的实施策略是正确的，但是从问卷结果分析，教师们实际上更多地关注提出问题、猜想假设、设计研究方案等环节，比较忽视科学探究中的分析、论证与评估。而且，即使是非常关注的要素，教师对它们的理解也存在表面化、形式化的现象，例如，用创设情境代替提出问题，以为创设了问题情境，所要研究的问题就自然而然地明确了，甚至教师自身对问题的类型、什么样的问题是可以通过实验探究解决的、如何表述问题都存在认识不清的现象。同时，在整体认识“探究教学应该重视学生的活动，让学生有更多的机会参与探究过程”的背景下，在具体环节中又表现出犹豫与不确定。

第二节 关于“为什么要实施探究教学”的认识现状

一、来自问卷Ⅰ的调查结果

有关“为什么要实施探究教学”的认识在问卷Ⅰ中主要以“探究教学有利于……”类型的观点形式出现，即希望从“探究教学可能的功能”这一角度来了解教师关于“为什么要实施探究教学”的认识。问卷Ⅰ的调查对象是两所高校的在职教育硕士以及北京市一所中学的物理教师，共计有效问卷40份。调查结果如表3-6所示。

表3-6 问卷Ⅰ五级量表部分Y维度相关观点统计结果

排序	题号	观点	赞同度
1	17	探究教学有利于学生科学思维能力的发展	1.53
2	15	探究过程有利于学生加深对所学知识的理解	1.50
3	18	探究教学有利于培养学生的实践能力	1.45
3	19	探究教学有利于学生学会合作	1.45
3	20	探究教学有利于培养学生的创新意识	1.45
4	16	探究活动有利于调动学生学习的积极性	1.38
5	14	探究有利于让学生了解**物理学真实**的研究过程	1.13
6	22	对于提高考试成绩，探究教学的效果**不如**讲授教学加练习	0.08

从调查数据看，首先，中学物理教师对探究教学的意义有非常积极的认识，认为探究教学有利于学生学习研究问题的方法、发展科学思维能力、加深对所学知识的理解，有利于培养学生的创新意识、实践能力，使学生学会合作，这也许正是他们在理想认识层面赞同、支持探究教学的原因。

其次，对于探究教学“有利于调动学生学习的积极性”“有利于让学生了解物理学真实的研究过程”，教师的赞同度偏低。分析原因，可能源于被试教师眼中的探究教学现状。录音中有人说“我让学生自己设计方案动手实验，他们积极性可高了”，也有人说“课堂上让学生小组讨论，实际上经常就‘放羊了’”，说明探究教学具体实施得如何，影响教师对探究教学教育功能的认知。录音中还有人说“物理学家为了获得一个科学结论得做成百上千次实验，（探究）哪有这么简单！课堂上的探究只能是个形式”。由此看来，关于“什么是探究教学”（*X* 维度）、“探究教学应如何实施”（*Z* 维度）的观点也会影响教师对“为什么要实施探究教学”（*Y* 维度）的认识。探究教学观的三个维度是相互关联的。

最后，调查显示教师普遍对于探究教学的效果是否能体现在考试评价的结果中表示怀疑，说明存在两个有待解决的问题：一是为了落实探究教学，考试、评价还需要进一步加强改革，给予教师更明确的导向；二是应加强探究教学效果的研究，用实践成果为教师实施探究教学提供信心。

二、问卷Ⅲ与问卷Ⅰ相关数据的比较

问卷Ⅲ的调查是基于全国中学物理教师名师赛的优秀课例展开的，希望了解教师对课例所实现的探究教学效果的认同。问卷Ⅲ与问卷Ⅰ都是从“探究教学可能的功能”这一角度来了解教师关于“为什么要实施探究教学”的认识，只是问卷Ⅲ多了实际教学情境。表 3–7 是将两份问卷的相关调查数据整合在一起按赞同度从大到小排序的结果，合并比较的柱状图见图 3–2。

表3–7 问卷Ⅲ与问卷Ⅰ级点量表部分*Y*维度相关统计结果比较

问卷Ⅰ					问卷Ⅲ				
编号	排序	题号	观点	赞同度	编号	排序	题号	观点	赞同度
A	/	/	/	/	A	1	32	学生通过参与本节课的探究，能够学到一些研究问题的方法	1.43
B	1	17	探究教学有利于学生科学思维能力的发展	1.53	B	4	35	学生通过参与本节课的探究，科学思维能力可能有所提高	1.10
C	2	15	探究过程有利于学生加深对所学知识的理解	1.50	C	2	30	学生通过参与本节课的探究，可以较深入地理解楞次定律	1.30

续表

问卷Ⅰ					问卷Ⅲ				
编号	排序	题号	观点	赞同度	编号	排序	题号	观点	赞同度
D	4	16	探究活动有利于调动学生学习的积极性	1.38	D	3	34	学生通过参与本节课的探究，可能提高学习物理的兴趣	1.13
E	3	18	探究教学有利于培养学生的实践能力	1.45	E	/	/	/	/
F	3	19	探究教学有利于学生学会合作	1.45	F	/	/	/	/
G	3	20	探究教学有利于培养学生的创新意识	1.45	G	5	33	学生通过参与本节课的探究，可能会增强创新意识	1.02
H	5	14	探究有利于让学生了解物理学真实的研究过程	1.13	H	4	31	学生通过参与本节课的探究，可以较好地理解科学探究的过程	1.10
I	6	22	对于提高考试成绩，探究教学的效果不如讲授教学加练习	0.08	I	/	/	/	/

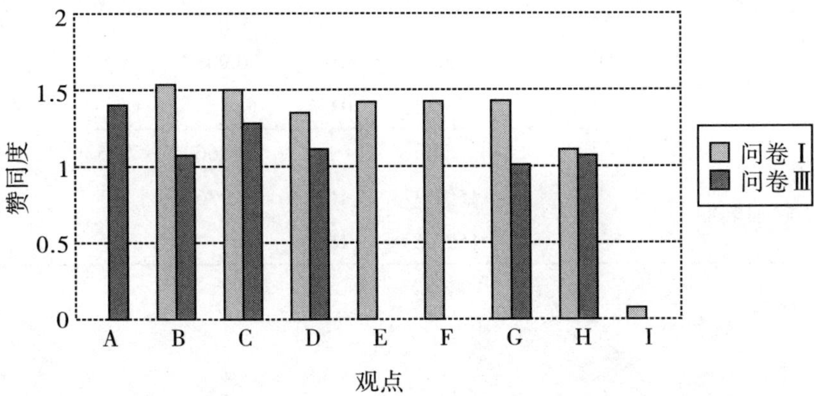

图 3-2 关于“为什么要实施探究教学”的调查结果

对比问卷Ⅲ和问卷Ⅰ的结果可以看出，教师对于探究教学在实践中的效果的认同与理想又有一些不同，表现在排序上，探究教学对发展学生思维能力的价值在理想层面排在“有利于学生对所学知识的理解”之前，而在实践中的效果却排到了后面，这可能是具体课例的问题，也可能意味着这一理想较难在现实中实现，有待进一步研究。表现在赞同度的差距上，对B、C、D、G、H五个观点做问卷Ⅰ和问卷Ⅲ教师赞同度差异显著性检验，结果见表3-8，表明观点B（问卷Ⅰ：探究教学有利于学生科学思维能力的发展。问卷Ⅲ：学生通过参与本节课的探究，科学思维能力可能有所提高）和观点G（问卷Ⅰ：探究教学有利于培养学生的创新意识。问卷Ⅲ:学生通过参与本节课的探究，可能会增强创新意识）两卷有显著差异。

表3-8　问卷Ⅰ与问卷Ⅲ五点量表部分Y维度对应观点的差异显著性检验

检验项		平方和	df	均方	F	Sig.
观点B Ⅰ卷17—Ⅲ卷35	组间	7.321	1	7.321	9.673	0.002
	组内	121.845	161	0.757		
	合计	129.166	162			
观点C Ⅰ卷15—Ⅲ卷30	组间	1.621	1	1.621	2.369	0.126
	组内	110.146	161	0.684		
	合计	111.767	162			
观点D Ⅰ卷16—Ⅲ卷34	组间	2.900	1	2.900	3.680	0.057
	组内	126.855	161	0.788		
	合计	129.755	162			
观点H Ⅰ卷14—Ⅲ卷31	组间	0.023	1	0.023	0.025	0.874
	组内	145.204	161	0.902		
	合计	145.227	162			
观点G Ⅰ卷20—Ⅲ卷33	组间	7.266	1	7.266	7.763	0.006
	组内	150.697	161	0.936		
	合计	157.963	162			

第三节 关于“如何实施探究教学”的认识现状

一、关于实施探究教学的条件

表3-9 三份问卷五级量表部分Z维度关于实施条件的观点调查结果

问卷	题号	观点	赞同度
Ⅰ	21	探究教学需要教师花费大量精力	1.35
	29	探究教学的问题可以是学生已知结论的问题	0.72
	23	是否用探究的方式教一定程度上受教材的影响	0.65
	24	一般来说概念教学不适合用探究的方式进行	0.15
	10	探究教学适合各种层次的学生	–0.18
Ⅱ	4	让学生认识摩擦力及其产生条件是学生探究影响滑动摩擦力因素的基础	1.43
	30	准备这样一节课教师要比平时多费很多精力	1.19
	11	教师的决定可能是因为学校缺少探究其他猜想的实验器材，责任不在教师	–0.77
	29	本节课上学生学到的东西大多不能反映在考试中	–0.52
	16	学生的实际水平很难达到录像中学生表现出的状态，因此日常教学很难采用探究的方式	0.19
Ⅲ	9	如果学生通过预习已知问题的答案，让学生经历这样的探究过程仍然是有必要的	1.24
	14	DIS数字信息系统并不是完成本节课探究必不可少的设备资源	0.94
	5	电磁感应部分更适合采用探究教学的选题应该是实验研究电磁感应现象	0.87
	37	如果这节课的探究过程再开放些，大多数教师可能难以驾驭	0.81
	10	探究教学更适合于能力较强的学生	0.66
	39	课堂探究教学主要是体验探究的形式，真正的探究只有在课外才能实现	–0.45
	4	要想让学生通过探究得到楞次定律难度太大，所以这个课题不太适合采用探究教学	–0.07

表3-10 问卷Ⅰ关于“影响探究教学在常态课中实施的主要因素”排序结果

选项代码	影响探究教学在常态课中实施的主要因素	平均分
C	探究教学的效果与中、高考的要求差距较大	7.10
D	探究教学需要教师比平时投入更多的精力	5.62
B	教师缺乏组织探究教学的策略	4.90
E	班额过大，不便于组织探究教学	4.76
G	课程安排及其课时不足	4.59
A	教师还没有完全从观念上认同探究教学	4.28
F	学校硬件条件较差，不能满足学生探究的需要	3.55
H	学生普遍厌学，实施探究教学的话不好管理	1.38
I	学生的基础差，缺乏独立思考问题的能力	1.38

问卷Ⅰ选择排序部分题干为“目前探究教学在常态课中所占比例还比较小，您认为主要的影响因素是（可多选，但请按影响程度由大到小排序）”，除了提供表3-10显示的A-I选项外，还预留了让被调查者补充发表意见的空间，30位被调查者中有5人填写，内容分别是“考试评价制度是阻碍的一个重要原因，也可谓根源所在”“教育脱节，学生的能力限制”“懒，任务压力”“学校不支持”“花费时间较多，但收效较低”。

问卷调查结束后，现场还组织了分组讨论（分别进行了录音），谈到这个话题时，一位老师说：“我认为推广难主要是因为探究式教学在教学中不实用，难以应对考试。再就是学校的课时安排问题，毕竟探究教学是比较消耗时间的事情，如果完全放开手让学生去探究，根本没有那么多时间。”另一位老师一下子谈了四个观点：“第一个观点，我觉得新课改或者说探究的很多东西深入不下去，一个很重要的原因是，教师对探究的了解太不深入。反思一下我们教师的成长经历，我们受教育的时候，正是应试教育横行的时代，所以应试教育的很多做法已经扎根在我们的脑海了，我们想当然地认为其中的一些做法就是正确的，这样就限制了我们教学思路的开展。我的第二个观点是，新课改的深入还需要环境的改善和机制的推动……如果我们的评价机制不相应改善，很难期望我们的教学方式有大的变化。第三个观点，教育资源短缺是制约新课改不能在短期内见效的原因之一……我们国家的教育资源较匮乏，优秀的教育资源较少。第四个观点，探究教学对教师的要求较高。教师的探究经历、教师的教学理念等都会左右教师对探究教学的理解，就像有的老师向秦建云老师提的问题一样：'当您从事探究教学的时候，不怕最后成绩不好啊？'其实很多老师没有秦老师那么大的勇气，敢于去尝试，这也需要坚定的信念。"（详见附录4）在其他场合也听到有教师说："我们学校分班特频繁，你短时间必须得出成绩。科学探究要多花好多时间才能看到成效，真的是不敢过多尝试啊。"这种现象很普遍。

综合起来看，当前中学物理教师对探究教学实施条件的看法可以主要概括为两点：

第一，在日常教学中真正实施探究教学需要一个大环境，即相应的评价导向。

第二，需要教师付出巨大的努力，既包括提高自身素质，也包括更大的精力投入。

这两点都是面对学校教育的大环境提出要求，也就是说，在语言表达层面，教师理解的探究教学是宏观的教学思想，而不是具体的操作模式。

二、关于实施探究教学的策略

1. 整体认识

整体上，教师们赞成"探究教学可以采用多种不同的操作模式"，与对探究教学特征的认识相一致，在策略上赞成"如果没有课时的限制，教师应该用更大的耐心等待学生做出多种尝试性的努力"，例如，让学生提问、让学生做小结、让学生总结规律并体验失败等等，同时也赞成探究教学要有重点，根据教学目标在重点之处多给学生机会、多投入精力，其他环节可以更多地依赖教师的帮助。

表3-11 三份问卷中关于探究教学实施策略的观点调查结果

问卷	题号	观点	赞同度
Ⅰ	25	探究教学可以采用多种不同的操作模式	1.33
Ⅱ	1	播放《小鬼当家》视频片段起到了引导学生发现问题的作用	1.50
	14	发现学生实验操作中的问题并及时纠正也是探究教学的组成部分	1.32
	25	（假如猜想假设时有学生提出“曾经听说有越光滑摩擦力越大的说法”）应该鼓励学生设计实验进一步研究	1.10
	13	应该先组织学生交流他们设计的实验方案，然后再开始实验	1.00
	7	教师应该追问学生猜想的根据	0.90
	10	学生猜想到与速度、接触面积有关，就应该让学生探究	0.77
	23	（假如猜想假设时有学生提出“曾经听说有越光滑摩擦力越大的说法”）超出了本节课的研究范围，表扬学生同时建议学生课后查相关资料学习	0.61
	12	教师用提供实验器材和记录单的方式减少了实验方案的多样性，便于组织教学，切合实际	0.42
	19	对于“上润滑油的时候，是不是减少接触面的粗糙程度”的问题，教师安排学生看书寻找答案，这也是探究的一种形式	0.39
	5	（教师在评价第一位学生发言时说：“很好，她不仅提出了自己的猜想，还提出了一个假设——可能有什么关系。”）我认为教师在这里区分“猜想”与“假设”的做法很好	0.31
	22	（假如猜想假设时有学生提出“曾经听说有越光滑摩擦力越大的说法”）明显与已知的科学结论相悖，可教育学生好好学习科学知识	–0.19
	3	即使作为探究教学，也不必一定要让学生自己提出问题	0.10
	24	（假如猜想假设时有学生提出“曾经听说有越光滑摩擦力越大的说法”）问学生从哪儿得到的相关信息，可信吗？	–0.07
Ⅲ	8	如果没有课时的限制，教师应该用更大的耐心等待学生做出多种尝试性的努力	1.24
	19	教师首先让学生尝试总结规律并体验失败，是好的探究教学策略	1.18
	29	如果小结由学生来完成，可能达不到教师的认识高度，但可以相信这节课会对学生有积极的影响	1.17
	13	为了把精力集中于发现规律，这节课的探究任务以及研究方案、记录表格等由教师提出是合适的	0.70
	15	如果教师让学生观察DIS记录的图像提出问题，则更能体现探究教学的特征	0.67

2. 两个科学探究要素的实施

（1）关于“问题应该由谁提出”

关于问题是否必须要由学生提出，在直接陈述观点的问卷Ⅰ中教师们的态度大多比较坚决，认为“课堂探究的问题不必一定要由学生提出”（87%），但结合具体教学讨论此问题时（问卷Ⅱ第3题），这个比例降到了48%，更有60%的教师认为“如果教师让学生观察DIS记录的图像提出问题，则更能体现探究教学的特征”，33%的教师赞同“课堂上学生总是思考教师提出的问题，从教师那里获得思路不能算是探究教学”。不过，不置可否的教师比例也不少，从13%到29%，尤其是对“如果教师让学生观察DIS记录的图像提出问题，则更能体现探究教学的特征”的不确定性最高。

表3-12　“课堂探究的问题是否一定要由学生提出”的调查结果

<table>
<tr><th>调查对象</th><th>问卷-题号</th><th>观点</th><th>赞同度</th><th>5</th><th>4</th><th>2</th><th>1</th><th>3</th><th>0</th></tr>
<tr><td rowspan="2">B+S+F</td><td rowspan="2">Ⅰ-26</td><td rowspan="2">课堂探究的问题不必一定由学生提出</td><td rowspan="2">1.26</td><td>13</td><td>22</td><td>0</td><td>0</td><td>3</td><td>2</td></tr>
<tr><td colspan="2">87%</td><td colspan="2">0</td><td colspan="2">13%</td></tr>
<tr><td rowspan="2">G</td><td rowspan="2">Ⅱ-3</td><td rowspan="2">即使作为探究教学，也不必一定要让学生自己提出问题</td><td rowspan="2">0.10</td><td>4</td><td>11</td><td>8</td><td>4</td><td>3</td><td>1</td></tr>
<tr><td colspan="2">48%</td><td colspan="2">39%</td><td colspan="2">13%</td></tr>
<tr><td rowspan="2">G</td><td rowspan="2">Ⅱ-2</td><td rowspan="2">没有让学生表述他们的问题，也就失去了一次培养学生提问能力的机会</td><td rowspan="2">0.60</td><td>10</td><td>8</td><td>4</td><td>3</td><td>5</td><td>1</td></tr>
<tr><td colspan="2">58%</td><td colspan="2">23%</td><td colspan="2">19%</td></tr>
<tr><td rowspan="2">J+Z</td><td rowspan="2">Ⅲ-15</td><td rowspan="2">如果教师让学生观察DIS记录的图像提出问题，则更能体现探究教学的特征</td><td rowspan="2">0.67</td><td>25</td><td>49</td><td>9</td><td>4</td><td>35</td><td>1</td></tr>
<tr><td colspan="2">60%</td><td colspan="2">11%</td><td colspan="2">29%</td></tr>
<tr><td rowspan="2">J+Z</td><td rowspan="2">Ⅲ-12</td><td rowspan="2">课堂上学生总是思考教师提出的问题，从教师那里获得思路不能算是探究教学</td><td rowspan="2">-0.18</td><td>19</td><td>22</td><td>32</td><td>25</td><td>25</td><td>0</td></tr>
<tr><td colspan="2">33%</td><td colspan="2">46%</td><td colspan="2">20%</td></tr>
</table>

这样看来，教师的探究教学观处在矛盾中，评价他人的教学实践时表现出较高的标准，折射其理想的探究教学观——应该让学生提出问题，而当泛泛地被问到课堂探究的问题是否一定要由学生提出时，教师也许

是更多地想到了自己的教学实践，因此就说“课堂探究的问题不必一定要由学生提出”。（因为Ⅰ-26 与Ⅱ-3 的观点没有本质区别，都用了“一定……”的表述方式，出现差异的原因只能尝试性地解释为是由提问场景带来的。）

赞成“没有让学生表述他们的问题，也就失去了一次培养学生提问能力的机会”的比例（58%）远远高于“探究教学一定要让学生自己提出问题”的比例（39%），反映出教师培养学生能力的理想愿望与实践可行策略之间的落差。

（2）教师对“猜想与假设”的认识

问卷Ⅱ调查了教师在考虑教学实施的背景下对“猜想、假设”的一些观点。其中一部分观点以“摩擦力”课例片段中师生实际的言行为评议对象，22~25 题则是在此基础上以假想的学生言行为评议对象。

课例：“摩擦力”片段[1]

教师：根据你的经验，再结合你的感受过程，想一下，当一个物体在另一个物体表面滑动的时候，这个摩擦力大小可能和哪些因素有关？

学生 1：我觉得会和物体所受的压力有关，压力越大，摩擦力越大。

教师：她不仅提出了自己的猜想，还提出了假设——摩擦力与压力可能有什么关系。

学生 2：可能和速度有关，速度越快，摩擦力越大。

学生 3：我认为应该是速度越快摩擦力越小。

学生 4：由于物体是在另一个物体表面滑动，所以应该与表面的粗糙程度有关，粗糙程度越大，摩擦力越大。

学生 5：可能和接触面积有关，接触面积越大，摩擦力越大。

学生 6：应该是接触面积越小摩擦力越大。

教师：我们用实验先来验证压力和接触面的粗糙程度这两个因素对滑动摩擦力大小的影响。桌面上有老师准备好的弹簧测力计、木块、钩码和粗糙程度不同的 3 个平面，另外还有一张实验记录单。今天，我们进行一次组间的合作，由第一大组来验证压力对滑动摩擦力大小的影响，

[1] 转录自中国教育学会物理教学专业委员会主办的2005年全国中学物理教学创新大赛参赛课堂录像，授课教师孙俊。

由第二大组来验证接触面的粗糙程度对滑动摩擦力大小的影响。好，开始设计实验。

上述课例选自 2005 年物理教学专业委员会组织的第一届以探究教学为主题的创新大赛，当年执教该课的 S 老师获得大赛一等奖。2009 年请教师们评议该课例时，肯定之余多了不少质疑。例如，68% 的教师认为学生提出各种猜想时“教师应该追问学生猜想的根据”，这比课改之初一些教师鼓励学生“没关系，你随便猜”要理性得多了。当前广大一线教师普遍认识到“猜想不是猜，还要想，要有依据地猜想”，学生提出猜想后教师往往会追问一句“为什么”。

表 3-13 显示的是教师关于科学探究“猜想与假设”要素的一些认识状况。

表3-13 教师对“猜想与假设”的认识的调查结果

<table>
<tr><th>调查对象</th><th>问卷-题号</th><th>观点</th><th>赞同度</th><th>5</th><th>4</th><th>2</th><th>1</th><th>3</th><th>0</th></tr>
<tr><td rowspan="2">G</td><td rowspan="2">Ⅱ-6</td><td rowspan="2">（学生提出各种猜想）教师鼓励学生说出他们想到的各种影响因素，目的是促使学生暴露头脑中的固有认识</td><td rowspan="2">1.38</td><td>17</td><td>8</td><td>1</td><td>0</td><td>4</td><td>1</td></tr>
<tr><td colspan="2">81%</td><td colspan="2">3%</td><td colspan="2">16%</td></tr>
<tr><td rowspan="2">G</td><td rowspan="2">Ⅱ-7</td><td rowspan="2">（学生提出各种猜想）教师应该追问学生猜想的根据</td><td rowspan="2">1.00</td><td>14</td><td>7</td><td>0</td><td>4</td><td>5</td><td>1</td></tr>
<tr><td colspan="2">68%</td><td colspan="2">13%</td><td colspan="2">19%</td></tr>
<tr><td rowspan="2">G</td><td rowspan="2">Ⅱ-5</td><td rowspan="2">（教师在评价第一位学生发言时说：“很好，她不仅提出了自己的猜想，还提出了一个假设——可能有什么关系。”）我认为教师在这里区分“猜想”与“假设”的做法很好</td><td rowspan="2">0.31</td><td>8</td><td>5</td><td>2</td><td>5</td><td>9</td><td>2</td></tr>
<tr><td colspan="2">42%</td><td colspan="2">23%</td><td colspan="2">35%</td></tr>
<tr><td rowspan="2">G</td><td rowspan="2">Ⅱ-8</td><td rowspan="2">（学生提出各种猜想后教师决定本节课“先来验证压力和接触面的粗糙程度这两个因素对滑动摩擦力大小的影响”）学生既能经历设计方案、收集数据等探究环节，结论又是本节课的知识要点，是高效的探究教学</td><td rowspan="2">1.10</td><td>12</td><td>10</td><td>3</td><td>0</td><td>5</td><td>1</td></tr>
<tr><td colspan="2">71%</td><td colspan="2">10%</td><td colspan="2">19%</td></tr>
</table>

续表

<table>
<tr><th>调查对象</th><th>问卷-题号</th><th>观点</th><th>赞同度</th><th>5</th><th>4</th><th>2</th><th>1</th><th>3</th><th>0</th></tr>
<tr><td rowspan="2">G</td><td rowspan="2">Ⅱ-10</td><td rowspan="2">（前提条件同第8题）学生猜想到与速度、接触面积有关，就应该让学生探究</td><td rowspan="2">0.83</td><td>14</td><td>6</td><td>6</td><td>2</td><td>3</td><td>0</td></tr>
<tr><td colspan="2">65%</td><td colspan="2">26%</td><td colspan="2">10%</td></tr>
<tr><td rowspan="2">G</td><td rowspan="2">Ⅱ-11</td><td rowspan="2">（前提条件同第8题）教师的决定可能是因为学校缺少探究其他猜想的实验器材，责任不在教师</td><td rowspan="2">-0.77</td><td>1</td><td>4</td><td>8</td><td>11</td><td>7</td><td>0</td></tr>
<tr><td colspan="2">16%</td><td colspan="2">61%</td><td colspan="2">23%</td></tr>
<tr><td rowspan="2">G</td><td rowspan="2">Ⅱ-9</td><td rowspan="2">（前提条件同第8题）教师代替学生做决定，偏离了探究教学的核心理念</td><td rowspan="2">0.10</td><td>6</td><td>7</td><td>8</td><td>4</td><td>6</td><td>0</td></tr>
<tr><td colspan="2">42%</td><td colspan="2">39%</td><td colspan="2">19%</td></tr>
<tr><td rowspan="2">G</td><td rowspan="2">Ⅱ-25</td><td rowspan="2">（假如猜想假设时有学生提出“曾经听说有越光滑摩擦力越大的说法”）应该鼓励学生设计实验进一步研究</td><td rowspan="2">1.10</td><td>18</td><td>3</td><td>2</td><td>2</td><td>5</td><td>1</td></tr>
<tr><td colspan="2">68%</td><td colspan="2">13%</td><td colspan="2">19%</td></tr>
<tr><td rowspan="2">G</td><td rowspan="2">Ⅱ-23</td><td rowspan="2">（前提条件同25题）超出了本节课的研究范围，表扬学生同时建议学生课后查相关资料学习</td><td rowspan="2">0.61</td><td>11</td><td>8</td><td>5</td><td>3</td><td>4</td><td>0</td></tr>
<tr><td colspan="2">61%</td><td colspan="2">26%</td><td colspan="2">13%</td></tr>
<tr><td rowspan="2">G</td><td rowspan="2">Ⅱ-22</td><td rowspan="2">（前提条件同25题）明显与已知的科学结论相悖，可教育学生好好学习科学知识</td><td rowspan="2">-0.19</td><td>3</td><td>9</td><td>7</td><td>7</td><td>5</td><td>0</td></tr>
<tr><td colspan="2">39%</td><td colspan="2">45%</td><td colspan="2">16%</td></tr>
<tr><td rowspan="2">G</td><td rowspan="2">Ⅱ-24</td><td rowspan="2">（前提条件同25题）问学生从哪儿得到的相关信息，可信吗?</td><td rowspan="2">-0.07</td><td>1</td><td>13</td><td>5</td><td>6</td><td>4</td><td>2</td></tr>
<tr><td colspan="2">45%</td><td colspan="2">35%</td><td colspan="2">19%</td></tr>
</table>

那么，让学生提出猜想的目的是什么？81%的教师同意“教师鼓励学生说出他们想到的各种影响因素，目的是促使学生暴露头脑中的固有认识”，这是被调查的教师关于猜想与假设赞同度最高的观点，也就是说，该观点迎合了“教知识”的教学观，淹没了猜想对于科学探究的意义。结合教师们在日常工作、学习中的言行来看，可以说绝大多数教师并不在乎猜想与假设对于科学探究的意义，猜想与假设的区别也是不考虑的。S老师在评价第一位学生发言时表示“很好，她不仅提出了自己的猜想，还提出了一个假设”，表明“与压力有关”是猜想，“压力越大，摩擦力越大”是假设，这在实践中很少见。《初中物理课程标准（2011年版）》在提出有关猜想与假设的科学探究能力基本要求时的表述是“尝试根据

经验和已有知识对问题的可能答案提出猜想；能对探究的方向和可能出现的探究结果进行推测与假设；了解猜想与假设在科学探究中的意义”。《高中物理课程标准》的表述为“对解决问题的方式和问题的答案提出假设；对物理实验结果进行预测；认识猜想与假设的重要性”。两者都没有刻意区分“猜想”与“假设”。张红霞在《科学究竟是什么》一书中对“假说”“假设”“猜想”做了区分：“科学假说是对观察现象的一个假定性的解释，或者说是对所提出的科学问题的一个推测性的回答。而且，假说之后必定有验证的活动，通过验证才能成为科学理论”；假设在数学推导中常用，日常生活、工作中使用假设是将并不存在的事当成已知的条件或前提；猜想更是生活中的语言，特点是没有根据，以猜出结果为终点。[1]期刊上也有教师发表文章，辨析科学探究过程中的猜想与假设[2]，探讨科学课中的“假设”教学问题[3]，但就整体认识现状而言，中学物理教师普遍不区分猜想与假设。

至此，与前两节的调查结果一致，中学物理教师在语言表达层面的探究教学观是非常宏观的，即使是到了“探究教学应该如何实施”的问题上，观点也非常笼统、概括：认为真正实施探究教学的条件是整个社会价值观的改变，其次就是自己的努力付出。实施策略上，认为“探究教学没有固定的模式”“不必完整体现科学探究的全部七个要素”。

[1] 张红霞. 科学究竟是什么 [M]. 北京：教育科学出版社，2003：53–54.
[2] 殷蕊. 从猜想到假设——试析科学探究过程中猜想与假设的关系 [J]. 中小学教学研究，2007（1）：40–41.
[3] 鲍翠萍. 谈科学课中的“假设”教学 [J]. 中小学教材教学，2005（3）：69–70.

第四章 教学行为层面的探究教学观现状研究

教学行为层面的探究教学观，即教师内化于自身教学实践中的关于探究教学是什么、为什么和可以如何实施的观点。我们认为，教学观念只有达到这个层面，才能够真正影响教学实践，因此本章是本书研究工作的一个重点。本章利用反映教师教学实践的文本来收集信息，并进行编码、定量统计、提取典型观点和做法得出现状报告。

第一节 关于“什么是探究教学”的认识现状

这里我们要看看教师在课堂上经常做出哪些探究教学行为，以此折射教师心目中的探究教学是什么样的。

我们从“基于农村中小学课堂的课程研究与农村教师专业发展项目”收集的全部24个课堂实录中剔除4节非探究式教学的课例（1节讲授课、1节实验测量课、1节技能训练课和1节学生上网学习的汇报课），对剩余20节带有探究教学意味的课堂实录文本进行质性编码提取与量化统计处理。

首先，通过对大量实践案例的初步考察以及典型案例分析，发现教师理解的探究教学表现在具体的教学实践中，即为对不同探究要素的着力不同，以及所采取的具体实施策略（如问题由谁提出、得结论的过程是否进行有根据的论证等等）是怎样的。因此，本章的一级编码为科学探究的七个要素，二级编码为该要素下的特征教学行为与行为主体。该编码取应然与实然的“并集”：首先依据理论认识列出应有或认为可能的教学行为，然后对文本进行试探性编码登录，登录中凡是遇到实践中出现而已有编码不能涵盖的行为，均补充进编码表，或对原有编码进行修订（因此，二级编码的序号有些凌乱），直至没有新增编码。之后依据完整的编码表对20个课堂教学实录文本重新进行编码登录（示例见附录6），统计各编码出现的频次。最终的二级编码及频次统计结果见表4-1。图4-1显示的是其中主要探究教学行为出现的频次。

表4-1 对20节课堂实录中探究教学行为的编码与频次统计结果

一级编码	二级编码	频次
X1：提出问题	X1-1：教师创设问题情境	19
	X1-2：教师提出需要探究的问题	23
	X1-3-1：学生提出想要探究的问题	1
	X1-3-2：教师引导学生提出所要探究解决的问题	1
	X1-4：问题表述清晰，可以通过科学探究解决	14

续表

一级编码	二级编码	频次
X1：提出问题	X1–5：问题表述不明确，或不是科学问题	5
	X1–6：涉及发现问题和提出问题在科学探究中的意义	0
X2：猜想与假设	X2–1：学生在老师的指导下提出猜想，并说明理由、依据	6
	X2–2：学生提出猜想假设，未说明理由、依据	5
	X2–3：由教师有理由地提出猜想	1
	X2–4：由教师不说明理由地提出猜想	0
	X2–5：涉及猜想与假设在科学探究中的意义	1
X3：设计实验与制订计划	X3–1：学生独立设计实验方案（记录表格、展示）	9
	X3–2–1：学生随教师一起设计实验方案	15
	X3–2–2：学生先经历设计实验方案的过程，教师再予以指导	6
	X3–2–3：教师使用指导卡、学案等引导学生设计实验方案	7
	X3–3：教师直接给出方案	5
	X3–4：强调控制变量	8
	X3–5：涉及设计实验与制订计划在科学探究中的意义	0
X4：进行实验与收集证据	X4–1：教师利用视频演示实验	3
	X4–2：教师现场演示实验	3
	X4–3：教师邀请个别学生操作、演示实验	0
	X4–4–1：学生按自己的实验计划进行实验、记录数据	2
	X4–4–2：学生按既定的实验计划进行实验、记录数据	19
	X4–5：涉及进行实验和收集实验数据在科学探究中的意义	0
X5：分析与论证	X5–1–1：学生独立对实验结果、数据进行分析处理	5
	X5–1–2：学生直接报告结论	5
	X5–2–1：教师指导学生对实验结果和数据进行科学分析处理	11
	X5–2–2：教师直接总结探究结论	2
	X5–3–1：结论是来自一次（组）实验的结果	5
	X5–3–2：结论是来自多次（组）实验的结果	9
	X5–4：尝试理解实验结果的合理性，或与理论演绎结果互证	4
	X5–5：涉及分析和论证在科学探究中的重要意义	0
X6：评估	X6–1：学生主动对探究的过程和结果进行评估	1
	X6–2：教师引导学生对探究的过程和结果进行评估	4
	X6–3：学生关注了探究活动中未解决的问题和出现的新问题	1

续表

一级编码	二级编码	频次
X6：评估	X6-4：尝试改进探究方案	2
	X6-5：涉及评估对科学探究的重要意义	1
X7：交流与合作	X7-1：学生之间进行小组讨论、交流	7
	X7-2-1：给学生表达自己观点的机会	26
	X7-2-2：对学生的表达进行指导	3
	X7-3：指导学生听取他人意见	0
	X7-4：指导学生合作，培养团队意识	1
	X7-5：涉及交流与合作在探究中的意义	4
X8	X8：小结中带领学生回顾探究过程，总结思路与方法	4

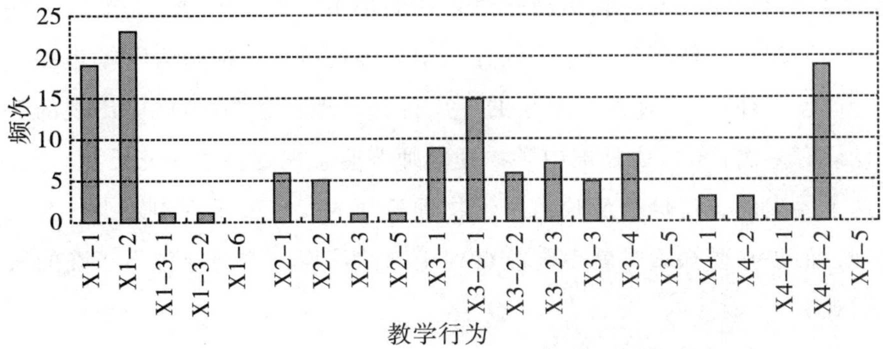

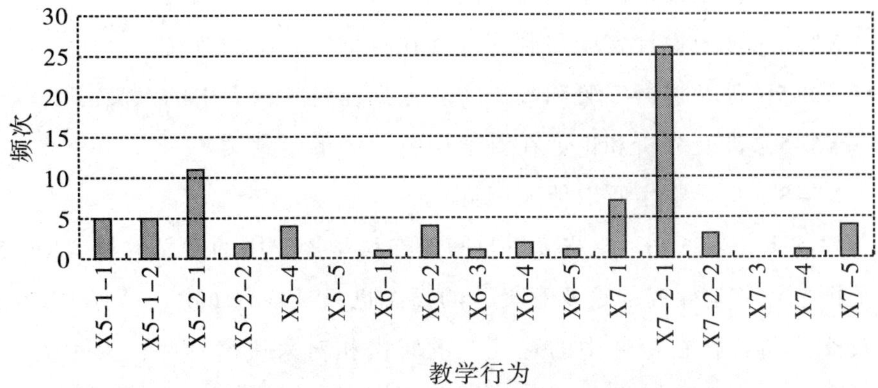

图 4-1　课堂探究教学行为频次统计柱状图

从图 4-1 可以直观地看到，课堂教学中出现频次较高的行为（粗略考虑取频次大于 10 次的）是：

X1-1：教师创设问题情境。

X1-2：教师提出需要探究的问题。

X3-2-1：学生随教师一起设计实验方案。

X4-4-2：学生按既定的实验计划进行实验、记录数据。

X5-2-1：教师指导学生对实验结果和数据进行科学分析处理。

X7-2-1：给学生表达自己观点的机会。

将这些行为串联起来，勾勒出的是一组教师主导的探究教学“连环画”：与传统教学相比，学生多了不少参与探究活动的机会，但教师的控制仍显得十分突出。这组画面中缺少“猜想”与“评估”两个科学探究要素，从表4-1的数据看，学生提出猜想的频次总计11次，问题在于编码时将“有理由地提出猜想”与“提出猜想时未说明理由”做了拆分，是研究方法带来的系统误差。修正后，这组探究教学“连环画”中应包含“学生提出猜想、假设”环节。“评估”要素的各项行为表现在这20节课中出现的频次总计只有9次，可以说是被中学物理教师普遍忽视的科学探究要素。然而，对这个要素的忽视恰恰反映出中学物理教师的探究教学观中缺少“究”的成分，似乎只要探索，就一定能得到正确的认识，这会导致不正确的科学本质观。

从图4-1还可以直观地看到，这20节课中完全缺失的探究教学行为是：

X1-6：涉及发现问题和提出问题在科学探究中的意义。

X3-5：涉及设计实验与制订计划在科学探究中的意义。

X4-5：涉及进行实验和收集实验数据在科学探究中的意义。

X5-5：涉及分析和论证在科学探究中的重要意义。

X7-3：指导学生听取他人意见。

事实上，“X2-5：涉及猜想与假设在科学探究中的意义”与“X6-5：涉及评估对科学探究的重要意义”的频次也只是各有1次，只有“X7-5：涉及交流与合作在探究中的意义”的频次相对来说高一些，为4次，但同时又没有“X7-3：指导学生听取他人意见”的教学行为出现。综合起来看，在教学行为层面上，中学物理教师没有认识到探究教学的任务之一是促进学生理解科学探究。

第二节　关于“为什么要实施探究教学”的认识现状

教师在说课、进行教学反思时总会提到自己开展探究教学的目的或采用某项探究教学策略的意图，在评课时也会探讨授课教师实现或未实现的教学目标，这些是被观察的教师在不受研究者干预的情况下主动表达出来的对探究教学目标的理解。

在此，本章以 7 篇教学设计说课及答辩记录文本、20 篇教学反思文本和 20 篇课后评议文本为研究对象展开文本分析。研究步骤如下：

第一轮阅读，捕捉文本中反映教师探究教学意图的观点，将其表达语句提取出来汇集到一个新建文档中。在汇集的过程中初步归类，即依据对探究教学的理论认识，首先建立教师实施探究教学的理由、目标追求的一级分类（Y1：理解科学知识。Y2：发展能力。Y3：塑造健康人格），然后将对应的语句粘贴到相应的栏目中。在此过程中，对于一下难以确定所属类别的，结合上下文反复理解文本作者的原意，确定归属。同时还发现教师给出的一些理由不能清楚地归入上述三类目标，例如，“落实三维目标”“真正以学生为主体”等，于是补充建立“Y4：其他”，留待进一步分析。

当阅读文本到很少再有新的意思表达时进入第二步——在新建文档中对每一大类里的众多表述进行二次归类，将表述大同小异的词语用统一的编码表征，形成在同类目标下内涵有差异的几个二级目标类型，见表 4-2。

表4-2　Y维度文本分析编码表

一级分类	原文语句摘录	二级分类	
		内容	编码
Y1	符合学生的实际情况；符合学生的认知规律；形成对知识的深刻理解；真正理解密度概念；针对学生易出现的思维障碍“对症下药”；突出教学重点和突破教学难点；将知识与知识结构联系起来，激活了思维，激发了求知欲，为概念的正确建立做好准备；实验探究，得到原理；将知识纳入自己的认知结构中……	符合认知规律；建立在已有知识基础上，建构	Y1-1
		（作为手段）激发兴趣；活跃思维	Y1-2
		引起认知冲突；对症下药；突破难点	Y1-3
		突出重点；得到原理；真正理解；深刻理解；结构化；能应用；牢固掌握	Y1-4
		拓展学习；开阔眼界	Y1-5

续表

一级分类	原文语句摘录	二级分类	
		内容	编码
Y2	具有极高的迁移价值，是一种“活化”的知识；将来从事探究工作所必需的，极具可持续发展意义的“长效”的知识；发现新知，尝试创新，发展实践能力；初步的科学实践能力；拥有创新能力的人；开拓学生的思维……	学会科学探究的方法	Y2–0
		探究新知的能力；创造力；分析、解决问题的能力；提出问题的能力	Y2–1
		学习能力；自主学习的能力	Y2–2
		开拓思维；思维能力；智力	Y2–3
		合作能力；倾听、交流能力	Y2–4
		动手操作能力；观察能力	Y2–5
		获取信息的能力	Y2–6
		表达能力	Y2–7
		实践能力；应用知识的能力	Y2–8
Y3	体会到科学规律和科学技术的重要价值；终身的探索乐趣；良好的思维习惯；必须具备敢于质疑的思维品质；探究意识；严谨的科学态度；协作精神；乐于探索；主体意识；有利于塑造学生独立的人格品质；有利于培养学生的自主性……	体会学习物理的乐趣	Y3–0
		探究意识；探索的兴趣；创新意识；求知欲	Y3–1
		质疑精神；科学态度；辩证地看问题	Y3–2
		主体意识；自主性；独立的人格；个性；自信心	Y3–3
		协作精神；合作意识	Y3–4
		认识科技的价值；感觉物理就在身边；领略物理美；领悟科学的思想和精神；社会责任感	Y3–5
Y4	落实课标要求；以学生为主体；培养学生的基本科学素养……	以学生为主体；发挥学生的主动性	Y4–1
		经历探究过程；体验探究；感受科研氛围	Y4–2
		落实课标要求、培养科学素养、全面发展等	Y4–3

第三步，重新阅读文本，按照编码表的定义对文本进行编码处理。其中如遇新的目标表述，随时建立新的编码，补充进编码表并做适当的调整。例如，最初将“实践能力”与“动手操作能力”归类在一起，编码“Y2–5”，因为本人对提取“实践能力”关键词的文本上下文进行通读，认为其含义是指通过实际行动完成实践任务的能力。直至读到另外

一个文本提到“重视学生应用物理知识解决实际问题的能力”，建立新编码“Y2-8”，重新审视每个编码的内涵发现，将“实践能力”归属“Y2-8”更合适。依此步骤直至完成对所有文本的编码处理。以下摘录了一段进行过 *Y* 维度编码的说课文本。

二、探究液体内部压强与哪些因素有关（30min）[1]

1. 猜想（3min）

问题 1：液体内部有压强，那么液体内部的压强大小可能与哪些因素有关呢？请同学们有依据地做出猜想。

设计意图：让学生有依据地猜想，培养科学猜想的能力［Y2-0］。因为前面做了铺垫，学生可能猜想与深度和密度有关，也可能做出其他的猜想，教师应当给予适度的评价，切不可抹杀学生的积极性、发散性思维、创造性习惯［Y3-1］。他们还可能猜想与容器横截面积、液体重力、液体多少有关。

2. 设计实验，认识微小压强计（10min）

问题 1：同学们用什么方法知道液体内部压强与我们猜测的这些因素是否有关？（实验）

问题 2：既然猜想液体内部压强与多个因素有关，我们应该采用什么研究方法？（控制变量）

设计意图：巩固学生已知的控制变量研究方法［Y2-0］和用实验检验真理的意识［Y3-2］。

介绍研究液体内部压强的仪器：微小压强计（照片）。

引导学生观察其结构，用手轻压橡皮膜，观察 U 形管两侧液柱差，试着说一下它是如何测量液体内部压强的。

教师介绍微小压强计是怎样把橡皮膜的形变转换为 U 形管内液柱差的变化的。

强调用前要检查它的气密性，查看 U 形管两侧液面高度是否相同，并引导学生分析为什么。

设计意图：知道微小压强计是利用转换思想测量液体对橡皮膜的压

［1］说课文本ACL-①片段。

强的。渗透转换思想在物理研究中的应用[Y2-0]。培养学生钻研使用仪器的意识与能力，分析解决问题的能力[Y2-5]。

引导学生分析液体重力、液体多少表达的是一个意思，统一为液体重力。设计实验证明液体内部压强与液体重力、容器的横截面积无关。取粗细不同的两个容器，倒入深度相同的水，用微小压强计测量底部，观察U形管两侧液面差。

学生动手实验：(照片)

设计实验证明液体内部压强与深度、方向、密度的关系，将实验表格发给学生(不再引导设计过程)。

设计意图：本节不允许把过多时间用在设计实验上，重点应放在学生使用微小压强计测量收集数据、总结结论上，突出重点，故可不再让学生设计。

3. 学生实验(10min)

观察微小压强计在水、浓盐水的不同深度、不同方向时U形管两侧液面差并收集数据，教师巡视，收集课堂上生成的资源。

设计意图：这一部分是本节课的重点，用时多，学生主体地位突出。学会使用微小压强计研究液体内部压强的规律，在使用中体会微小压强计是怎样转换液体对橡皮膜的压强的。具有初步信息收集能力[Y2-6]，体会自主探究的愉悦，增强自信心与成就感[Y3-0]，树立实事求是的科学态度[Y3-2]，建立合作的意识[Y3-4]。

4. 分析数据，归纳结论(3min)

引导学生自己分析，归纳出液体内部压强与哪些因素有关，并分析出规律，用语言叙述出来。最后再将表格下的结论填写完整。

设计意图：用科学术语描述实验结果，培养初步的分析概括能力和信息交流的能力[Y2-7][Y2-3][Y2-4]。

5. 评估，解决学生实验时产生的问题(4min)

问题1：有的同学在实验时发现了U形管两侧液面差不变的现象，请你分析可能是什么原因引起的，并提出解决的方法。

问题2：如果想研究液体内部压强随密度的增加而怎样变化，应该在我们的实验基础上再做怎样的改进?

设计意图：培养初步的分析解决问题的能力［Y2-1］，建立合作的意识，感受团队的力量之大，建立团队合作的意识［Y3-4］。

最后，对所有编码进行频次统计，结果见表4-3。

表4-3　Y维度文本分析编码频次统计结果

一级分类	二级分类		频次统计		
	内容	编码	说课	反思	评议
Y1	符合认知规律；建立在已有知识基础上，建构	Y1-1	1	7	3
	（作为手段）激发兴趣；活跃思维	Y1-2	4	9	9
	引起认知冲突；对症下药；突破难点	Y1-3	0	2	4
	突出重点；得到原理；真正理解；深刻理解；结构化；能应用；牢固掌握	Y1-4	14	15	29
	拓展学习；开阔眼界	Y1-5	2	2	2
Y2	学会科学探究的方法	Y2-0	14	11	12
	探究新知的能力；创造力；分析、解决问题的能力；提出问题的能力	Y2-1	7	10	8
	学习能力；自主学习的能力	Y2-2	2	2	4
	开拓思维；思维能力；智力	Y2-3	5	3	6
	合作能力；倾听、交流能力	Y2-4	2	3	2
	动手操作能力；观察能力	Y2-5	3	5	4
	获取信息的能力	Y2-6	1	0	3
	表达能力	Y2-7	4	1	2
	实践能力；应用知识的能力	Y2-8	5	2	3
Y3	体会学习物理的乐趣	Y3-0	7	9	12
	探究意识；探索的兴趣；创新意识；求知欲	Y3-1	9	19	15
	质疑精神；科学态度；辩证地看问题	Y3-2	9	11	8
	主体意识；自主性；独立的人格；个性；自信心	Y3-3	2	6	1
	协作精神；合作意识	Y3-4	4	6	2
	认识科技的价值；感觉物理就在身边；领略物理美；领悟科学的思想和精神；社会责任感	Y3-5	10	12	7
Y4	以学生为主体；发挥学生的主动性	Y4-1	3	12	9
	经历探究过程；体验探究；感受科研氛围	Y4-2	2	6	5
	落实课标要求、培养科学素养、全面发展等	Y4-3	1	1	6

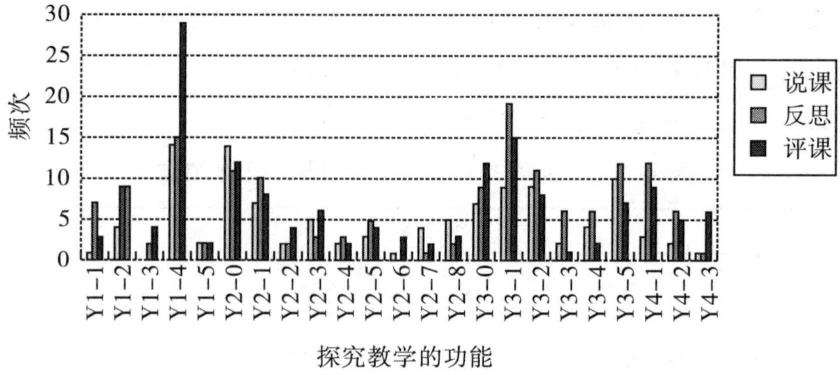

图 4-2 Y 维度文本分析各编码频次统计结果柱状图

图 4-2 直观地显示出文本中教师选择采用探究教学模式的目的是：

Y1-4——促进学生对所学知识的深刻理解。例如，说课文本 AHL-①:“本节课的教学内容,一是突出了物理教学以观察、实验为基础的特点,激发学生学习兴趣和求知欲；二是通过科学探究加深学生对物理知识的理解，进一步了解探究实验的过程。”教学反思文本 BMS-⑤：“与单向且被动接受知识的教学过程相比，这种知识获取过程具有明显的优势：它使学习者形成对知识的深刻理解，它绝不是一知半解的，更无须死记硬背,因而是一种‘优质’的知识。”评课文本 BZX2-⑥:“通过小组讨论、自主设计、实践得出来的知识，学生往往能印象比较深刻。”等等。

Y2-0——让学生学会科学研究的方法。例如，说课文本 AHL-①：“通过探究压力的作用效果跟什么因素有关，经历探究的主要环节，初步学会使用控制变量法来研究物理量间关系的实验方法。”“物质的比热容”一课执教教师的教学反思文本 BFJ-⑤：“本节课学生经历‘情境引入—提出问题—大胆猜想—设计实验—进行实验与收集证据—分析与论证—交流评估’这样一个较为完整的科学探究活动，建立了比热容的概念，体现了新课标重视物理概念的得出过程，让学生经历科学探究过程，学习科学的研究方法，培养学生主动获取知识的探究精神。”对“探究串、并联电路的电流规律”一课进行课后评议的文本 BCH1-⑥：“初二年级的学生好动、好表现，探究学习积极性很高，可学生在第一学期学习物理的过程中，经历的实验探究活动课比较少，缺乏科学探究的方法、能力。需要教师在课堂上不断引导，渗透科学探究的思想、方法。”等等。

Y2-1——培养学生分析问题、解决问题的能力，探求新知识的能力，或称创造力。例如，AZQ-①在说课中引用艾伦·柯林斯的话："这是一种费时的教学，但如果我们的目标是培养学生能创造性地解决问题和发现理论，那么这是我们所拥有的唯一方法。""探究影响电磁铁磁性强弱的因素"一课执教教师的教学反思文本 BZJ-⑤："经过再三考虑，最后还是决定放开手脚，电流和匝数都由学生来自由选取，这样更有利于培养学生学习的积极性和主动性，同时也更有利于学生在今后的探究实验过程中，自己发现和总结应注意的问题。"BZX2-⑥对"液体内部压强特点"课堂教学的评价说道："本课所有的结论都是通过实验探究的方式得出，通过教师启发，让学生发现问题，然后自己假设，最后通过设计实验证明自己的假设。锻炼了学生自己发现问题、解决问题的能力，也加深了对所学知识的理解。"等等。

Y3-0——感受通过科学探究获得知识的乐趣。例如，AZQ-①"电能"一课的情感目标之一是"通过实验探究，使学生体验学习的乐趣，感受成功的喜悦"；文本 BZJ-⑤："初二年级的孩子在物理学习中，他们比较喜欢形象具体的直观操作，这样会激起他们参与实验学习活动的热情。""本节课采用'猜想—推理—验证—结论'的教学模式，让学生亲身感受探究的过程和快乐。在较为轻松愉快的环境中学好知识是这节课设计的最大意图。"BZY3-⑥评议"探究凸透镜成像规律"课堂教学特别突出的几个方面之一是"教学设计符合学生的认知规律。无论是引课、探究和规律的得出，教师都设计了适当的铺垫和实验，帮助学生轻松地克服了学习难点，使学生体会到了成功的喜悦"，等等。

Y3-1——培养学生的探究意识，激发求知欲。这与 Y3-0 是不同的目标，Y3-0 属于情感体验，而 Y3-1 则是探究的动力。例如，文本 AWC-①："引导学生在合作探究中自主建构凸透镜成像的规律，体会成功的喜悦，从而不断激发学生内在探索科学的求知欲，实现教学的可持续发展。"BZC-⑤："在授课过程中适当设置符合学生认知特点的、具有物理特点的活动，让学生经历提出问题、猜想假设、设计实验方案、进行实验探究、分析数据得到结论的科学探究过程，激发并保持学生的学习兴趣，使学生体会生活和物理紧密相连。"BFJ-⑥："探究欲是创造性思维活动的内驱力之一。为了增强学生的探究欲，教师应当经常向他们提供能引起观察和探索的新异情境，要善于提出难易适中而富有启发性的问题，启发思维，并引导他们自己去发现问题或寻找答案。”等等。BFJ-⑥：“在浮力的第一节课里，教师通过设置情境，使学生产生悬念，激发学生的兴趣，并通过实验变形建立浮力的概念；在教学过程中，不断地通过系列问题的启发和实验探究的教学方法，探究浮力的大小，得到阿基米德原理，有效地突出教学重点及突破教学难点。通过探索物理现象，揭示物理规律，培养学生终身的探索乐趣、良好的思维习惯和初步的科学实践能力，是教学效果非常好的一节课。”

Y3-2——培养学生的质疑精神、科学态度。虽然质疑精神与科学态度归并在一类观念中，但实际上教师们更多提到的是科学态度。例如，ACL-①：“通过探究液体压强的影响因素，树立实事求是的科学态度。”“通过公式的分析，得到液体压强与深度和密度有关，与实验规律吻合，渗透科学规律要用理论与实践的双重验证。”“体会液体压强给人们的生活带来的便捷与困难，树立辩证地看待事物的思想。”BZC-⑤：“初中学生对事物具有强烈的好奇心，主观意识较强，往往根据感觉做出一些错误的判断，设计体验活动、实验探究活动既能很好地满足学生的需求，又能将做出的错误判断加以纠正，使学生建立用科学和事实来说明问题的观念。”只有BFJ-⑥提到：“质疑是人类思维的精华，拥有创新能力的人必须具备敢于质疑的思维品质。”有将“敢于质疑”作为探究教学的目标提出的意思，而其他文本提到“质疑”一词基本都是动词，如“为学生提供充分自由表达、质疑、探索、讨论问题的机会”“探究活动的关键在于让学生质疑并提出猜想”等，只是将质疑作为一种活动让学生经历，尚未给予特别的重视。

Y3-5——正确认识科学，包括认识科技的价值，科学、技术、社会的关系，领略物理的美等。通过进一步的细致编码和频次统计可以看到，教师在探究教学中希望学生获得的对科学的认识主要是“物理就在我们身边”，包括认识科学技术与社会的关系，欣赏物理的美，更本质的目的在于培养“爱科学”的情感，“用科学”的责任感，但对于科学本质的关注是很少的。

表4–4　教师在探究教学中希望学生获得的对科学的认识细目及频次统计结果

编码	主题	观点示例	频次
Y3–5–1	物理与生活	使学生充分感受到，这些知识跟自己的生活很贴近	10
Y3–5–2	STS	感悟“科学·技术·社会”的联系	7
Y3–5–3	物理美	在探究平面镜成像特点的过程中，领略物理现象的美妙与和谐	3
Y3–5–4	物理的有用性	有将科学服务于人类的意识	3
Y3–5–5	对科学的认识	领悟科学的思想和精神；体会探究过程和科学方法的重要性	3
Y3–5–6	科技进步	让学生体验科学的进步和发展	2
Y3–5–7	物理的魅力	感受到物理的趣味和价值，体验到物理的魅力	1
Y3–5–8	科技的价值	很难体会到科学规律和科学技术的重要价值	2

注：Y3–5–8“科技的价值”一词来自文本，尚无法确定其内涵。

Y4–1——落实以学生为主体的教育理念。例如，BYC–⑤：“本节课的设计意图在于体现以学生为主体的课程理念，提倡学生多动手，多观察，多思考。”其他说法也都大同小异，说明“执行课标要求”也是教师采用探究式教学的一个非常重要的理由。

另外，也有教师认识到“独立的人格品质”，但提到此观点的很少，只有BQP–⑤在教学反思中写道：“设计本节课时，我力求把学生作为活动的主体，立足于学生的学，以学生的主体活动为中心来展开教学过程，尽量让学生的学习不受教师的主宰与课堂的限制。学生积极主动地参与教学活动，以自己的经验和知识为基础，经过积极的探索和实验，将知识纳入自己的认知结构中，并尝试用学过的知识解决新问题，冲破书本的局限，拓展自己的学习内容，有利于学生主体意识和主体能力的形成和发展，有利于塑造学生独立的人格品质，有利于培养学生的自主性，提高学生独立学习与自主学习的能力，变不会学为善学，使学生对未知课题的探究产生兴趣，形成一种自主探究学习的习惯。而学生在这样的探究性学习中，会积极地参与到活动中去，去找出问题、提问题，并主动寻求问题的答案，他们会变得非常热心，有极大的兴趣去参与并锻炼形成自己独特的思维和经验，培养创新能力。”

第三节　对于“实施探究教学的条件”的认识现状

关于教师对探究教学实施策略的认识部分体现在本章第一节，并且下一章将结合典型案例进行集中分析。本节重点通过对除 20 个课堂教学实录之外的 47 个文本进行信息读取、编码，了解教师关于“实施探究教学的条件”的认识。

与上一节的分析对象、研究方法相同，对总计 47 个文本进行分析，发现教师主动提到的实施探究教学的条件有 6 大类，并可细分为 22 项，见表 4-5。

表 4-5 “实施探究教学的条件”文本分析编码表

一级分类	二级分类		一级分类	二级分类	
	内容	编码		内容	编码
ZT1：时间	课时的原因	ZT1-1	ZT5：教师	教师的学科素养	ZT5-1
	想办法解决	ZT1-2		教师的学科教学知识	ZT5-2
ZT2：空间	鼓励、积极的评价、平等	ZT2-1		应变能力	ZT5-3
	提供各种机会	ZT2-2		教学技能	ZT5-4
	物理问题情境	ZT2-3		教学策略	ZT5-5
	班额	ZT2-4		精力投入	ZT5-6
ZT3：器材	学校的实验条件	ZT3-0		观念	ZT5-7
	利用教学资源	ZT3-1	ZT6：学生	知识、经验基础	ZT6-1
	利用身边物品、自制教具	ZT3-2		能力水平	ZT6-2
	利用现代信息技术	ZT3-3		学习态度	ZT6-3
ZT4：课题	包含科学探究要素	ZT4-1	/	/	/
	思维难度	ZT4-2	/	/	/

以下摘录了三段进行过 Z 维度关于探究教学实施条件编码的教学反思文本。表 4-6 为各项编码的频次统计结果。

BMS-⑤：本节课中也留有一些遗憾，主要有以下几点。一是教学内容安排得较多，使教学过程显得比较仓促，教学过程中留给学生足够思考的时间较少［ZT1-1］。不利于学生思考、理解、形成正确的认识。二是教学资源的挖掘［ZT3-1］应用做得不够，在以后的教学中要深入挖掘，让学生体会到物理知识从生活中来，并服务于生活的理念。三是教学中的检测评价不够充分，这跟时间较紧张有关系［ZT1-1］，也跟教学设计时对学生水平的正确定位有关［ZT5-2］。

BZJ-⑤：当然，本节课还存在着一些不足之处。例如，学生存在差异，层次教学不明显，不能照顾所有同学［ZT5-5］。再如，由于教学手段限制［ZT3-0］，不能将微观世界的真实内容展示给学生，只能靠推理、联想来想象自己认识的微观世界。

BFJ-⑤：这些准备工作［ZT5-6］及实验前对学生的鼓励［ZT2-1］，使本次学生探究活动顺利开展。但探究过程中，由于我担心后面比热容的概念建立等教学内容较多，所以对学生实验过程中存在的问题的交流与评估进行得有所欠缺，应该让学生充分体验探究的过程，安排更长的时间让学生进行交流与讨论，这也是我对这节课的反思［ZT1-1］。

表4-6　*Z*维度实施条件各编码频次的统计结果

一级分类	二级分类		频次统计			
	内容	编码	说课	反思	评课	总计
ZT1：时间	课时的原因	ZT1-1	1	15	3	25
	想办法解决	ZT1-2	1	2	3	
ZT2：空间	鼓励、积极的评价、平等	ZT2-1	3	14	11	86
	提供各种机会	ZT2-2	6	20	6	
	物理问题情境	ZT2-3	5	18	2	
	班额	ZT2-4	0	1	0	
ZT3：器材	学校的实验条件	ZT3-0	1	4	1	43
	利用教学资源	ZT3-1	1	4	1	
	利用身边物品、自制教具	ZT3-2	6	5	4	
	利用现代信息技术	ZT3-3	2	7	7	
ZT4：课题	包含科学探究要素	ZT4-1	0	0	3	7
	思维难度	ZT4-2	0	0	4	
ZT5：教师	教师的学科素养	ZT5-1	0	5	2	32
	教师的学科教学知识	ZT5-2	0	4	1	
	应变能力	ZT5-3	2	2	0	

续表

一级分类	二级分类		频次统计			
	内容	编码	说课	反思	评课	总计
ZT5：教师	教学技能	ZT5–4	0	2	0	32
	教学策略	ZT5–5	0	3	0	
	精力投入	ZT5–6	1	5	0	
	观念	ZT5–7	0	5	0	
ZT6：学生	知识、经验基础	ZT6–1	10	8	6	62
	能力水平	ZT6–2	9	9	5	
	学习态度	ZT6–3	3	8	4	

由于这些文本的代表性还有待考证，量化的频次统计数据其实并没有太大的意义，只能粗略反映一个概况，为日后的研究提供参考。这里，本书认为有意义的是这些观点的具体内容和表述方式，其中蕴含了大量真实的、有生命力的数据，摘录并简要分析如下。

ZT1：时间。谁都知道时间宝贵，教师更是不断呼吁课时不够用，对于探究教学需要花更多的时间教师们也是有共识的。文本中表达的都是教师对因为受到时间的限制而不能充分展开探究教学的反思，对如何提高效率的思考，以及要坚持为学生的真探究留时间的决心。例如，站在评价者的角度，BLC-⑥说："付老师对学生的各种猜想进行了合理性分析，却没有把这个过程留给学生，有些遗憾，也许是限于课时的原因。"授课教师的反思也认识到这一点，文本 BFJ-⑤："但探究过程中，由于我担心后面比热容的概念建立等教学内容较多，所以对学生实验过程中存在的问题的交流与评估进行得有所欠缺。应该让学生充分体验探究的过程，安排更长的时间让学生进行交流与讨论，这也是我对这节课的反思。"教师们想到的解决办法是合理地分配时间，能省则省，例如，引入环节，"在很短的时间内开创出一个具有浓厚的学习气氛的空间，从而尽快地让学生步入探究活动的主题，节省时间同时也提高了活动效率"（BCH1-⑥）。而该舍得花时间时又一定要把过程展开到位："学生在测量得知并联电路支路中相同规格灯泡电流相等的特殊情况之后，再经历不同规格灯泡并联电流不等的普遍现象，由学生通过实验发现并联电路电流规律，不是因为课堂上时间短就由特殊情况推出普遍情况下的电流规律。”BHF-⑥指出：“探究的教学内容要切实按探究的方法来上。不要嫌麻烦，怕耽误时间（的话）实际的教学过程仍是传统的。”

ZT2：空间。文本中提到的探究教学的空间大多不是给教师的，而是给学生的。涉及的内容包括：ZT2-1——用鼓励、积极的评价、平等身份的参与等为学生创造良好的探究学习的氛围；ZT2-2——给学生提供各种动手、动脑、讨论、交流的机会；ZT2-3——创设物理问题情境；ZT2-4——班额。仅有一位老师针对最后一条提出：“我这节课没能顾及每个学生，提出的问题没有让学生发散地讨论，我想最好是分层教学或者小班教学比较适合。”（BGL-⑤）从该教师提出这一问题的出发点来看，大多数教师没有把“班额”作为探究教学的条件，主要原因也许是大多数教师的教学目标还没有真正关注到每一位学生的发展。这是又一个有待继续调查研究的问题。

ZT3：器材。指学校的实验条件、教学资源等。例如评价“浮力”一课时，BFJ-⑥指出：“在小组实验中，六个人一组，人数过多一些，如条件允许应两个人一组，（就会）使得每一个学生参与的机会更多。”除了在这种直接的批评、建议中看到学校实验条件对探究教学的影响外，大多数教师都是以积极的态度，从想办法解决问题的角度谈到实验设备条件的，例如自制教具、利用身边的物品等等。文本资料还显示，有更多的老师想到利用现代化信息技术，如多媒体课件、电子白板、仿真物理实验室等等。例如，BZX1-⑥：“XX老师通过生活中的物品课程资源和多媒体辅助教学来弥补学校实验器材的不足。”BFJ2-⑥：“电子白板辅助教学，使得教学生动、直观、形象，同时有利于学生的展示，激发了学生的自豪感与参与的积极性。”BZY2-⑥：“本案例中，学生首先利用‘仿真物理实验室’这个物理平台对实验进行设计和初步探究；其次利用Excel强大的运算能力，对实验数据进行处理、分析，拟合出电流与电压、电流与电阻关系的数学表达式。实现了计算机信息技术与教学过程的有效整合。”BMS7-⑥：“多媒体不再是简单地播放幻灯片和视频，而是成为学生研究物体规律的一个重要的工具。”但是，问题也随之而来，BFJ-⑤：“我一直存在这样的疑问：课是应该以电子技术的展示为主还是以知识的发生发展为主？”“我感到白板技术的作用应该是服务于我的物理教学，是教学中的一个手段……尽管白板可以较好地展示物理情景的图片和录像，但是我感到电子技术的应用不能代替学生的动手实验。听到的、看到的东西容易遗忘，亲自动手操作的东西能够让学生记忆深刻。电子技术的应用应该用于指导学生的动手实验。”这位教师较好地理解了如何看待仿真实验与真实物理实验的关系的问题，但现实中滥用信息技术的问题仍然严重，就在本书所分析的20个课堂教学实录中，也存在用播放多媒体课件代替真实的物理实验的现象，这不能不引起我们的重视。

ZT4：内容方面。什么样的课题适合探究教学？文本中教师们提到两点，一是要尽可能多地包含科学探究的要素，二是要考虑思维的难度。例如，BCH2-⑥：“选择什么样的教学内容对学生进行有针对性的科学探究能力培养，也是对教师素养的考验。初中物理教材中探究活动课很多，不是所有的探究内容都可以利用实验活动课培养学生实验探究七要素，这是物理教师的共识。但应该选什么样的教学内容来体现新课程标准中提到的科学探究七要素——提出问题、猜想与假设、制订计划与设计实验、进行实验与收集证据、分析与论证、评估、交流与合作？同时教师所选内容还要适合学生的思维发展水平，让学生‘跳一跳’就能体验科学探究的几点要素。‘探究影响电磁铁磁性强弱的因素’是一节体现探究活动七要素较全面的实验课，探究思维、方法和能力要求适度。”文本BLC-⑥：“比热容的概念比较抽象，前面的讨论探究是为了调动学生积极思维，培养探究意识和方法，在给出比热容的概念时是否需要说明经过大量实验定量测量及研究确定了比热容的概念……这样再给出定义？”说明如果教师在选题时没有考虑学生探究的难度，那么就会影响到探究教学的开放度或质量。另外，这些文本中提到探究教学选题的很少（只占不足总数的3%），折射出教师的一种潜意识——什么样的课题都可以实施探究教学。从教师开展探究教学的常见课题看，有概念课、规律课，也有知识应用课，只是复习课未见探究式教学，但也不乏以总结、训练探究技能为目的的复习课。但是，这些课题都是教师主导的，未见一个像美国经典课例“三棵树”[1]、“仓鼠威利”[2]那样由学生发现的问题引出的探究教学，因此，教师也无须判断什么样的问题适合组织学生探究。

ZT5：教师。文本中提到的教师因素包括：ZT5-1——教师的学科素养，ZT5-1——教师的学科教学知识，ZT5-3——教师的应变能力，ZT5-4——教学技能，ZT5-5——教学策略，ZT5-6——教师对探究教学投入的精力，ZT5-7——教师的观念。例如，Z老师提供课堂实录的课题是“探究影响电磁铁磁性强弱的因素”，他在课后反思文本BZJ-⑤中提到：“在课前我做了大量的准备工作：首先是通过实验来研究漆包线应准备怎样的长度，才能既满足实验的要求，又能使学生做起实验来更加方便。最后将漆包线的长度定在两米左右，这样绕出的匝数在60~80匝……其实学生提出的一些猜想还是值得去研究的，但由于我怕耽误时间，并且课前也没有准备充足的仪器，因此有些猜想在课上无法完成。另外，除了学生猜想的以外，我认为还可能与所绕线圈直径的大小、线圈的稀疏程度等因素有关，由于这些因素在实验过程中不太好控制，我没有亲自动手探究。同时在网上也没有查到相关的信息，所以在这里也没有给学生做出扩展。”最后他反思：“对于教学目标中没有提到的因素，不知该如何去探究、探究到什么程度，有些变量不太好控制等，这些问题的确也限制了我和学生进行进一步探索的欲望和信心。”像Z老师这样能认识到自己的学科素养影响到探究教学的实施质量的教师还很少，另一位“生活用电常识”一课的执教教师在反思中说：“‘生活用电常识’虽然知识点比较浅显，但是内容非常琐碎，如果深究起来有许多知识包含其中，比如三相四线制、五相三线制输电系统是怎么回事，究竟为什么火线和零线之间是220V的电压，空气开关为什么可以实现自动控制，等等。大学里学过的相关课程《电工》《电子线路》等可以解释以上的一些问题，在上这样的课之前，教师有必要重拾教材，首先让自己重温从较深的层次如何解决这些问题，然后搜集相关科普知识，尝试如何浅显地把这些

[1]（美）国家研究理事会科学、数学及技术教育中心《国家科学教育标准》科学探究附属读物编委会. 科学探究与国家科学教育标准——教与学的指南[M]. 罗星凯，等译. 北京：科学普及出版社，2004. 6-10.

[2] 张红霞. 科学究竟是什么[M]. 北京：教育科学出版社，2003：199-200.

知识阐明。”（BZY-⑤）

ZT6：学生。文本中提到的学生因素包括学生的知识或经验基础、能力水平、学习态度等。例如，BCH1-⑥:“学生在实验时要有正确连接串、并联电路的能力，有会正确使用电流表、会正确读数的能力，否则学生在教师的引导下自主完成本节课的探究活动就有一定的困难。”BGL-⑤说：“目前物理教学中最困难的就是学生的动手操作能力。纯粹传授知识是明显行不通的，动手呢，往往又是一团糟。长期以来，怎样让学生体会探究过程的乐趣，如何在探究活动中加大操作的思维含量，是摆在我们面前的一个难解的疙瘩。”同时，探究教学实践也让许多教师看到，学生的学习热情、探究能力其实是超出了教师们的预期的。例如，BGL-⑤说：“经过这次活动，我发现不是学生不愿学习，而是我们剥夺了他们创造性学习的机会，每天都是老面孔，他们可能会烦的。”BFJ-⑤说：“学生在设计实验的过程中，实验方案的提出，实验表格的设计，超出了我的预想，说明学生具有一定的探究能力。在物理课堂上，教师要敢于放手，帮助学生在探究中构建知识，而不是去复制知识。”

总之，文本分析与调查问卷的结果共同显示，教师对探究教学持比较积极的态度，不甚强调条件。但不苛求条件是否也有弊端？这样是否意味着教师们对于探究教学如何实施的思考还不够深入？

第五章 探究教学案例分析

本章列举的案例包括围绕探究教学的研讨、说课、评课、教学实录、反思等等，目的仍然是透过这些实践分析教师的探究教学观。

第一节 疑问与困惑

【案例 1】“密度是一个概念，怎么探究呀？”

北京市郊区某中学物理组的教研活动在 2011 年 6 月到 2012 年 9 月间一直坚持开展课的导入环节的教学设计交流，每次安排 2~4 个课题，每个课题由一位教师面向全组参加人员试讲——有准备地展示自己导入该课的教学设计，然后在场的教师被要求每人写一张纸条，写出自己的导入流程，之后大家交流，阐述自己的设计思路，互评每种方案的优劣，对联想到的各种问题进行讨论。其中一次活动讨论初中物理“密度”一课。该校使用的是北京师范大学出版社出版的初中《物理》教材，这一节的课题是“探究物质的密度”。

主讲教师的教学设计如下：

	教师活动	学生活动	说明
教学过程	一、设置情景，引入新课 提出问题：在生活中我们怎么鉴别物质呢？ 这里的物质有水、酒精、铝块、铜块。 1.请你从中挑出酒精，并说出你的鉴别方法。 2.请你从中挑出铜块，并说出你的鉴别方法。 教师：我们刚才用了什么方法来鉴别各种物质？ 教师：那如何鉴别两个貌似相同而实质不同的物质呢？（展示图片加以说明） 教师：请说出你的鉴别方法。 教师：同学们说得很好，也就是质量与物质种类有关，那同一种物质的体积和质量有什么关系呢？ 教师：下面我们来探究一下这个问题。（PPT） 探究目的：对于一种物质，它的质量和体积有什么关系？ 实验器材： 天平、砝码、烧杯、量筒、水、胶头滴管、铜块、铁块、细线等。	学生思考并回答鉴别方法。 学生说出自己的鉴别方法，通过颜色和气味等。 学生讨论这个问题：对于两个外观和颜色相同的物体如何鉴别。 不同物体的体积相同时，质量不相等。	因为在生活中学生们是需要辨别物质种类的，所以能够根据已有的生活常识区别物质的种类。 此时学生的常识鉴别已经无法完成这个任务，那么就要有新的方法，体会物理的控制变量的研究思路。

其他教师给出的设想是：

A：生活中常听人说“水比油重，所以油漂在水面上”，大家觉得这句话有错误吗？（学生讨论：水比油重不一定对，一杯水就比一桶油轻）那么这句话怎么说更准确呢？大家看我手中的两个矿泉水瓶，一瓶装满水，另一瓶装满油，他们的质量一样吗？（学生讨论判断质量大小的方法）不同物质，体积相同时，质量一般不同，我们把物质的这种特性叫密度。这节课我们共同探究物质的密度。

B：思考体积相同的物体质量一定相等吗？质量相等的物体体积一定相同吗？对于某一个物体，质量和体积减半，比值变吗？（密度）

C：拿出一枚“金戒指”，问：“谁能帮老师鉴定它是否是纯金的，你有什么办法？”（指出物质有多种特性，其中之一是密度）那么，你对“密度”一词有哪些认识？

D：在地理课上我们学过各地区人口的密度是怎么计算的？是什么意思？池塘中鱼的密度是怎么计算的？是什么意思？书是什么物质构成的？那么书本有密度吗？是什么意思？

E：前面已学过天平的使用，先用天平测一个金属块的质量，学生读数，然后再测增大一倍后（两块）金属块的质量，填入表格；再测同体积不同金属块的质量，分别填入表格。我们一起分析数据，可以看到同种物质的质量和体积的比值是相同的，不同物质的质量和体积的比值是不同的，这是物质的固有属性，叫物质的密度。

开始时，大家的讨论集中于比较不同的方案，追问“你为什么要这样做？”，例如，C在追问下解释说：“提出这样的方案，我有两方面的考虑。一是希望通过有实际意义的任务，调动每个学生积极动脑思考。同时，这个任务也是本节课学习的主题——密度概念的物理意义所在，这就使课堂上师生关注的问题聚焦于本节课的重点内容。二是我相信学生在日常生活中已经或多或少接触到密度概念，对此有自己的一些认识。让学生说一说他们对密度一词的理解，能够将学生的前概念暴露出来，可能会激发学生的认知冲突，或者为学生的后续学习搭设‘脚手架’，有利于教师在正课教学中针对学生的原有认识施教。”这样，经过讨论，大家认识到，几位教师的导入课设计大体上可以概括为两条思路：一是利用学生的日常生活经验或已经学过的其他学科的知识，从学生的已有认识出发；二是物理学研究的范式——实验，审视、思考实验数据中蕴含的物理规律，发现同种物质的质量与体积的比值是一个常数，而不同种物质，这个比值一般不同，从而认定物质质量与体积的比值能够反映这个物质的特性，于是把这个比值定义为物质的密度。这两条思路都是可取的，实际教学时具体选择哪套方案，要根据学生的实际情况和自己的整体教学计划而定。例如，如果学生是刚刚开始学习物理，对探寻物理规律的兴趣还不高，抽象逻辑思维能力也还较弱，应首选贴近学生生活经验的角度，让学生感受物理学知识的实用价值，使学生感觉物理近在身边，有趣又有用，从而将他们的思维引导到物理世界中来。而对于习惯了从生活经验出发学习物理知识的学生，不妨换一个角度，让他们体验从实验中发现物理规律的乐趣，学习通过分析数据来概括结论的方法，这也是很重要的学习内容。

突然，主讲教师冒出这样一句话："其实我就是不明白——原来的教材这节课就叫'密度'，新教材为什么把它改为'探究物质的密度'？密度是一个概念，怎么探究呀？"这话引起了在座教师的共鸣。也有人说："新课程不是提倡探究吗？概念也可以探究呀。"但是却说不出概念如何探究。提出问题的人显然真的是经过思考的，于是接着说："我想探究就是找影响因素，因此'探究物质的密度'实际上就是寻找影响质量大小的因素。所以我认为这节课表面上说主要探究的是密度的概念，要让学生对密度有一个认识，而实际上单纯探究物质的密度很难说清楚，作为探究课要做一个转化，从物质种类和体积的方面入手，即探究出它们是质量的决定因素。这节课必须首先做一个转化才能称之为探究。"其他教师听了都觉得有道理，但也不愿意再讨论这个问题。

【案例分析】这个案例折射出两点：

第一，中学物理教师对什么是探究教学实际上还存在误解，嘴上可能会说探究可以是实验探究也可以是理论探究，可以探究规律也可以探究概念，但是大多数教师的头脑中只对通过实验寻找影响因素、确定定量关系类的探究有样例。

第二，即使教材的课题冠以探究之名，但大多数教师在自发状态下也未必考虑实施探究教学，对"什么是探究教学"这样的问题也不愿意深究，即这不是普通教师日常非常关心的问题。

【**案例 2**】关于如何控制变量的困惑

在很多探究教学的课堂上教师都会问学生这样的问题："实验中有多个变量，我们该怎么研究它们呢？"学生就会异口同声地回答："控制变量！"然而，有些探究过程如何控制变量也给部分教师出了难题。

一次培训活动中间休息时，有教师说："现在教师都不选摩擦力这节课上研究课了，因为无法控制变量。""为什么？"原来大家发现改变粗糙程度的同时材料也改变了，"上哪儿去找粗糙程度不同的同种材料？"——发现问题说明有教师肯于认真审视课堂上的科学探究过程，能够提出问题，但是被这样的问题所难倒，也反映了教师学科素养之不足。

下面是另一位教师为参加北京市教师实验技能大赛做教学设计时遇到的问题。

该教师的教学设计片段如下：

探究二：浸在水中的物体所受浮力大小与物体的体积是否有关。

实验器材：大塑料桶，可拆卸的等体积的塑料块 5 块，弹簧测力计，水。

实验方案：（1）把 2 块塑料块组装成圆柱体 A，再把剩下的 3 块组装成圆柱体 B，设一个塑料块的体积为 V，那么圆柱体 A, B 的体积分别为 $2V$, $3V$，将圆柱体 A, B 的体积 $2V$, $3V$ 记录到表格中。

（2）用弹簧测力计分别测出它们的重力 G_1 和 G_2 并记录到表格中。

（3）往塑料桶中倒入适量的水，将圆柱体 A 挂在弹簧测力计下，使最下面的塑料块浸入水中，读出弹簧测力计的示数 F_1，并记录到表格中。

（4）将圆柱体 B 挂在弹簧测力计下，使最下面的塑料块浸入水中，读出弹簧测力计的示数 F_2，并记录到表格中。

（5）根据公式 $F_{浮}=G-F_{拉}$ 分别计算圆柱体 A 和圆柱体 B 受到的浮力，并记录到表格中。

实验记录表格：

体积 / 力	$2V$	$3V$
G/N		
F/N		
$F_{浮}$/N		

结论：浸在液体中的物体所受浮力的大小与物体的体积无关。

该教师自己提出问题："没能控制变量。应该让物重不变，但是如果设法让物重相同，则肯定物体的密度不同，这怎么办？"

前一个问题（摩擦力实验）暴露的是教师生活常识的欠缺，材质相同粗糙程度不同的材料在生活中比比皆是，教师却一个都想不到，抑或是只想着用学校实验室现成的实验器材。后者（浮力实验）是教师自己把问题复杂化了，套用了探究报告的书写形式，却想不到只用一个物体（密度、体积、重力都不变），只要每次进入液体的体积改变，所受浮力随之变化，这不就证明了物体所受的浮力与物体自身的体积无关吗？为什么一定要通过"不同体积的物体，只要进入液体的体积相同所受浮力就相同"来证明浮力与物体自身的体积无关呢？

大多数教师都没有意识到，控制变量只是针对某一类问题而提出的、需要研究人员尽可能去实现的对实验条件的控制：为了研究、确定影响因素及其独立的影响关系，即某个物理量与另外一个物理量是否相关，如有关，则可以如何定性乃至定量地描述其关系。例如，物体的加速度 a 与物体的质量 m、作用在物体上的合外力 F 有关：在 m 一定的情况下，a 与 F 成正比；在 F 一定的情况下，a 与 m 成反比。从这两个研究并不能轻而易举地得出 a 与 F/m 成正比的结论。如果认为 $a=F/m$ 必须通过控制变量研究得出，则是夸大了控制变量方法的适用范围。与其说控制变量是科学探究方法，不如说控制变量是科学研究中非常重要的原则与思想。

第二节　在探索中前行

【案例 3】如何培养学生的问题意识与提问能力

笔者观看了大量中学物理课堂探究教学的课例，发现“提出问题”的教学大致有以下四类情形：

（1）让学生提问，但搁置问题不予处理

这样的课例在课改初期比较多，例如，2008 年笔者曾在北京郊区某中学听一位教师的课，课题是“摩擦力”。该教师板书完课题就问学生：“关于摩擦，你想知道什么问题？”并一再鼓励学生大胆提问，于是学生们提出了五花八门的问题:“什么叫摩擦力？”“摩擦力有什么用处？”“听说用完的干电池在衣服上摩擦以后还可以再用，是真的吗？”“为什么给机器上油可以减小摩擦？”待学生提完问题,该教师看了看满黑板的问题，说：“今天我们来研究滑动摩擦力的大小和哪些因素有关。”课后该教师跟笔者提及，这样让学生提了一堆问题然后置之不理，自己也觉得心里很不舒服，因为探究教学的第一个环节就是提出问题，所以才让学生提问的，可是面对学生提出的各种问题，又真不知道怎么才能回到这节课的课题上去。当时笔者给该教师的建议是“可以把学生提出的问题做一下分类，然后选择本节课要研究的问题”，他表示接受。不过，这样的课例越来越少了，有教师给出的理由是“探究教学不必完整体现科学探究的七个要素”，笔者认为这只是一种借口，真正的原因是很多教师自身缺乏有关“提出问题”的知识。

（2）问题由教师提出，蕴含示范性

课例：“分子动理论的基本事实”教学片段[1]

师：很好，学到这儿我不知道大家是否发现了新的问题。物质是由分子组成的，而分子又在不停地做无规则运动，为什么固体又具有一定的形状和体积呢？也就是说为什么固体它“不散”呢？

[1] 卢慕稚，张友金，闫立新．中学物理教师学科专业素养与课堂教学实践［M］．北京：首都师范大学出版社，2013：39.

……

生：分子间存在引力。

师：我们再进一步思考，又会发现新的矛盾：分子之间有间隙，分子之间又有引力，这两者是矛盾的，分子相互吸引最终应该相互靠紧，而不应该有间隙。这是什么原因造成的呢？

教师用自己的行为告诉学生：在完成前一段的研究后，不要满足于已有的发现，而是要继续思考，发现并提出新问题。这里没有说教，却可以在潜移默化中培养学生不断探索的科学精神。

（3）由教师创设情境，引导学生发现问题

课例1："物质的比热容"教学实录片段[1]

师：哪位同学曾去过海边？夏天晴朗的中午，赤脚走在沙滩上和走在海水中有什么不同的感受？

生1：感到沙子烫脚，海水里凉快。

师：傍晚，又是怎样一种情景呢？

生1：沙子变凉了，而海水里却感到暖和。

师：其实，即使有的同学没有去过海边，在夏天晴朗的中午走在水泥地和在池水中也有类似的感觉。我们说的"烫""凉"是指物体的冷热程度不同，用哪一个物理量来表示？

生：温度。

师：为什么同一时刻，海水和沙子的温度不同呢？

生1：可能是海水蒸发的原因。

生2：可能是海水反射光的原因。

生3：可能是沙子导热快。

生4：可能是沙子吸热升温快，放热降温快的原因。

生5：可能一种是固体，一种是液体，状态不同的原因。

师：蒸发是在任何温度下，在液体表面进行的汽化现象。到了傍晚海水还在蒸发，但是海水却变得比沙子暖和了，所以蒸发不能解释这一现象（对生1的猜想进行解释）。海水和沙子都可以反射太阳光，而海水

[1] 卢慕稚，张友金，闫立新. 中学物理教师学科专业素养与课堂教学实践[M]. 北京：首都师范大学出版社，2013：50.

是透明介质，会有部分光进入海水发生折射，那白天海水应该更暖和，所以海水反射太阳光不能解释这一现象（对生 2 的猜想进行解释）。当然沙子和海水的状态、导热性在中午和傍晚也没有改变，却出现不同的情景，可见不是物质的状态、导热性决定这一现象（对生 3、生 5 的猜想进行解释）。在大家的猜想中，"沙子吸热升温快，放热降温快"可能是海水和沙子温度不同的原因。今天我们一起通过实验来探究"不同物质吸收热量与温度变化的关系"。

课例 2："串联和并联"教学实录片段[1]

师：同学们，你们看我们教室里的日光灯虽然有一个灯管坏了，但其他的灯依然工作，那大家看老师手里的这个电路，老师拿掉一个灯泡，其他灯就都不工作了，这是为什么呢？

生：可能它们的连接方式不一样。

师：同学们说的原因到底对不对呢？学完这节课我们就知道了。

问题最终还是由教师提出，但是因为教师创设了问题情境，学生清楚问题从哪里来，能感受到问题的合理性，即在教师的带领下经历一个发现问题、提出问题的过程。大量冠名"探究教学"的课例都追求这种做法，只是问题情境与引导的深度有较大差异。这两节课的执教教师都精心挑选了与本节课主题联系紧密的生活场景，可以使探究活动建立在学生已有的知识经验基础上，易于激发学生的探究欲，但第二位教师明显没有给学生预留独立探究的空间，而是终止在简单的猜想，反映出教师在理解"提出问题"的意义上存在很大的差异。

（4）让学生提问，并对学生提出的问题进行评价反馈

能够在课堂上让学生提问，并对学生提出的问题进行反馈，评价所提出的问题，从而教学生提问、培养学生的提问能力的课例很少见，但也真实存在。例如，北京市十一学校秦建云的很多课例中都有学生提问、教师反馈指导的片段。

[1] 卢慕稚，张友金，闫立新. 中学物理教师学科专业素养与课堂教学实践［M］. 北京：首都师范大学出版社，2013：59.

课例 1：初中物理“功”教学片段[1]

师：大家已经学了很长时间的物理了，也有一定的经验了。我们先回顾这样几个问题。一个物体（板画）我们都知道它会受重力作用，我们现在把这个物体拎着，就像这根粉笔，拎着它，保持静止，那么我们知道它受重力 mg，还受一个拉力 F，（画受力示意图）它所处的状态是静止，那么 F 和 mg 在大小上有什么关系？

生：（一起）相等。

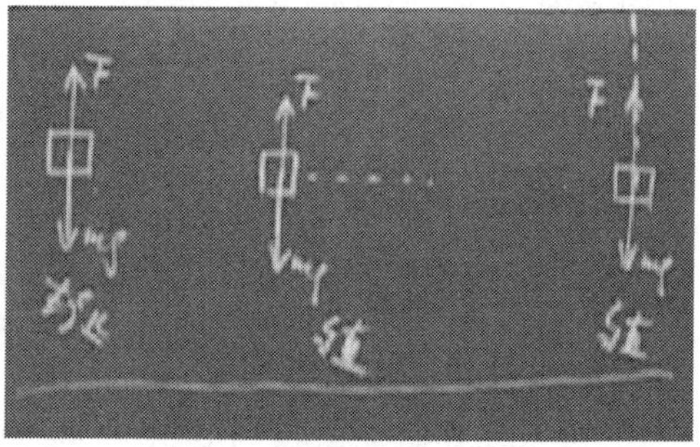

图 5–1

师：如果还是这种情况，还是这个物体（画在黑板上），还是这个 F 拉着它，我让它在这个方向（水平）上做匀速直线运动，这个 F 和 mg 有什么关系？

生：（一起）相等。

……（继续分析手提重物匀速上升与匀速下降两种情况下 F 和 mg 的关系——均相等）

师：好了，有了这个基础，我现在问第二件事情，从我们生活经验的角度来讲，我们拿着一个物体在这不动，这个物体所具有的能量会改变吗？比如我拎着这根粉笔不动，就这么在这儿待着，那么粉笔的能量，注意我们没有任何理论，我们只有生活经验，它会改变吗？

……（基于学生对能量的生活经验引导学生分析静止不动、水平匀速、匀速上升三种情况对应的能量改变状况）

师：看，我们比较的结果，前面两个没有能量改变，第三个有能量改变。是不是就该有新的问题要提出来了？来，你试试。

生：这个能量叫什么？

师：哦，你想给这个能量一个定义，由于运动或者高度而具有的能量叫什么？很好，她想给这个能量一个定义，便于我们去交流。我们之所以要下一些定义，给它一定的文字表述，就是为了交流。很好。还有吗？你试试。

生：这个能量和物体质量有没有什么关系？

[1] 卢慕稚，张友金，闫立新. 中学物理教师学科专业素养与课堂教学实践［M］. 北京：首都师范大学出版社，2013：261.

师：哦，你想进一步研究这种能量到底和运动的速度、具有的质量之间是什么关系，是吧？即决定这些能量的因素。还有吗？来，你试试？

生：它往上走的话能量改变，如果要往下走的话能量是不是也会改变？

师：啊，你想讨论一下能量改变的方式，是不是这个意思？什么情况下会导致这些能量的改变，什么情况下不会导致这些能量的改变，非常漂亮！如果你们生活在那个时候，就这三个问题一提出，实际上就涵盖了功和能研究的全方位。实际上，她（第一个学生）提出的这个问题就是提出了能量的概念，她（第二个学生）的问题是提出了能量的决定方式，她（第三个学生）的问题，是能量发生改变的原因。那么，今天我们这节课就取第三个问题——能量改变的原因。剩下的问题我们会在以后的课程中不断地讨论。好了，我们现在把问题锁定了，就锁定在这个能量改变的原因上。大家仔细观察，你认为这个能量改变的原因是什么？

……

我们看到，秦老师一上课就提出了一连串较抽象的物理情景，并且是在引导学生充分地对这些情景展开讨论、认清一些问题之后才让学生提出想要进一步研究的问题，这个过程持续了 15 分钟之久。另外，这是一节“借班上课”的示范课，绝没有事先的排练。一群稚嫩的初中生被初次见面的老师鼓励着提出他们还懵懵懂懂没太想成熟的问题，秦老师则一一给予肯定，并且经他之口重述出来，就成了非常有分量的科学问题，进而选择其中一个问题接着研究就顺理成章了。在这段教学中，教师的点评、反馈对提高学生的提问能力是极其重要的。当然，培养学生的提问能力不可能一蹴而就，因此就更需要广大教师持之以恒地去做。

课例 2：高中物理“电磁振荡”课堂教学实录片段[1]

师：我们一起回顾一个研究过的问题，请看大屏幕（图 5-2），当电键合到 1 后，电容器具有了什么？

生：电源对电容器充电，电容器极板内侧带电，电容器两极板间具有了电压，电容器内存在电场，具有电场能。

[1] 秦建云. 生成性课堂教学的理论与实践探索［J］. 中国民族教育，2008（718）：54-56.

师：当电键合到 2 后，电容器与电阻构成 RC 回路，将发生什么变化？

生：电容器发生放电现象，电压及电量均减为零，电场能通过电流做功转化为电热。

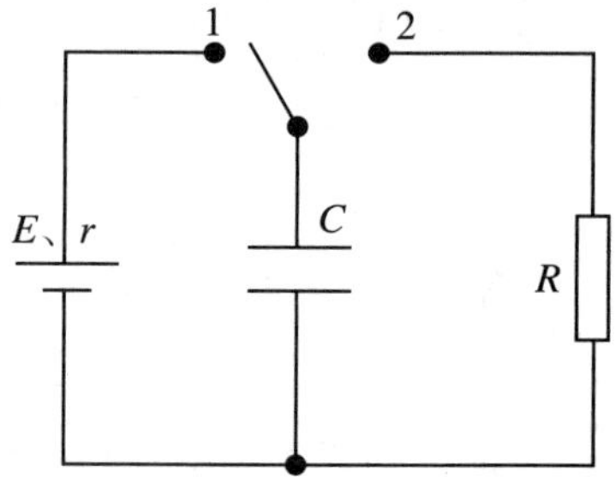

图 5–2

师：如果用电感线圈替代电阻，给电容器充电后将电键合到 2，电感线圈与电容器构成 LC 回路，就这一回路，请同学们确定自己要研究的问题。（学生讨论）

生：电容器两极板的电压如何变化。

生：电容器极板所带电量的变化，电容器内电场强度的变化，还有电容器内电场能的变化。

生：回路中电流强度的变化。

生：线圈磁场的磁场能量如何变化。

生：LC 回路振荡的周期。

（教师在黑板上记录下学生要研究的问题）

师：要研究的问题真不少，看来大家很善于发现问题。但也给我们带来一个必须面对的问题——这么多问题，我们从哪儿下手。

生：从研究电流的变化下手。

师：为什么？

生：研究电流的变化方便。

师：这位同学出于方便目的研究电流的变化，这一点很重要。便捷性是选择课题或确定研究方向的关键因素。其他同学还有不同想法吗？

生：我们也是从研究电流的变化下手，但不是出于方便。

师：那是出于什么？

生：如果知道了电流的变化规律，电容器两极板电压、电容器极板所带电量、电容器内电场强度的变化规律也就知道啦。

师：从具有代表性、更有价值考虑是科学研究的一种优秀品质，很好。你能给我们讲讲这些量之间的关系吗？

生：$I=\dfrac{\Delta Q}{\Delta t}, U=\dfrac{Q}{C}, E=\dfrac{Q}{Cd}$。

师：从你的讲解来看似乎电量更活跃，为什么不选择电量？

生：电量不好测。

师：思考得比较全面。

生：磁场能量与电流有关系，电场能与电量有关系。通过研究电流的变化就可以知道所有想探究的问题。

师：你能说说是什么关系吗？

生：$E_E=\dfrac{Q^2}{2t},E_B=\dfrac{1}{2}LI^2$。

师：你知道得真多，看来掌握的知识越多，解决问题的能力就会越强。本节课的研究课题就定下来啦，LC 回路中电流的变化规律。我们实施研究。

在这一片段中，教师通过巧妙的情境设置，在充分尊重学生自主学习的基础上很好地实现了生成思想，使学生充分感受到提出一个有价值的问题的重要性及生成问题的基本过程。

因为教师自身的科学素养还有待提高，所以大多数教师都还停留在给学生机会,任由学生自由发展的策略水平。有些教师自知这样做效率低，为了省时间，干脆放弃。像秦建云老师这样，能对学生提出的问题给予恰当的评价，帮助学生梳理他们即时提出的、零散的问题，发展成条理清晰、有系统的问题，实在是为数不多。

【案例 4】以教探究技能为主题，明示探究策略

以教探究技能为主题的探究课大多出现在复习课中，教什么在很大程度上受考试要求的影响，目前比较常见的有两类，一是设计探究实验，一是根据数据总结规律。下面是一位教师在参加录像课比赛时提交的教学设计。

课题：依据表格数据，总结物理规律[1]

引入：明确指出本节课的学习内容是根据物理表格数据总结物理规律。

（一）结合例题 1，明确指出判断自变量和因变量的一般方法和定性分析物理表格的前提条件。例题 1 只有三组数据，先让学生读题，加深对题的理解，然后，写出答案。在和学生交流的过程中，明确指出学生出现的错误：（1）数据太少，不足以说明它们之间的函数关系；（2）自变量一般写在第一行，而因变量一般写在最后一行，表述的时候位置不

[1] 选自首都师范大学组织的北京市郊区县教师教学录像比赛资料。

能颠倒。接下来出示参考答案，让学生根据讲解和参考答案对自己的结论加以修改，以便加深印象。最后通过例题 1 对所强调的内容进行巩固。

（二）从例题 2 开始的所有例题和练习，都是 6 组以上的具体函数关系的规律总结，自始至终强化对自变量和因变量的区分，并根据学生对函数的理解由易到难进行分层次练习，逐步提高学生的分析能力。首先例题 2 和例题 3 是学生比较熟悉的正比例函数规律，题干相似，但是还有一些区别：(1) 前者表格只有两行而后者增加了一行中间量；(2) 前者学生需要在老师带领下对比例系数进行推导，而后者明确给出了系数。学生经过对比，一般能够容易地掌握 $k=1/a$ 的正比例物理函数关系。接下来的练习 2 不光对正比例函数物理表达式进行巩固训练，还把比例系数变为一个常数的平方，适当增加了难度；而练习 3 则是反比例函数，并且常数是一个电压的平方，是前几道习题的总结与提高。最后的例题 4 和练习 4 的两个物理量是一次函数关系。由于时间和数学水平的双重限制，本节课并没有对数学理论和物理结果进行对比分析，只是带领学生根据表格数据写出正确的表达式。

总之，本节课以训练为主线，通过规范学生的表达与书写方式，达到提高学生总结物理规律的最终目标。

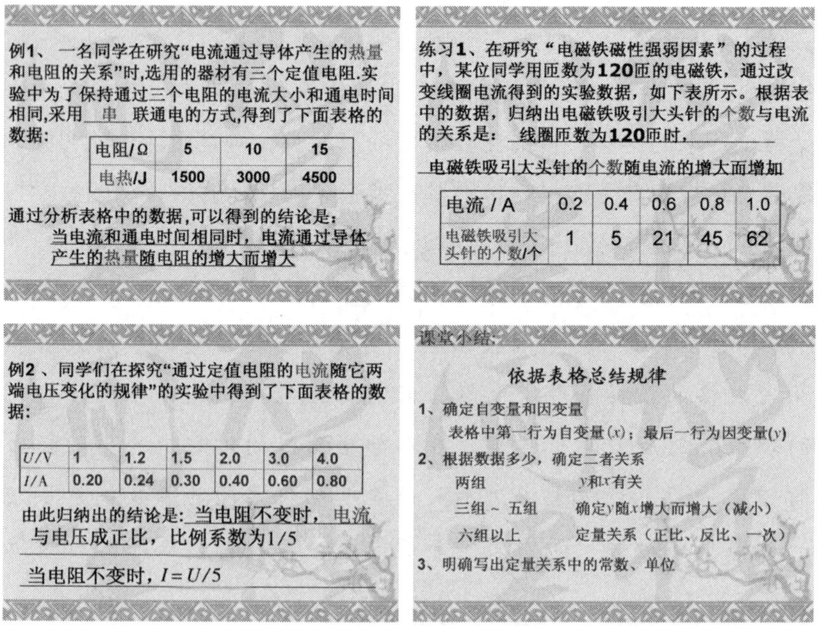

图 5-3 “依据表格数据，总结物理规律”一课的部分课件

这是一节以教探究技能为主题的探究教学课。这样的课在笔者看到的中学物理课堂教学实录中并不多见（大部分用于交流的课堂实录课题都是新授课，很少有复习课），但从教师口中听到的如何教学生答中考有关探究类试题的种种“经验”却不绝于耳。这个课例很典型地反映出教师对于“教探究”的理解与应付考试要求的无奈——对探究要素的实施做刻板的规定，要求学生机械地执行。笔者身边几乎所有初中物理教师都在告诉学生“探究实验要想得出定量的函数关系必须至少做 6 次实验、取得 6 组数据”，甚至变成了“必须做 6 次”，但谁都不知道这是为什么。“6”成了一个神奇的数字，引得局外人甚至觉得自己对探究真的很无知，苦求“6 次实验”的理由。

中考考题，尤其是标准答案对教师、学生理解科学探究也存在误导。下面是一位教师提供的实例：

11. 小宣在研究“电阻消耗的电功率与该电阻阻值之间的关系”时，记录的实验数据如下表所示。请你对表格中的数据进行分析，归纳出电功率与电阻阻值之间的关系。

R/Ω	10	20	30	50	60	70
I/A	0.3	0.3	0.3	0.3	0.3	0.3
U/V	3	6	9	15	18	21
P/W	0.9	1.8	2.7	4.5	5.4	6.3

此题的标准答案是：当 I=0.3A 时，电阻消耗的电功率与该电阻阻值成正比，$P=0.09\text{W}/\Omega\cdot R$。如果写成 $P=0.09\text{A}^2\cdot R$ 就是错的。理由是：在根据数据得出功率与电阻的关系之前要假装不知道 0.09 这个常数是电流的平方，所以它的单位必须用因变量功率的单位和自变量电阻的单位表示。说这是为了培养学生处理数据得出定量关系式的能力。

该教师说这类题在中考题及中考练习题集中随处可见，那么教师为了让学生在考试中过关，教给学生一系列“答题规范”也在所难免。这样教探究，没有培养学生的探究精神，反而促使学生小心谨慎、唯恐出错，实在是南辕北辙、谬以千里了。

【案例5】探索教师指导的时机

教师实施探究教学面临的最大问题是学生的探究能力还不成熟，甚至可以说是还不会探究，那么教师该如何指导？很多教师采取了先给学生一些机会让他们自己尝试，然后教师再引导或给出解决方案的策略。下面节选的是一位教师对初中“平面镜成像”一课“实验探究”环节的教学设计[1]。

3. 实验探究：

实验桌上给出的器材有：平面镜一块、玻璃板一块、两支大小相同的蜡烛、带字母的积木两个、白板纸、记号笔、刻度尺、光屏、支架。考虑到学生还没有设计完整实验过程的能力，只能动手操作实验，而且实验仪器给得较多，学生可选择的余地较大，此时教师没有对实验提出任何要求。所以在动手实验的过程中，学生实验情况多种多样，有用平面镜的，有用玻璃板的，有用蜡烛的，有用积木的，但随着实验的进行，实验操作情况越来越集中。

在学生实验过程中，教师巡视和指导实验，同时用照相机及时拍下学生的一些操作，并将图片展示，师生共同分析交流。（大屏幕展示照片）

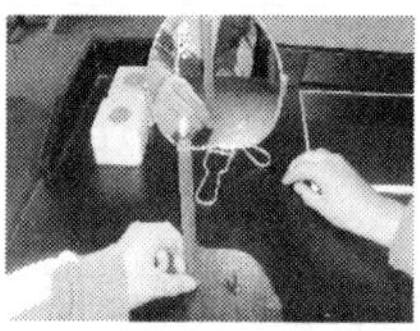

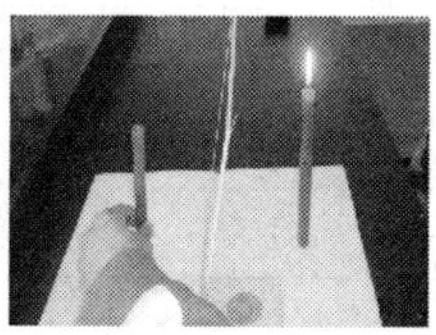
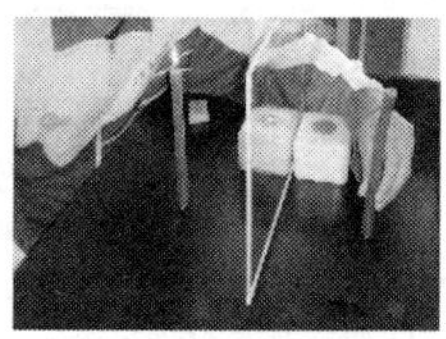

在学生操作的过程中，有些同学选平面镜，有些同学选玻璃板，但多数组都不能具体确定像的位置，研究问题存在着一定的困难。教师通过展示学生存在的一些不成功的情况和成功的情况，引导学生找到平面镜中的像，并以小组为单位进行讨论与分析。

学生寻找实验不成功的原因：

1. 平面镜做实验时能看到像，但不容易确定像的位置。

2. 玻璃板没有垂直桌面放置。

3. 找像的方式不正确。

教师提出具体的问题引导学生，逐步完成实验设计。

[1] 说课文本，代码ASF-①。

问题设置：

①实验中有的组先选用平面镜后又换用玻璃板来做实验，为什么？

请选择平面镜和玻璃板的同学回答问题。比较选用平面镜和玻璃板寻找物体的像哪一个更好？

②你认为选用玻璃板做实验，有什么好处？

③实验器材中准备的白纸有什么作用？应怎样使用？

④玻璃板应怎样放置？

⑤实验中蜡烛的选择有什么要求？怎样放置？

⑥实验时怎样记录蜡烛和像的位置？

⑦通过这一次实验，能得出平面镜成像的特点吗？

和学生讨论，一次实验还不能得到结论，至少需要做三次以上。

⑧将光屏放在玻璃板后像的位置，观察能不能看到蜡烛的像？

通过问题讨论和实验探究卡的完善给学生展示平面镜成像的具体操作过程，要求学生至少做三次。

让学生先按照自己的想法去尝试，教师注意收集学生的种种问题，然后在交流讨论的基础上进行指导，这是一种比较典型的探究教学策略。该教师的优秀之处在于开放探究与教师指导的教学重点的选择——学生对于平面镜成像有一定的生活经验，所以应该给学生自主探究的机会，这是对学生探究权利的尊重。但是学生的自主探究又会遇到困难，暴露问题、解决疑难，这恰恰是探究教学的任务所在。如果让学生空想探究方案，学生可能找不到起点，放手让学生去做，问题就聚焦了——如何确定虚像的位置成了关键问题。这个问题不是空谈出来的，而是学生在实践中感悟到的，加上教师的指导，问题就清晰了。但是接下来，这个问题又成了探究的难点，如何确定虚像的位置？教师抓拍到学生实验的照片，真实地反映了学生的实际水平——各种尝试操作，没有清晰的思路。用平面镜的，真真切切地看到像却无法准确描述像的位置。用玻璃板的，知道用等大的实物放到玻璃板的另一侧去找像，却忘了确定像的位置的目的是探究平面镜成像的规律，此时的思维可能已经跳跃到把像与物关于镜面对称的猜想当成依据，据此把未点燃的蜡烛放到镜前点燃的蜡烛的对称点上，就认为找到了虚像的位置。因此照片中的学生显得不知道要从哪个角度去观察像。这时候停下来交流是非常必要的。通过对教师提出的一系列问题的讨论，学生的探究思路才有可能清晰。这样的教学策略，来自教师对学情的了解，也来自教师亲身经历该问题的具体探究过程的体会和对物理学科内容的透彻理解，因此确定这是本节课科学探究过程的难点，也是学生思维发展的关键点。教师把这节课的设计思路概括成“入口大、出口小”，即探究实验开始时给学生的空间比较大，后来遇到困难教师进行指导，学生的探究就走到了一条路上，这个形容非常恰当。

接下来的环节就是发给学生“探究指导卡”，提示学生实验的注意事项，以便顺利完成实验，收集到能得出正确结论的数据。专家提问：“你设计探究指导卡的主导思想是什么？指导卡中涉及哪些内容？”选手回答：“在学生实验课上，学生需要必要的指导与完成实验所需的报告单。为了更好地指导学生完成实验，我设计了实验指导卡。实验指导卡包括比较完整的探究过程：提出问题、猜想与假设、制订计划、进行实验、收集证据、得出结论、反思与评估、交流与总结。同时把探究的重点、学生易出错的地方进行挖空填写，利于更好地指导学生完成实验。指导卡是对实验报告单的细化，相当于实验课的学案，更好地指导学生的探究活动，能够有意识、有目的、有针对性地训练和提高学生的实验能力和技巧性，同时开拓学生思路，培养学生思维的灵活性和发散思维的能力。”看来，教师这样做最直接的目的是“完成实验”，指导卡仿佛指路牌，一路指引学生不要走错路，暗含的指导思想是：记住你走过的路，下次你就会走了。因此，这样的做法被教师认为是在教学生探究，培养学生的探究能力。

文本 BGL-⑤：“目前物理教学中最困难的就是学生的动手操作能力。纯粹传授知识是明显行不通的，动手呢，往往又是‘一团糟’，长期以来，怎样让学生体会探究过程的乐趣，如何在探究活动中加大操作的思维含量，是摆在我们面前的一个难解的疙瘩。”“在师生共同探究的过程中，一些学生往往‘急于动手’，而忽略了过程本身，能否变通一下呢？以前常采用的做法是教师引导学生探究，教师进行演示，尽管‘再三强调’，但是学生并不买账。这次我简明导入，给予几个问题提示之后，便由学生探究，学生在自主探究过程中出现了不少问题（如电流表的接线柱的选择，正负接线柱连接的错误，灯泡的规格等），但这些问题恰恰是孩子们解决问题的切入点。学生在自行解决矛盾冲突的过程中，凭借已有的知识基础和同组同学的帮助纠正自己的错误，发现串联电路中电流处处相等的规律，在换用不同规格灯泡的再次实验探究中，得到了不同的数值，但发现此时的电路中电流仍然处处相等，这样的设计让学生充分经历了自我发现问题、解决问题的过程。”“这节课在设计上本来是想突破学生学习串、并联电路连接上的难点，于是在学生实际连接电路前我进行了实际的电路连接演示，并采用大量问题引导学生实验，将实验拆分成许多小的步骤进行。但现在想来，这样做可能失去了学生主动探究的目的，学生自己试探的过程显得不够，失去了体验探究过程的一次机会。”条件——学生能力、时间，策略——放手，最终是时间与策略问题。“学生活动本身就很耗时间，再加上学生这么大面积地进行科学探究活动，时间变成了突出问题。”“我又进行了一节探究课，发现每组同学探究串联电路电流规律的时间为7~9分钟，更换灯泡做第二次实验又用4分钟，总结结论用时6分钟。并联实验用时10~15分钟，总结结论用时15分钟左右，而且交流得很困难，总说不到点子上。不会总结、归纳实验数据。”学生能力不足，教师希望放手又苦于任务压力，时间成为主要矛盾。“我在这节课由于担心教学进度，几处的讨论并不充分，比如，在总结结论的过程中，学生只要说出我想要的结果，我就会及时地收住然后进行下一环节。课后，我和学生交流才发现我没有及时发现个别学生的不同想法，他们测得的数值并不能验证串、并联电路的规律，但却没有及时地说出自己的看法。通过访谈了解到他们不发表意见的原因有两点：(1)他们有从众的心理。(2)他们害怕自己说错，同学笑话。由于测量有误差，或方法的选择或测量者本身的原因，其实得到不同的结论很正常。没有留给他们充分的交流时间，而且引导得也不到位，指导得也不到位。”

第三节　课堂教学实践

【案例6】“探究凸透镜的成像规律”说课

2012年，笔者主持了一个区县骨干教师的说课比赛活动。活动要求骨干教师两人一组，先自选适宜开展探究教学的课题进行教学设计，比赛现场派一名教师负责说课，另一名教师接受评委提问并答辩。说课时，要求首先阐述他们对探究教学内涵的理解，其次要说明为什么该课题适合实施探究教学，然后再陈述常规的说课内容。下面是一组选手的说课内容节选[1]以及研究者的分析。

课题：探究凸透镜的成像规律

他们对于探究教学的理解全文如下：

一、科学探究的内涵

科学探究既是学生的学习目标，又是重要的教学方式。其目标在于：发展学生的能力，包括发现问题的能力、制订计划的能力和解决问题的能力。它是一个培养学生的创新意识和提高学生的实践能力的过程。它是集提出问题、猜想与假设、设计实验与制订计划、进行实验与收集证据、分析与论证、评估、交流与合作等要素为一体的综合性学习活动。

从这段表达可以看出：①教师在语言表达上不严格区分“科学探究”与“探究教学”，尽管也提到科学探究“是学生的学习目标”，但还是将活动组织者要求阐述的对探究教学内涵的理解冠之以“科学探究的内涵”标题；②教师自己说出的探究教学的特征是“集提出问题、猜想与假设、设计实验与制订计划、进行实验与收集证据、分析与论证、评估、交流与合作等要素为一体的综合性学习活动”，其中关键词是七要素、综合性和学习活动，如果教师在说这段话时“学习活动”是他们深思熟虑后的措辞，则意味着他们认识到探究教学要以学生为主体。

第二段，他们的标题是“本节课采用科学探究的意义”，全文如下：

在本节课的教学过程中，我从生活经验出发，通过简单的探究实验

[1] 选自说课比赛文本，代码AWC-①。

去发现问题、提出问题、设计实验方案、进行实验、收集数据、总结规律，充分发挥学生主动探究的积极性，引导学生在合作探究中自主建构凸透镜成像的规律，体会成功的喜悦，从而不断激发学生内在探索科学的求知欲，实现教学的可持续发展。

值得注意的是：①在这段中，七要素的提法变了，没有了“猜想与假设”和“评估”，“分析与论证”变成了“总结规律”，“交流”也只能由读者从“合作探究”中去意会了；②三次提到学生，显示了他们对学生的关注，同时，“我”的主导作用也被强调，甚至位置更靠前。

接下来重点看他们的教学过程设计。

本节课我将从以下几个环节展开教学：创设情境，引入新知；合作学习，探究新知；内化提高，实际应用；感悟收获，课堂小结；布置作业，巩固升华。

1. 创设情境，引入新知

这部分教学大约需要 5 分钟，主要以学生动手、观察，创设问题的情境，激发学生的兴趣为指导思想。上课时，首先让学生做如下小实验：

实验一：让同学们先用一个凸透镜观察“上”字。要求由近及远，观察现象有什么变化。

实验二：将两个不同焦距的凸透镜并排放置，观察“凸透镜”三个字，看像有什么不同。

学生通过活动发现成像情况不同，在此基础上，教师引导学生提出本节课所要研究的问题：凸透镜的成像情况与什么因素有关？目的是培养学生根据实验现象提出问题的能力。

这里，教师希望探究的问题由学生提出，为此下了一番功夫创设有利于学生发现问题的情境，显示这组教师对于探究教学一定要提出有价值、可探究的科学问题的重视。将探究的问题表述为“凸透镜的成像情况与什么因素有关”，有利于进一步通过猜想确定探究的方向与思路。但是教师没有采取进一步的举措让每一个学生都在心中牢牢锁定问题，没有激发学生探索该问题的强烈的求知欲。那么对于真实的课堂来说，大多数的情况将是学生忘记了该问题，只是跟着教师思考下一个问题、完成下一步的操作，而不去想这样做与初始问题有什么联系。

2. 合作学习，探究新知

这部分教学大约需要35分钟，主要是学生进行实验探究，总结归纳。

首先学生根据自己实验观察的现象，猜想凸透镜的成像情况与什么因素有关。教师根据情况，进行归因分析：得出成像情况与凸透镜的焦距和物距有关。进而教师以问题方式引导学生进行实验设计。

如果要研究成像情况与物距的关系，应怎样进行实验？（1）实验时控制什么不变？怎么控制？（2）如何改变物距？（3）如何观察成像情况？（4）记录哪些内容？学生根据问题进行思考、讨论交流。目的是用控制变量法设计实验，培养学生科学探究的思想。

这里表现出教师对教学生利用控制变量法设计实验的重视。观摩中学物理课堂教学时常听到这样的对话：

师：遇到问题了，我们该怎么办？

生齐答：做实验！

师：实验中有多个变量，该怎么办？

生齐答：控制变量！

这似乎已经成了可以不假思索、脱口而出的答案。如果有教师追问“做什么实验？”“控制什么？怎么控制？”，课堂就会安静下来。

无论如何，努力使学生形成“用实验来研究问题”的思想和“为确定真正的影响因素而控制变量”的思想在现阶段是必要的，为了避免空谈而把设计实验的过程用一套有形的程序、步骤来导引，这已经不是该组教师的独创，可以说这代表了教师们普遍的认识与实施策略。

要做好实验，必须知道实验的步骤、注意的事项等有关知识，在实验前教师要指导学生自学实验指导卡，使学生了解实验的器材、步骤，在实验中，要知道蜡烛、凸透镜、光屏如何摆放，如何调节蜡烛和光屏等。实验要求学生同时观察和思考的内容比较多，如凸透镜的焦距、焦点的位置、二倍焦距的位置、物体的位置、像的位置，同时还要观察像的性质。对于初中学生来讲，很容易注意了这方面的内容而忽视其他内容，从而很难从整体上把握这个物理变化过程。所以，实验前应要求学生在光具座透镜两侧的标尺上，明显地标出与焦距和二倍焦距等长的位置，以便实验中能迅速、准确地找到应找的位置，并能对物的位置形成深刻的印象。

实验过程中，学生根据教师的指导，按照实验要求一步一步进行实验。要求学生每做好一步实验都要将实验结果填到对应的表格中。实验结束后，学生将自己的实验数据用实物投影进行展示。

由于实验记录的内容较多，实验次数较多，根据实验数据归纳总结结论是一个难点。因此要让学生有目的地进行归纳总结，更方便学生找到物距与焦距的关系、像的位置及像的性质。通过学生的主动探索，归纳总结出凸透镜成像的各种情况。教师针对实验数据进行引导和点评，从区间的角度进行分析，并将凸透镜的成像条件用课件的形式进行展示，加深学生的理解与记忆。重点突出“两个分界点”。

从要求学生动手实验开始，教师似乎就将注意力转移到了如何才能保证获得正确的结论上。因为教师已知凸透镜成像规律中的“两个分界点”，所以“实验前应要求学生在光具座透镜两侧的标尺上，明显地标出与焦距和二倍焦距等长的位置，以便实验中能迅速、准确地找到应找的位置”，这说明在教师的心中，探究教学要得出正确的结论还是很重要的，相应地，实验数据是否真的能支持这个结论却没那么重要。所以，他们在“探究凸透镜的成像规律”教学中将科学探究之“分析与论证”与“评估”两个要素用“总结规律”来代替，这代表着许多教师对探究教学特征的认识。

另外，教师引导学生获得结论后也没有再去回顾当初提出的问题以及检验探究结果是否很好地回答了最初的问题，说明在教师心中“问题”只是探究流程中的一个环节，提出来了就算完成了，并不是探究过程中每一步都离不开的要素。在此应该指出，物理课程标准中将“提出问题”作为科学探究的要素，看起来有不妥之处。

3. 内化提高，实际应用

为了加深学生对凸透镜成像规律的理解与记忆，课堂上针对性的练习是不可少的。通过练习，有利于学生对实验过程的再现，有利于学生对知识的串联、积累与加工，从而达到自由运用的目的。

4. 感悟收获，课堂小结

课堂小结的目的是强化认识，可以把课堂学习的知识尽快转化成学生的素质。因此，在练习之后，我把凸透镜成像的规律进行了简单扼要的小结：强调实像都是倒立的，虚像都是正立的；实像能用光屏接收，虚像不能；成实像时物距减小，像距增大，像变大（物和像移动的方向相同）。使学生更深刻地理解凸透镜成像的规律，并且逐步培养学生形成良好的个性。

5. 布置作业，巩固升华

在布置作业上，针对学生自身的素质差异，进行分层训练。这样既可以使学生掌握基础知识，又可以使学有余力的学生有所提高，从而达到拔尖和减负的目的。

这三个环节只字未提“探究”，也就是说，他们认为完成前两个教学环节，得到了凸透镜成像规律，探究教学就结束了。这与说课人前面概述的该节课主要的探究教学要素一致（“在本节课的教学过程中，我从生活经验出发，通过简单的探究实验去发现问题、提出问题、设计实验方案、进行实验、收集数据、总结规律”）。问题是，即使是在以交流探究教学的理解与实践策略为目的的主题活动中，探究教学设计的小结等环节也丝毫没有探究教学的痕迹，只能说明他们心中的探究教学主要是体现一些探究要素——发现问题、提出猜想、按照控制变量的要求设计实验、收集数据、得出正确的结论，而没有教学生认识科学探究的意识。

【案例 7】“浮力”课堂教学实录与反思

2010 年，在“基于农村中小学课堂的课程研究与农村教师专业发展”专项课题研究中，北京市两个郊区县的初中物理骨干教师实施完成了 24 堂课的教学，之后每位执教教师做教学反思，同伴对其教学过程进行评析。下面选其中一节课[1]为例，分析课例与自评折射出的教师心中的探究教学的内容与特征。

主要教学过程分为五个环节：

1. 感受浮力——体验、感悟生活中的浮力现象。

2. 初识浮力——探究浮力的成因和测量方法。

3. 再认识浮力——探究影响浮力大小的因素。

4. 三识浮力（包括①重温“阿基米德的发现”；②数学演绎，推导影

[1] 课堂教学实录文本，代码BMS-④。

响浮力大小的因素）。

5. 课堂小结。

其中，第三个环节的具体教学过程如下：

1. 根据生活体验，提出猜想

师：木块可以漂浮在水中，轮船也可以漂浮在水中，它们受到浮力的大小是不同的，那么浮力的大小受哪些因素的影响呢？大家可以根据生活经验进行猜想，发表自己的见解，并说出自己的理由。

生5：浮力大小和物体的轻重有关。理由是轻的木块在水中会浮起来，而重的金属块则沉下去，说明木块所受浮力比金属块大。

师：轻的物体就一定会浮起来吗？一根木头做的房梁和一颗铁钉哪个会浮在水面？

生5：房梁。

师：前面我们学过，木头和铁块这两种物质的什么是不同的？

生5：密度。

师：重新整理一下思路，明确你的猜想。

生5：浮力大小和物体的密度有关。

师：这是一种想法，到底有关还是无关，一会儿用实验来检验吧！其他同学还有不同想法吗？

生6：浮力大小和物体体积有关。你看，轮船体积大，在海上载这么多的货物，说明它所受的浮力大。

师：好，我们先记录下来，还有不同想法吗？

生7：浮力大小和物体浸入液体的深度有关。利用弹簧秤测浮力时，物体进入得越深，弹簧秤示数减少得越多，说明浮力越大。

师：（重新演示：提示观察弹簧秤示数的变化情况）弹簧秤的示数是一直在减小吗？

生7：不是。

师：什么时候减小，什么时候没减小？

生7：前一段物体逐渐浸入水中时，弹簧秤的示数逐渐减小，当物体全部浸没后，物体下沉，示数就不变了。

师：你再想想，是什么变了，才造成浮力的大小变了？

生7：(沉默)

师：物体逐渐浸入水中时改变的是……

生7：物体在水面以下的体积。

师：对，我们管这个体积叫“排开液体的体积”。

师：重新整理一下思路，明确你的猜想。

生7：浮力大小和物体排开液体的体积有关。

师：很好，记录下来。

生8：浮力大小和液体密度有关。我看过一篇文章《死海不死》，里面就说死海中盐水密度大，所以人能浮在水面不下沉。

师：嗯，也记下来。

师：还有不同想法吗?

生：(紧皱眉头，陷入沉默)

2. 制订计划，设计实验方案

师：刚才同学们根据自己的经验提出了影响浮力大小的因素可能有：物体的密度、物体的体积、物体排开液体的体积、液体的密度。下面我们就用实验来研究浮力与这四个因素是否有关，若有关，关系是什么?

(学生跃跃欲试，准备实验)

师：先别忙，实验前，咱们先要想清楚几个问题。

师：浮力的大小可能与这四个因素有关，我们能放在一起来研究吗?

生：不能，要各个击破。

师：对，各个击破，用科学术语怎么表达?

生：控制变量法。

师：用控制变量的思想设计实验前先要解决几个问题：

(1)实验研究的是浮力的大小与哪个因素的关系?

(2)实验中要控制哪些量不变，怎样控制?

(3)实验中要改变哪些量，怎样改变?

(4)怎样测量物体所受浮力的大小?

师：下面时间每个小组讨论确定实验任务，根据学习指导卡的内容，集体分析实验中需要解决的问题，并设计实验方案，3分钟之后汇报方案。

(同组同学思考并讨论)

师：同学们请安静，每个小组都完成了实验的设计，我们请几个小组来谈谈他们的计划。

生9：我们准备研究$F_{浮}$与$\rho_{物}$的关系，要完成研究，需要控制$\rho_{液}$、$V_{物}$、$V_{排}$相同，所以我们准备将体积相同的铜块、铝块浸没在水中，实验装置如图（图略）所示，利用弹簧秤测出所受浮力大小。

师：很好，很全面，其他小组能谈谈吗？

生10：我们准备研究$F_{浮}$与$\rho_{液}$的关系，要完成研究，需要控制$\rho_{物}$、$V_{物}$、$V_{排}$相同，所以我们准备将体积相同的铝块分别浸没在水、酒精、硫酸铜溶液中，实验装置如图（图略）所示，利用弹簧秤测出所受浮力大小。

师：也很全面，其他小组能谈谈吗？

生11：我们准备研究$F_{浮}$与$V_{排}$的关系，要完成研究，需要控制$\rho_{物}$、$V_{物}$、$\rho_{液}$相同，所以我们准备将体积相同的铝块，一个全部浸没水中，另一个部分浸在水中，实验装置如图（图略）所示，利用弹簧秤测出所受浮力大小。

师：很好，其他小组？

生12：他们都选完了，我们就研究$F_{浮}$与$V_{物}$的关系，要完成研究，需要控制$\rho_{物}$、$V_{排}$、$\rho_{液}$相同，所以我们准备将体积不同的铝块都浸在水中，控制其在水面下的体积相同，实验装置如图（图略）所示，利用弹簧秤测出所受浮力大小。

3. 进行实验，收集数据

师：大家说得都很好，下面我们就动手做一做，用实验来检验我们的猜想吧！

（学生分组实验探究，老师巡回指导）

4. 表达与交流

师：我看同学们都已经胸有成竹了。各组汇报实验结论吧。

生9：我们组研究$F_{浮}$与$\rho_{物}$的关系，经我组认真实验并仔细分析得出结论：$F_{浮}$与$\rho_{物}$无关。

生10：我们组研究$F_{浮}$与$\rho_{液}$的关系，我们的结论是：$F_{浮}$与$\rho_{液}$有关。

生11：我们组研究$F_{浮}$与$V_{排}$的关系，我们的结论是：$F_{浮}$与$V_{排}$有关。

生12：我们研究$F_{浮}$与$V_{物}$的关系，我们的结论是：$F_{浮}$与$V_{物}$无关。

从上述过程可以看出，教师在组织这段教学时相对来说更重视“猜测”的形成和研究方案的制订，忽视结论的得出。再看师生对话的频次，提出猜想环节有 13 组师生对话，制订研究方案环节有 7 组师生对话，而结论的得出却被教师视为“表达与交流”，只是要求学生“汇报”一下实验结论，因此只有 1 组师生对话。学生的汇报也很简单，只是说研究的问题是什么，结论是什么，没有数据支持，没有论证过程，教师竟也没做任何反馈评价。相反，猜想与假设环节，教师要求学生说明理由，还要求学生整理思路重新表述自己的猜想。设计实验与制订计划环节，教师先带着学生一起思考，强调了控制变量，然后给学生提供实验指导卡，让他们分组讨论制订计划，之后又安排了全班交流。我们说，课堂上的探究教学不必要、也不可能平均使用力量，让学生逐一经历科学探究的七个要素，但如果大多数的探究教学都忽视对结论得出过程的论证，则说明教师的探究教学观存在缺陷，需要引起重视。

该教师在对自己的教学实录进行旁批时有这样一段话：“当学生提出的猜想来自老师之前的演示实验时，为了让更多的学生发现这一猜想同时帮助提出猜想的同学再次明确猜想，重复演示过的实验，让学生有机会更仔细地观察是十分有必要的。教师通过重复实验让学生认识到，浮力的大小并不是随物体浸入液体深度的增加而不断增加的，当物体完全浸入液体后浮力的大小就不再增加了。这个结论可能在观察浸没的物体也受到浮力的实验时会被忽略，因此必要的重复实验有时可以带来新的发现。”显然，教师的做法非常值得提倡，而从其对自己的肯定中似乎可以折射出这样的教学观：（1）尊重学生的主体地位。因此该教师没有直接否定学生的猜想，而是引导学生重新观察实验现象，使其获得“新的发现”。（2）重视教学的知识性目标，忽视探究意识与探究能力目标。教师始终没有意识到，这种做法实际上体现着科学探究过程的科学性——猜想不是简单地提出一种可能的因素，猜想也需要理性思考，需要进行有根据的分析论证。观察是提出猜想的重要途径，然而观察不是纯客观的，观察者不一定能察觉到全部的客观现象，因此，需要观察、观察、再观察。猜想与观察不是简单的线性关系，而是互动的关系。

从以上实践案例可以看出，广大一线教师正在积极、努力地探索着探究教学的实施策略。从这些努力我们看到，教师期望通过探究教学培养学生发现问题、提出问题的能力，提出猜想、设计研究方案开展科学探究的能力。其中不乏教师认识到要培养学生的这些能力，必须让学生经历独立思考、尝试成功与失败的过程，而教师也必须给予学生适时、恰当的指导，但多数教师苦于自身缺乏对科学探究的理解，因而指导乏力。也看到少数教师将科学探究理解为一些规范程序与操作技能，试图通过让学生记住一些要求、规定，从而学会探究。

第六章　教师探究教学观影响因素研究

研究教师探究教学观的影响因素，目的是为提高教师对探究教学的认识水平寻找可能的途径，为相关政策的制定、教师培训提供建议参考。本章的基本思路是：①首先基于已有研究，利用专家的经验，结合自己的经验与对中学物理教师的观察、访谈、问卷调查，初步聚焦一些影响因素（相当于提出猜想）；②就初步聚焦的影响因素进行关系梳理，即对于纷繁的影响因素，利用系统科学的方法，进一步借助专家经验，建立这些因素的内部结构模型，使之显示出一定的关联性与层级关系（相当于提出假说）；③由于观念影响因素的复杂性，很难严格控制变量展开实验研究，另外通过教师培训开展实验研究的环境也很难获得，因此仅对①②步提出的部分猜想、假说进行初步的实证研究，力求验证部分猜想，同时提供有关影响因素发挥作用的细节。研究中遵循的原则是：不追求把所有的影响因素找全，但提出的影响因素一定要有依据；在研究尚不充分的情况下宁可不得出结论，也务必保证证据的真实可靠。

第一节　寻找影响因素

一、从国内外已有研究中获得启示

关于影响教师探究教学观的因素，国内外已有一些研究。

Eick 和 Reed 认为，人的观念、价值观和态度起源于活生生的经历，是过去经历的记忆和重演。过去经历本身和对这些经历的记忆形成和塑造了个体观念体系。在 *What Makes an Inquiry-Oriented Science Teacher？ The Influence of Learning Histories on Student Teacher Role Identity and Practice*[1]一文中，Eick 和 Reed 考查了个人经历对探究型科学教师早期角色认同的影响。他们从对 12 位中学科学实习教师的访问中选择了两个案例 Sherry 和 Carey（展现了两个极端：成功使用结构化探究教学和说教式教学），来说明实习教师探究取向的由来。实习期间她们实施结构探究的频度不同：Sherry 每周 2 次（高度探究），Carey 每周 1 次（非高度探究）。Sherry 在离职访谈中说，在实习开始前，她就决定在她的日常教学中应用探究。她回忆高中传统讲授型历史课的消极经历和她对与之不同的教学的渴望。研究者指出“一个生动记忆的积极的榜样，积极或消极的课堂经历，以及个人对通过探究和建构进行学习的需要，所有这些形成了 Sherry 作为一位初任职教师的角色认同。这些经历作为个人经历的一部分支持着她的探究型教师形象”。相反，Carey 在实习的化学课上总是采用讲解的方式，并经常让学生解决课本问题和习题。研究者对她进行一些实验指导并鼓励她通过实验改善探究教学，她尝试这么做，不过课堂还是高度结构化，只允许少数学生探究。Carey 反思将探究融入教学的困难，她说，大学的教育教给她各种教学观念，但她没学会如何将它们用于实践。“我一直不是个探索者，一直总是一个传统的学习者。”当在访谈中问到榜样时，Carey 谈到一个早期的高中化学老师，

---

[1] EICK C J，REED C J. What makes an inquiry-oriented science teacher? The influence of learning histories on student teacher role identity and practice［J］. Science Education，2002，86（3）：401-416.

她喜欢他的课，并因为他良好的演示和清晰的讲解而记住他。在她的回答中，她常把该教师的教学和自己的做对比。Carey 通过做题学习化学，她认为她的学生也应该用这种方法学习。研究者认为“Carey 的传统教学风格似乎部分来自她过去的学习经历，还有缺乏作为探究型教师的角色识别能力。她了解探究和科学过程，但不能亲自识别这种形象”。

Higher Order Thinking in Science Classrooms : Students' Learning and Teachers' Professional Development 一书的作者在书的序言中也提到，自己曾经就读的是以色列最好的中学，由于懂得“游戏”规则，他是一名成绩很好的学生。但是，学校的学习与他的生活没有关系，他虽然会定量计算，却不理解符号的意义，因此他讨厌上学。他所经历的物理课与化学课在一段时间内曾教着相同的内容（原子部分），他发现，即使都是由教师讲授，化学课却可以激发他思维的兴趣，于是化学老师成为他以后当教师的榜样。[1]

国内学者王晶莹、廖元锡等人在介绍国外探究教学相关研究时都提到教师个人科研经历对探究教学观的影响。王晶莹的文章提到，Mark 深入地研究了教师的科学研究经验与探究的认识的关系，以及这些经验与教师教学实践之间的联系。结果表明，教师的科学研究经验与其探究教学是相互影响的。在课堂中能够真正实施探究教学（包括指导型和开放型）的教师，并不是那些对探究教学有权威看法或者对探究进行了深刻反思的人，而是那些有真正科学研究经验的人。Roth 通过考察 25 位生物教师独立进行的探究活动，发现很多教师在形成可研究的问题时有困难，有些教师不能控制变量，几乎有一半的教师最后的报告没有回答开始提出的问题，最终的结果也不是根据收集的数据得出。国外学者认为，不仅应该在大学本科的教师教育中保证职前教师积累真实的探究经验，而且应该通过在职教育给教师提供经历探究的机会，科学教育者需要将科学探究的教学要素告知科学教师，并让他们了解和反思课堂中进行探究的策略。[2] 廖元锡专门撰文介绍美国大学提供科学教师真实研究经历的课

[1] ZOHAR A. Higher Order Thinking in science classrooms：Students' learning and teachers' professional development [M]. Dordrecht：Kluwer Academic Publishers，2004：ix-x.

[2] 王晶莹. 国外学者对探究教学的研究 [J]. 物理教学，2010（6）：61-62.

程模式，其中提到：Roth 发现，在大学本科的科学课程中并没有给未来的科学教师提供在真实的科学研究中学习的机会；Jablon 等人研究了当时的科学教育博士计划，发现大多数学生也没有通过探究的方法学习科学，而科学教师缺少真实的科学研究经历，不理解科学的性质，正是妨碍探究教学实施的最主要原因。[1]

另外，国外学者还非常关注探究教学实践对教师探究教学观的影响。

Robertson 设想了这样一种情景："你是一个校区四年级的教师，强调探究学习。这个校区的哲学是如果给学生提供使用精选的科学资料的机会，他们能够自己或在一些帮助下发现科学概念。通过那些动手经验，学生们会像科学领域的专家所做的那样逼近主题。在一段时间内，你一直实行探究课程，但是你会感到困扰——这些孩子们有充裕的时间进行动手科学，但他们似乎没有去发现你希望他们发现的科学概念。而且，家长们对他们的孩子没有学习传统科学并不震惊。这个学区的课程委员会考虑了你的担忧，引用了'没有指导的探究是无效的'研究（Mayer，2004），并且你所在州的科学评估正在迅速兴起。考虑到可怕的形势，你所在的学区决定彻底转变回原来的观念，他们声明到了淡化动手、科学探究的时候了，并且要通过内容驱动途径使学生学习基础知识。"然而作者又指出："这种转换是不是意味着你开始像情景 2 所描述的以'传统'方式教学呢？按常理会回答是，但是单纯的传统方法不是你唯一的选择。你能够以有意义的方式利用动手活动，应用学习循环模型帮助学生建立对科学概念的基本理解。"[2] 也就是说，无论如何，对探究教学的实践可能会使教师多一些经历，也就增加了一种选择。我们似乎应该相信，探究教学实践一定会给教师带来某些变化。

Zohar 说道："在任兼职科学教师期间，我教 7~9 年级，我对学生头脑中发生的问题感到好奇。我记得我把学生的头脑比喻成电路的部分——或许因为那时电学是我教的主题之一。我把他们头脑的智力形象描述成

[1] 廖元锡，李江林. 美国大学提供科学教师真实研究经历的课程模式及其启示［J］. 高等教育研究，2006（5）：101-104.
[2] ROBERTSON B. Getting past "inquiry versus content"［J］. Educational Leadership，2007，64（4）：67-70.

发光的灯泡和电线组成的复杂网络。他们学习的每一个新概念就是另一个点亮的灯泡。随着一年教学的展开，许多新的灯泡照亮了以前曾经黑暗的区域，作为教师感受到这些灯泡发光是愉快的。然而，这个比喻也有令人不安的组成。不知什么原因我频繁地感受到，我目睹了发光的灯泡没有任何导线连接。换句话说，我感受到我的学生的确获得了许多知识片段，但是这些片段是断开且孤立的。如果在考试期间你要求他们'闭合其中一个发光灯泡的开关'，他们会这么做。许多学生很勤奋，他们能记忆我所教的知识。但是，我感觉他们对于这些片段知识如何彼此联系没有想法。我想知道这些片段知识之间的逻辑关系是什么，有什么证据支持它们，如何解释这些知识，它们如何立足于学生每天的校外经历，如何与学生持有的真正概念网络相联系。此外，由于我的课堂缺乏智力刺激，我感到不安。我传输信息，学生听话地记忆信息。但他们的眼睛并不闪光。坦率地说，我有点儿厌烦自己。我也担心自己步入童年深有感触的令人烦恼的教师角色。我开始寻找新方法进行需要的科学课程教学，帮助弥补我课堂教学的不足。当我设计科学课时，我寻求刺激学生思维的活动。整个课堂转变成以需要思考的任务为核心。"[1]这段话反映出教师在教学实践中关注学生的思维状态并对教学现状感到不满是走向探究教学的影响因素。

二、对笔者探究教学观形成与发展变化的反思

回想笔者对探究教学的认识过程，有以下几个重要的影响因素。

1.新课程的文件与相关的任务要求与自身科学素养的结合。是新课程使探究教学进入笔者的视野，引起笔者的关注，是教师培训任务促使笔者必须思考、理解探究教学。尽管现在想起来，很早以前曾经上过一节被当时代课学校的教研组长评价为"物理味儿很浓"的中学物理课，体现了科学探究必须重证据的思想，但那完全是无意识的。当时的课题是初中物理"液体内部压强"，当笔者板书完课题转身时下意识地问了一

[1] ZOHAR A. Higher order thinking in science classrooms：Students' learning and teachers' professional development [M]. Dordrecht：Kluwer Academic Publishers，2004：ix-x.

句“液体有压强吗”，本意是自问自答，引出后面的一串教学设计，没想到学生大声回答“有”，笔者一下子就慌了，不知如何应对。情急之下又是下意识地追问了一句“你怎么知道的”，有的学生说书上说的，有的学生说板书上写了，这下笔者有词了——“书上说的也不一定全对，我们得用证据说话”，这样，备课时设计的一套演示实验全都有的放矢了。不过，这样的课在笔者的记忆中仅此一节（一共在三所中学上过三个学期的中学物理课），即使可能还有一些具有探究特征的教学，也都是不自觉的，但是，新的理念能够触动自己身上潜在的学科积淀。

2. 广大一线教师的探究教学实践，对于笔者来说就是探究教学案例，是笔者认识探究教学的感性认识基础，是促使笔者深入思考探究教学本质的诱因。俗话说“旁观者清”，这是有一定道理的。笔者站在旁观者的立场上，可以轻松地审视教授者引领或呈现的物理思维过程，换位到学生角度感受学生可能获得的对物理问题的思考空间，从优秀教师的课例中认识到真正的物理课该是什么样，又从各种形式化的探究教学案例中发现问题，思考什么是真正的探究教学，为什么要开展探究教学，探究教学对学生的意义何在，为什么会存在形式化的探究等。

3. 中国香港和国外的探究教学案例对笔者的影响在于开阔视野、开拓思路。例如，“探究教学既是教学方式，也是教学内容”原本只是学习课程标准后获得的一种概念性的认识，至于如何能把探究作为教学内容来教，头脑中完全没有概念、没有图景。看到香港教师的课例“水的沸点”[1]，教师在课堂上教学生如何把观察记录下来，写成报告，就是在教学生探究的技能与对科学探究的理解，一下子打开了笔者的思路。还有“电流的发现”“光的本质”等通过物理学史开展科学本质教育的案例，直接促使笔者在给中学生的科普讲座中尝试以清华大学薛其坤团队发现量子反常霍尔效应的科研过程为载体，引导中学生认识其中体现出来的科学本质观。

4. 专家报告、理论学习，往往可以一句话点醒困惑中的笔者。为了说服笔者的培训对象心甘情愿地实施探究教学，笔者千方百计地寻找应

[1] 来自“良好科学教学”问卷调查提供的视频录像。

该实施探究教学的理由。学物理就应该经历物理认识的过程、学习物理学的研究方法，探究活动能调动学生学习的积极性，亲身实践后获得的认识才深刻，等等，这些都是理由。但笔者还是不满足，因为笔者不知道学生学习探究对他们的人生有什么意义——大多数学生都不会成为物理学家或科学家，他们为什么要学会物理学的研究方法？一位专家的讲座令笔者茅塞顿开：对事物的探究精神是人的健康人格的一部分，学生无论将来做什么工作，乃至于退休后的老年生活，都需要探究精神和探究能力来提高其品质。将探究教学的意义归结为以人为本的理念，使笔者对探究教学的认识提升到一个新的高度。理论学习包括科学哲学关于科学本质的认识、教育心理学关于学生学习的理论等，都促使笔者从不同的角度理解探究教学的必要性，也思考探究教学的局限；多元文化理论、复杂系统理论又让笔者避免对探究教学一元的、决定论的认识。

5. 探究实践不断检验与修正笔者对探究教学的理解。在理解探究教学时，笔者会不断地回忆、联想自己的学习经历。初中时老师布置过这样一个寒假作业：设计一个测量冰的比热的实验方案。对于方案是完全没有印象了，但这个作业让当时的笔者觉得自己可以像科学家那样工作，很伟大。后来，笔者独立完成了测变压器效率的实验，懂得了根据对测量量的估计选择测量工具，自信心大增。初中时代我们就学着写很规范的实验报告，分析误差来源，设法提高实验的精确度……这样的经历与良好感受常常会不自觉地影响笔者设想当今物理探究教学的理想图景，在接受探究教学培训时认为物理教学就应该是这个样子。另外，因为自知成长经历基本上属于接受式教育，开始研究探究教学以后，为了更好地理解科学探究，笔者也在刻意弥补自己探究实践的不足，事事想着去探究，也发现了一些问题，实施了部分研究，但往往结果不尽如人意，要么终止于查找现成的结论，要么因为各种原因而放弃。但是，一个个未完成的探究仍然具有反思价值，使笔者体会真正科学探究的曲折与艰辛，思考探究教学与真实科学探究的差异，以及探究教学的真正意义所在。

另外一个重要的反思结论是，一个人对探究教学的认识是在不断变化的，尤其是在认识的初期，容易受外界信息的影响，扩展自己对探究教学的认识。当然，笔者与一线教师的身份不同——少了一份实际教学任务的压力，因此，笔者可以更理想化地认识探究教学。

三、对中学物理教师的观察、访谈与问卷调查

1. 观察

客观的研究从观察开始。尽管受到已有研究及个人经验的影响，但笔者尽量有意识地保持客观的立场，期待不带有个人偏见的新发现。

观察包括三部分：①整体观察自课改提倡探究教学以来教师探究教学行为的变化；②具体观察几位不同类型的教师，了解他们探究教学观形成、发展的个案；③观察普通教师的教学行为及在教师培训活动中的表现。这个观察计划考虑了两个维度：一是纵向的时间维度，希望看到教师探究教学观随时间的变化，从中发现影响因素；二是横向的教师类型维度，预计不同教师群体对探究教学有不同的反应，希望从教师个体特征中找到一些影响因素。

第一，以中国教育学会物理教学专业委员会于 2005 年、2007 年和 2009 年举办的以探究教学为主题的全国中学物理教学改革创新大赛教学录像为样本，通过观察教师组织、实施课堂探究教学的着力点，分析教师心中理解、追求的探究教学。结果发现，整体上教师对探究教学的理解逐年深化，从重形式走向重内涵（参见后文【个案 2】）。说明“教学大赛”、做课任务驱动下的探究教学实践，以及必然伴随的交流研讨活动能够促进教师思考探究教学的核心理念，探索、积累、传播实施探究教学的策略与经验。

第二，观察优秀教师的课堂教学，听取他们的报告。课堂教学中，无论是问题的提出还是对问题的思考、论证过程，都充满科学探究的气息，他们自然而然地展现物理学的思维过程，而在我看来这就是科学探究的过程。这样的教师大多有深厚的学科功底，喜欢运用科学思维分析、解决问题，因此，他们对探究教学有着自己的独立思考与认识（详见后文【个案 1】）。这说明认识物理学的思想方法、养成科学思维习惯可以使一些教师顺理成章地部分走向探究教学。

第三，观察一些普通教师的课堂探究教学，并在课后研讨或培训中与他们展开对话交流，发现普通教师中的积极分子（大多是当地的骨干

教师）在各种观摩课、研究课中积极尝试开展探究教学，注意从已有的探究教学案例中汲取经验，并结合自己的教学实践需要进行改革创新。但是，大多数教师（包括上述骨干教师）都极力强调在常态课中实施探究教学的困难，强调课时不足、学生的学习习惯与能力问题，言谈中流露出将探究教学理想化进而认为当前的实践环境与探究教学尖锐对立的认识倾向。而就笔者的观察，教师以教知识结论为实际教学目标的教学观、自身的学科素养、不能真正以学生为主体，甚至不能换位到学生的角度对物理问题进行思考，都对教师深入理解、正确实践探究教学造成阻碍。例如，在培训中我们请教师思考：假如你是没有学过阿基米德定律的学生，完全根据你的生活经验，你会猜想浮力和哪些因素有关？刚刚有两位教师说出他们的猜想，马上就有教师说“这样的话根本完不成教学任务”，试图阻止这种“无意义”的换位思考。在另外一次研讨“光的反射定律”教学设计的活动中，做主题发言的教师向在座教师提出了这样的问题：为什么要定义入射光线与法线的夹角为入射角？把入射光线与镜面的夹角叫作入射角不行吗？当地教师无人能答，最后是专家做了解答。这件事一方面说明探究教学研讨创造了促使教师深入思考教学问题的机会，另一方面也反映出教师自身学科素养的缺陷——用惯了现成的概念，不知道概念是如何建立的，甚至不知道一次科学探究如果从观察现象开始，准确地描述现象就是一个难题。为了描述光的反射现象，需要定义反射角与入射角的概念，需要找参照物。找到镜面做参照物后，镜面的方位如何描述又是一个问题。这位教师的问题首先出在没有这样的研究思路，同时也缺乏“用法向量描述平面的方向”的数学知识。

下面呈现几个典型个案。选择这几位教师进行个案观察的理由是，这些教师的探究教学观表现出不同的来源，有的自己独立思考的成分更多一些，有的受环境影响更大一些。

【个案 1】Q 老师，男，20 世纪 60 年代出生，曾在大学任教，后成为优秀的中学物理教师。他的学生这样描述 Q 老师和 Q 老师的物理课。

物理学的精妙在他身上早已与人生感悟融为一体，他在课堂上妙语连珠，风趣幽默，充满哲思。多么复杂、抽象的理论他都能举重若轻，往往用信手拈来的生活事例做比喻，深入浅出，通俗易懂。许多原来在物理学习上困难重重的学生，从他的课上找到了学习的乐趣和信心。他在品行上对学生要求极严，而对待学生的个性又宽容大度，同时鼓励每一位学生找到适合自己的学习、生活方式。[1]

Q 老师说，读大学的时候自己就不是一个“好学生”，经常不去上课，而是自己在宿舍里读书，读了大量的书——物理学的书，哲学的书，方方面面的书。在大学任教期间也曾苦练教学基本功，包括每分钟说多少个字，并且那时就已经有了自己的教学模式——按物理的认识逻辑教物理。从事中学物理教学之后，面对基础很差的学生，他思考如何让他们学；带能力强的学生，包括组织奥赛培训，他思考教师的角色到底是什么？面对班级授课制的课堂，他思考物理教学的本质。他说：“教学就是一个人对一屋子人思维方式的影响。”“一个老师带着学生怎么研究问题，这就是一个科学的示范。让人家孩子跟你念完了以后知道：噢，科学原来是这样的。科学是为了解决问题，就是在问题解决中不断产生新问题，通过这些问题的解决我们最后发现新的知识。当我们把这件事做了，物理课就不会被‘砍掉’，别的学科替代不了。如果这件事做不了，这门课就可以‘砍掉’了。”[2]他在介绍自己对一节观摩课的备课时说：“要说一个老师的课究竟怎么样，第一位的是你的思维方法，然后是你具有的知识背景和科学素养。有时候，我们有很多事情不敢做，实际上有的时候我们去做一做，想一想，是可以去找出一条路的。因为‘沸腾’对于成人来讲不是一件困难的事情，我们要想一想，如果我们要跟人家说清楚‘沸腾’，我们要说些什么事？不从教育的角度讲，那就是‘沸腾’的特点。知识上就那么点事儿。如果我们老师省事一点，‘哐哐’往黑板上一写，学生往本子上一抄，一、二、三、四、五个特点，只是把这些知识给孩子们的话，我们没起什么作用。看来孩子们来你这儿学习的主体的东西不是这些知识。甚至他上网获取的知识都远比我们能够教的还要多，那孩子来到底是要干什么呢？他和我们交流，在交流的过程中，他获得研究方法，获得现场进行分析判断能力的磨炼。因此老师更多的应该是

[1] 引自http://www.bjshiyi.org.cn/ArticleShow2.aspx?id=227。
[2] Q老师2012年4月11日在首都师范大学公选课上的讲话录音。

设置一些背景让孩子们去琢磨。所以我就出于这么一种思想备这节课。”[1]

从Q老师的个案可以看到：读书，独立思考，领悟物理学科的本质特征，以促进学生发展为目的思考教学策略问题，是他自发地形成具有明显探究教学本质特征的探究教学观的主要影响因素。

【个案2】H老师，女，20世纪70年代初出生，市级初中物理骨干教师，任教于全国第一批义务教育课程改革国家级实验区的一所初中学校。笔者作为教师培训工作者，曾连续三年组织普通一线教师去听她的探究教学观摩课，明显感到她对探究教学的理解在发生变化，表现为最初贴标签式地将“提出问题”“猜想”“设计实验方案”等写在黑板上，后来隐去了这样的板书形式，再后来一节课只在一个探究要素上展开比较充分的学生活动。后来她向我提供了一篇反思这段经历的文章——《怎样迈出“探究式教学”的第一步——实施新课程理念的教学设计与行动体验》，其中写道：

2003年，北京教育学院吴老师准备面向全国学员搞“探究教学”的公开研讨课，内容定为“凸透镜成像的规律”一课，因为该课在新教材中能比较全面地展示探究过程。他们希望我能参与设计和现场示范。考虑自己有过几年的教学经验，又参加过北京试行教材光学部分的教参资料编写，内容驾轻就熟，也就欣然应允了。然而，事情并非自己想象的那么简单。在备课与试讲的过程中，教学思路反复设计，教案也几易其稿，我深深地体验到新旧课程理念转化的思想冲突及其所产生的种种困惑，同时也感到了极大的困难和痛苦：我不能确定用什么形式来完成这节课才能达到探究的目的，甚至有时觉得自己不会上课了。

在设计第一个教案时，根据自己对科学探究的理解，把教学重点放在研究“凸透镜成像的规律”的学生分组实验，最后归纳到“$\frac{1}{u}+\frac{1}{v}=\frac{1}{f}$”相对应的成像特点上。为使课堂活动活跃生动，更有探究性，我安排一些有趣的问题以引发学生的思考，例如在课题导入阶段让学生用放大镜观察周围景物，演示照相机的成像等，由此提出问题：凸透镜成像有什么规律呢？我还用科学探究的七个环节名称将内容串联起来，使

[1] 卢慕稚，张友金，闫立新. 中学物理教师学科专业素养与课堂教学实践［M］. 北京：首都师范大学出版社，2013：258.

整个教学过程更加井然有序。这个自我感觉不错的设计并未获得教育学院老师的认同，他们一针见血地指出：学生动手实验和营造课堂气氛并不一定就是科学探究，教案的设计取向偏重于知识传授，着力展示新课标已不做要求的透镜成像公式的相关内容，却忽视了对探究过程要素的掌握。为使我更好地理解新课程的教学理念，学院的吴老师还提出一个教学新构思。在他的方案中，科学探究的过程要素不再是从属于知识讲解、可有可无的环节，而是围绕一系列的问题情境设置，让学生能像一个科学的探索者，因认识的困惑而研究，为解决问题而运用智慧、获得知识，并最终掌握一些科学研究的基本思维程序和方法。同行老师的评议使我深受触动，我意识到自己对新课标的解读只是停留在字面上，并未真正理解科学探究理念背后所蕴含的实质与能力培养要求，科学探究教学的实施要比想象的复杂丰富得多。

第二个教案吸收了专家们的意见，注意充分展现科学探究的完整过程环节，并突出了学生在探究中的自主参与，提供了更多的活动内容，应该说是一个令大家都满意的设计方案。但是，第一次试讲的结果却出乎意料：课堂上我既要讲解知识，又要严格按探究要领组织活动，常常顾此失彼，甚至出现讲不下去，话不顺嘴的现象，最后不仅超时过多，还弄得听课老师一头雾水，不知所云。问题出在哪呢？全国物理课标组成员黄恕伯老师的一席话使我豁然开朗，他在解读课标的专题报告会上明确指出："试图在一节课中完整体现探究七个要素的教学目标，既不现实也不是课标所要求的。"这句话使我明白，企图把所有鸡蛋都拣到篮子里是不现实的，一堂课时间有限，不能承载太多的教学任务，这个道理对科学探究的程序化技能培养也同样适用。因此，在备课时教师一定要根据教学内容和学生的实际情况，有针对性地选择两三个探究环节加以重点体现，而不要面面俱到。

在第二次试讲中，我拿着经过大家肯定的教案，充满信心地走上讲台，并按预设的各个环节完成教学，课程目标的达成也似乎无可挑剔。然而我仍觉得自己缺乏讲课激情，课也没有完全放开，课堂上少了一些生气。这究竟是为什么呢？仔细分析之后我发现了问题的症结：在影响课改的四因素——教师、学生、教材、环境中，教师和学生都是课程的主体，应该成为课程资源的开发者。因此不能被动地接受大家评议，满足做一个教案的“忠实执行者”，应该把对新课标的认同转化为自身的教学素质，在教学中融入自己的特点，只有这样才能使现场教学更加灵动，富于感染力。科学探究是一种动态化和开放性的问题解决过程，其思维程序知识不是靠教师“灌输”就能速成的，因而探究技能目标需要经历一系列鲜活的、体现师生情感互动的教学活动才能实现。如果说探究教学的本质是组织学生有效的探究，那么相应的教学设计就应该以学生为本，既不拘泥于教材，也不受制于固定程式，而是要立足于课堂教学实际，为现场应变和师生互动的可能预留空间，发挥教师开发课程的积极性。有鉴于此，我第三次修改教案，发挥自己擅于运用多媒体和善于与人沟通的特长，设置一些有趣的电脑动画，并注意将教学细节处理得更加细腻。

从H老师的个案可以看到：新课程的要求对于具有骨干教师身份的教师影响更大一些；研究课的任务与研讨环境促使这类教师在实践中提高对探究教学的认识，其中不乏专家的引领作用和教师自我反思的贡献。

【个案3】R老师，女，20世纪70年代末出生，2001年大学毕业，在北京市某郊区的普通中学教初中物理，能比较轻松地胜任当地的教学，取得较好的教学效果。2004年，她考取在职教育硕士，如今她的毕业论文已经被评为全国优秀教育硕士学位论文。我们经常共同探讨物理教学问题，她也帮笔者翻译了一批有关探究教学的英文文献。2010年8月，她刚刚帮笔者翻译了文献（前文的Carey即为该文献中的一个研究对象），我就此提出要将她作为笔者的一个研究对象。笔者提出的问题是：你在翻译的时候会联想到你自己吗？你的探究教学观与你的学习经历有很大的关系吗？还是与其他什么因素关系更大？下面是她通过邮件给我的回复。

我更像Carey，只是我们实习时间是一个月，讲过两节课：一节“电压”，一节“变阻器”。包括工作的前几年我都像Carey。

我曾在当时区里最好的高中读书。在学生时代，我也是一个“接受型”的学生。但与Carey有些不同，讲课没有“逻辑”的老师的课我听不懂，而当时我认为有“逻辑”的课，我都能学得很好。我想，那时我认识的“逻辑”

应该是老师的启发问题合适，并且授课过程中在知识间建立了很好的逻辑联系。因为有的课我听起来觉得很杂乱，所以不感兴趣，但我缺乏思考，上学时没有想过将这两种课进行对比，包括实习时及刚工作时都不曾想过。现在似乎这些课都记得不是很清晰了，不好进行对比了。

这对我初任职时的教学观影响似乎不大，那时考虑更多的是自己如何把一堂课上完，而不是上好。上课大概应是知识随教科书顺序的展开，当时我除了课本，还有一本中国人民大学出版社的物理教材，似乎不考虑学生心理和教学策略，主要参考教案书。面对当时的教学管理，学生的各种问题，以及学校内一些关系的困扰与处理，这些是更个体化的问题。

我不如Carey，她能背下来她学过的教学理论知识，我都把它们忘到九霄云外了。前几年翻看大学的笔记，才发现真的学过半个学期。倒是记得当时看过的一次录像课，对一个高中教师的讲座有些印象。笔记中记了一些条条框框。的确，当时我的学校很少重视教育理论教学，我们的老师也不是研究教育理论的。但这些似乎是自己的看法，2001年刚工作时也上了公开课，反应还不错，当时校长还遗憾没给我录像呢，后来还评了个校级优秀课。我也对学生进行了一些零散的方法教育，推导居多，也有实验设计之类的。只有一个毕业了的学生和我说，他特别欣赏我教给他的方法。当时处于生存期的我，搞题海战，我和学生的关系不融洽。

我不能把经历过的好课自己来实施，因为不能充分地认识这些课是如何上的。我印象中的好课有初一、初二语文，初一英语，初二几何，初三数学，初三化学，高二生物，高三政治，高三物理。只有高三物理与现在教的科目一致，高三多为讲、做习题。我初二的物理学完，对物理没有明确认识，还记得我当时考试多是用小学和初中数学的"功底"。我初三的物理老师原来是语文老师，第一年转型就教我们物理。他让我们背简答题，学欧姆定律时就是往黑板上写一个公式然后做题。做过一次凸透镜成像实验，测过一次比热容，然后解决相关问题时的确显得思路清晰。

综上，之所以说学习经历似乎没影响，其一，我缺乏对好课充分的思考，所以借鉴起来难度很大；其二，物理课的学习经历也有点儿先天不足。大学的物理课似乎不侧重概念的建立，讲课和实验分离，我又没能通过思考建立它们之间的联系，所以导致刚工作时知识好像用不上，过几年，就开始忘。

我的探究教学观处于初步形成期。认识探究教学的开始，是我读教育硕士这一经历。主要是当时续老师的课逐渐让我对教学理论感兴趣，开始知道那么多有价值的东西可以改进我们的教学。接着就是做论文的经历，您和续老师对我的指导，以及一些书籍文献告诉我，物理教学可以从各个角度来认识。这些都是教学观在改进，于是我开始思考如何让学生学习效果好，可持续发展。又加之新课改这个重要的标志——探究教学,我开始考虑如何进行探究教学。开始初步尝试对探究教学观的思考，源于您的论文选题，您经常和我说，所以我也就耳濡目染，开始琢磨这个问题。这时您给我的英文资料和曾经看过的科学教育网让我开始学习对科学本质的理解，尤其是从正在翻译的资料学习什么是真正的探究和真正探究的实施，但这些还是在初步思考学习阶段。

从 R 老师的个案可以看到：学生时代的经历以及自己的教学实践经历很难自发地促使一些教师产生鲜明的探究教学理念，理论学习与观摩优秀教学案例的作用更加直接。

【个案 4】F 老师，男，20 世纪 80 年代出生的青年教师，入职前攻读物理教育方向研究生,对探究教学有大量的理论研究。选 F 为研究对象，重点希望考察教育理论对个人探究教学观的影响，以及理性的探究教学观在与教学实践发生碰撞的过程中又会产生怎样的变化。

正式的访谈是在 F 博士毕业并有了半年多的中学教学经历之后。此时 F 回忆攻读博士学位期间形成的对探究教学的认识主要是“有两种类型的探究教学”：一种是以建构知识为主要目的的探究教学，探究的主要任务是调动学生学习的积极性,以此为手段建构知识,这时“提出问题”“猜想假设”都不是必要的，帮助学生理解探究是次要目标；另一种是以理解探究为目的的探究教学，那就要模拟真实的环境，让学生经历科学探究的全过程，例如开展研究性学习。

其实，学习期间 F 也在实习中学进行着教学实践，至今印象深刻的是两节基于物理学史对学生进行科学本质教育的教学课——“磁现象”与“磁场”，他认为自己的教学使学生真正体会到：当时，一方面有很多著名的科学家认为电与磁没有关系，另一方面从哲学认识出发坚信电与磁之间一定存在联系但缺乏事实证据，在这样的大背景下，奥斯特实验非常重要。从他的这份记忆可以看出，他的探究教学观中更多地包含着促使学生认识科学本质的教学目标。

到中学任教之后，他会经常有意识地开展探究教学实践，然后进行反思。例如，他对“探究物质的比热容”一课的教学反思如下：

这节课备课时我看到两种教学方式：一种是通过引导学生进行控制变量的实验，分别研究物质吸热与不同物质、质量、温度差的关系，然后得出比热容的公式；一种是只通过实验说明相同质量的不同物质的吸热本领不同，然后通过引导学生根据生活常识，得出吸热与质量、温度差的关系，再告诉学生比热容公式，省出时间让学生思考比热容的物理意义和生活应用。这节课教学时间安排为2课时。我选择第二种教学方式，原因有二：一是实验器材的限制，无法进行学生实验，演示用的温度计不大，后面学生看不到，进行复杂的演示实验意义不大；二是，我认为这是一节以建构知识为主要目的的探究教学，按照第二种教学方式效率既高又可加深理解，按照第一种教学方式学生对探究的认识也增加不了深刻的内容。另外，控制变量法初中学生反复训练，而比值定义法学生接触甚少，这节课可以把重点放在学生更好地思考比值定义上。

上课时我注重将新内容和学生的已有认识联系起来。首先，让学生猜想温度升高1℃时影响吸热多少的变量可能有哪些？学生提出“质量、体积、密度、物质”，然后追问学生的理由。有的学生说不出理由，例如密度，教师尚可以“科学猜想要有理由”为借口在课堂上不检验；有的猜想教师很难处理，例如体积，为什么吸热多少是和质量相关？为什么在控制变量时保持质量相等而不是体积相等？教师除了告诉学生是因为“已有的研究表明”，很难用别的方法说服学生。课上我只演示教材上的一个实验：相同质量的不同物质升高相同温度而吸热不同。然后把重点放在引导学生用比值定义法思考如何定义一个反映物质本身吸热本领的物理量（思维上的探究）。我所教的是初三的实验班，课上反应说明学生很难自己通过比值定义法得出比热容的定义，并且，即使教师最后给出这个物理量，并说明其物理意义，在第一节课上学生理解起来仍然有困难。

可见，比值定义对初中生尚属较难的思维水平，而涉及三个物理量的比热容的定义尤其难以理解。

通过反思，我个人观点是：这节课不适宜于控制变量的严格实验探究，而应侧重于将新学知识和学生已有认识联系起来，引导学生做思维上的探究。在思维探究时，学生自己得出比热容定义对初二学生来说几乎不可能，教师可以给出定义，然后通过举例子等引导学生逐渐理解比热容的物理含义。

对两种目的的探究教学（学习探究本身和建构知识）的理解、实验条件影响了我本次课的教学行为。本次课后的教学反思（尤其是学生的反馈使我认识到学生的思维水平），将使我在下次教学时进一步改变探究教学的侧重点。

从 F 老师的个案可以看到：理论研究可以使教师的探究教学观更加全面、更加深刻，也促使教师更多地对探究教学实践进行自觉的反思，而反思的结果受多种因素的影响与制约，未必都是“正确”的。

【个案 5】一个教师群体——张世成工作室。关注到这个工作室是因为他们于 2011 年 11 月出版了一本书——《证据物理——“张世成工作室”物理教学研究之旅》。

研究的缘起是观摩一节公开课。那节公开课的课题是“动能和势能”，教师带领学生研究“影响动能的因素”，建议学生用文具盒做斜面，观察“小车下落高度相同，到达斜面底端速度是否一样”，而学生尝试的结果不一。这时教师试图通过播放 Flash 加以说明，没想到课件出了问题，小车没有同时到达底端。没有办法，教师只好生硬地说：“如果我电脑水平再好一点的话，它们会同时到达底端的。”“如果它们同时到达底端，说明什么呀？”学生迎合着教师的需要让课继续进行了下去。看到这里，听课的教师意识到问题了：“明明意见不一致，你还打算用你制作的动画来‘帮腔’，这是不是说‘我们亲眼看到的都不重要，老师说的才重要’？这对培养学生实事求是的精神是有百害而无一利的……证据意识太重要了。从这开始，我们就非常关注探究教学中的这些承载着科学精神的细节。”[1]

[1] 张世成. 证据物理——“张世成工作室”物理教学研究之旅[M]. 南京：江苏人民出版社，2011：100-101.

通过这个名师工作室的个案可以看到：集教研、科研、师训功能为一体的名师工作室开展教学研究的活动可能成为教师深入理解，甚至是发展对探究教学的认识的重要契机。

2. 访谈

2009 年 8 月，第五届全国中学物理教学改革创新大赛在内蒙古呼和浩特市举行，这是中国教育学会物理教学专业委员会第三次以探究教学为主题组织的教学比赛，要求选手事前提交一段 30 分钟的探究教学录像，现场根据抽签观看另外一名选手的教学录像，准备半小时后进行点评。选手由各省、直辖市、兵团教研部门推荐选派，来自全国各地。本人在赛场周围对 9 名参赛选手、4 名指导教师和 2 名前来观摩比赛活动的教师共计 15 人进行了访谈。访谈记录节选见附录 8（全部访谈记录保存为音频资料）。从被访者的谈话中主要可以提炼出如下影响因素。

（1）大赛活动的影响

活动本身对教师理解探究教学提出了要求，同时也就创设了促使教师学习、认识探究教学的机会。几乎所有被访者都提到，为了准备参加这次教学大赛，选手们都加强了相关学习与思考。主要是看已有的探究教学案例，也读一些解读探究教学的文章，直接的目的是为评课准备观点，间接的效果是促进了自己对探究教学的理解。例如，一位参赛选手的指导教师说："他（指参赛选手）对教育理论在这之前一无所知，为了参加比赛，我给他一些东西，让他读了很多小版块，包括我自己写的文章、课例、反思等。"

大赛还提供了一个相互交流、切磋的平台。赛场上，每位选手对其中一节录像课进行点评，既要指出执教教师组织探究教学的闪光点，又要发现不足之处，提出改进意见和建议，自然纷纷表示"收获很大""深化了自己对探究教学的理解""学到了很多好的探究教学方法"，特别是对一些教师开发的教学效果非常好的自制教具给予了高度关注。同时，也听到不少质疑之声，"这能算是探究教学吗？""在实验之前李老师提出了实验中的注意事项，我在想，这个注意事项我们可不可以不告诉学生，让学生大胆地按照自己的设计、自己的思路完成实验，出现的一些新的问题在评估当中再纠正？好让学生加深印象""学生完成实验中我注意到一个细节，一个学生在问李老师取几组数据时，李老师说取5、6组，但在这个实验中我想可不可以取10组或10组以上数据？我觉得数据取10组或10组以上可以减小误差”，等等。这些都显示了大赛活动对教师思考探究教学，形成对探究教学的理论认识与实践策略认识的推动作用。

（2）新课标的影响

一位教师说，他们那里2004年就进入新课程了，那时就开始搞探究教学，“我一直在考虑，科学探究可以从三个角度来理解：一个是科学的探究，一个是科学地探究，还有一个是探究的科学。我们现在多是‘科学地探究’，这是一个探究的技术，‘科学的探究’是目标、是方法，‘探究的科学’是科学的内容”。无论这个理解正确与否，都表明是新课程引进了“科学探究”“探究教学”等新概念，才引起教师们的关注与思考，想要弄明白这个概念究竟是什么意思，有什么深刻的内涵。“看美国的课程标准，它不这样说科学探究，它很少提四个字的‘科学探究’，都是‘探究’……我们一直说的科学探究呢，实际上是美国国家标准上提到的探究教学。”“美国的标准更细。教师应该关注的是怎样教，不应该像学生的探究一样，老师提出问题就不管了，让学生去试误。”在理解探究教学这一新概念时，教师寄希望于课标（从国内的课标到美国的国家科学教育标准），因此也在批评我们的课标对探究教学解释、要求得还不够具体、清晰，缺乏指导力。

（3）教学效果的影响

“教师只有在对自己的教学现状有不满的时候才会有改革的动力”，这句话非常符合针对学生认知规律建立的概念转变理论。之所以采用探究教学，很多被访教师都谈到的一个理由是为了调动学生学习的积极性。所谓“有责任心的老师都希望学生喜欢自己的课。老师都能认识到，通过做题不可能使学生喜欢你这门课，一定得让学生活动，既动手又动脑”，反映了教师的教学追求对其接纳探究教学的影响。另外，还有的教师在叙述自己的课程设计时反复强调自己自制教具实验的演示顺序是从学生的认知规律出发的。尊重学生的兴趣规律、认知规律，教师期待探究教学能取得好的教学效果。

问到怎样才能符合学生的认知规律，一位被访者谈到自己编写“学生的探究案例”的经历，“必须蹲下来，站在学生的角度换位思考，他遇到这个问题会怎么想，这个过程对自己后来设计探究课非常有帮助”。看来，换位思考——让教师站到学生的立场上思考所要探究的问题，也是影响教师探究教学观的一个因素。

（4）自身知识的影响

在表达自己对探究的理解时，教师常常会举科学史上的事例，谈由此而产生的认识。“从古希腊时候起，无论是自然哲学的角度还是数学的角度都是探究。探究很宽泛，就是人对自然或对其他方面了解的一切活动。”“探究活动的目的不同，如原子层面的化学研究、物理研究……”问：科学探究“方法上有什么特征吗”？答：“牛顿晚年研究第一推动，同一个人的研究风格、方法是不会轻易变化的。结果在科学范畴之内，就是科学探究；不在科学范畴内，就不能算是科学探究。”这里面有两点值得注意：第一，教师的科学史知识可以支持、帮助教师理解科学探究；第二，教师已知的科学史事例不能保证教师正确理解科学探究。

3. 问卷调查

调查对象、时间及有效问卷情况：

（1）2010 年 7 月，面向北京市高中物理教师发放问卷 54 份，回收有效问卷 37 份。

（2）2010 年 8 月，面向石家庄市高中物理教师发放问卷 92 份，回收有效问卷 31 份。

问卷提出的问题是：

您对探究教学的看法、认识主要源于（可多选，但请按影响程度由大到小排序）：______________________
A. 课标　B. 新教材　C. 理论书籍　D. 探究教学案例
E. 周围同事的影响　F. 培训　G. 自己的成长经历
H. 自己的教学实践　I. 对学生学习状态的反思
J. 对科学家研究过程的考察　K. 其他，请补充______________

数据统计方法为：排序在第一位的因素赋 10 分，第二位的赋 9 分，

依此类推，然后计算每个因素的得分，再取平均值，结果如表 6-1 和图 6-1 所示。

表6-1 问卷中关于影响因素的排序

影响因素	全部样本		北京市高中教师		石家庄市高中教师	
	平均得分	排序	平均得分	排序	平均得分	排序
A	4.2	4	4.0	4	4.5	3
B	4.8	3	4.2	3	5.5	1
C	3.4	7	2.8	8	4.2	4
D	5.3	1	5.5	2	5.0	2
E	1.9	9	1.8	9	1.9	8
F	3.8	6	3.7	6	3.9	6
G	2.9	8	3.6	7	1.9	8
H	5.0	2	5.9	1	3.9	6
I	3.9	5	3.9	5	4.0	5
J	1.7	10	1.7	10	1.7	10

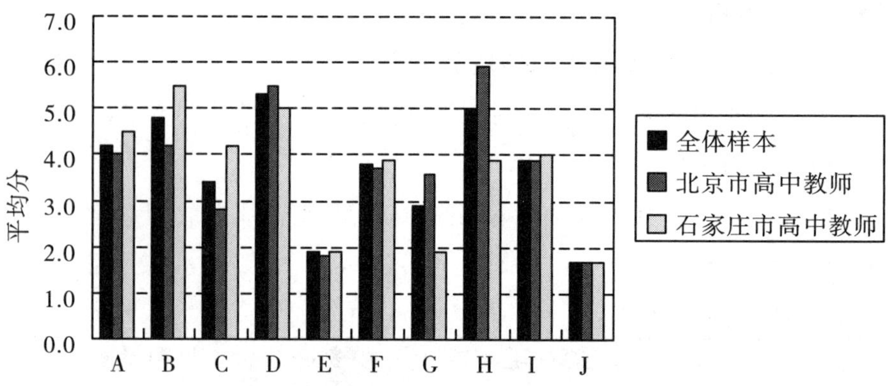

图 6-1 教师探究教学观影响因素平均分柱状图

这个调查反映的是实际上已经对教师的探究教学观产生了影响，且被教师自己意识到的影响因素。由图 6-1 可以直观地看出，E“周围同事的影响”和 J“对科学家研究过程的考察”是全体样本教师共同认为影响较小的两个因素。显著性检验则告诉我们，B“新教材”与 C“理论书籍”两个因素对石家庄市高中教师的影响显著大于对北京市高中教师的影响；G“自己的成长经历”和 H“自己的教学实践”对北京市高中教师的影响显著大于对石家庄市高中教师的影响。造成这种差异的原因有待进一步研究。

四、课标修订专家指出的教师探究教学观影响因素

这里的专家是指理解科学探究与探究教学、关注教师对探究教学的理解与实践的专业人士，他们可以是课程标准的制定者、参与课标修订的人员，为推动课程标准实施而思考教师观念转变的各级管理者、教师培训工作者、提供具体专业支持的教研人员，以及大学的相关研究者等。这些人的工作内容决定了他们必然要思考如何促使教师理解探究教学与有效实施探究教学，所以，他们的意见值得参考。

2010 年暑期，对参与 7~9 年级科学课程标准修订的 7 位专家进行了问卷调查。7 位专家的背景分别为：1 位科学家，2 位大学科学教育专家，2 位中学科学教育教研员，1 位中学校长，1 位中学科学教育教师。专家调查表见附录 9。

对于“哪些是能影响教师对待探究教学态度的主要因素”，专家调查结果如表 6-2 所示。

表6-2 专家认为能影响教师对待探究教学态度的主要因素排序

排序	得分	影响因素		
1	18	F 成功教学		
2	16	C 参与课题	E 科研实践	G 失败教学
3	14	B 舆论环境		
4	12	A 教学案例	D 成长经历	
5	11	I 物理学史		
6	10	H 教学反思	J 理论书籍	

对于“哪些是能影响教师深刻理解探究教学的主要因素”，专家调查结果如表 6-3 所示。

表6-3 专家认为能影响教师深刻理解探究教学的主要因素排序

排序	得分	影响因素
1	17	E 科研实践
2	15	F 成功教学

续表

排序	得分	影响因素		
3	14	C 参与课题	D 成长经历	G 失败教学
4	13	A 教学案例	I 物理学史	
5	11	H 教学反思		
6	9	J 理论书籍		
7	7	B 舆论环境		

此外，对于上述两个问题，专家追加的因素有：研讨交流、考试命题与课程资源。显然，倡导探究教学，让教师接受探究教学观念非常需要环境的导向与支持，反过来说，也一定要受评价制度与方法、课程资源等的牵制。研讨交流则可以起到营造舆论、提供案例与理论解释的多重作用。

五、归纳九项影响因素

综合以上来自各方面的信息，我们发现，影响教师深入理解探究教学的因素是多方面的，对于不同的人，主要影响因素可能是不同的。归纳起来，可能影响教师探究教学观的因素为以下九个方面：

A 探究教学案例——教师们可以看到的其他教师实施探究教学的课例及相关资料。可能是呈现于相关参考书上文字描述的教学过程或教学设计，也可能是观摩课、教学大赛等呈现的现场课例或视频录像。这里面，大多数可能具有启发思路、直接提供有效教学经验的作用，但也可能是引起教师反思，在质疑中提高教师对探究教学的认识水平。

B 环境条件——影响教师理解探究教学的环境，包括舆论环境、研讨环境等。其中舆论环境主要与教育管理、考试评价相关，例如学业考试中如何考查学生的探究能力；研讨环境指教师个体与其他人（包括专家、同行教师等）交流对探究教学的认识与实施策略等的环境。

C 教学理论学习——指教育理论培训或有关教育、教学、学习心理等方面的理论书籍、文章，包括直接论述探究教学观念的，从理念上提高认识。

D 教学实践——指教师自己的探究教学实践，即在自己的教学中尝试开展探究教学，无论自认为教学效果是成功还是失败，都包含在内。

E 探究实践——指教师自己的科学探究实践，包括工作中、生活中的探究经历。

F 反思或独立思考——指教师对探究教学的独立思考与反思。这种思考与反思包括理论层面的，如究竟什么是探究教学？探究教学的本质特征是什么？为什么要实施探究教学？也包括实践层面的，如到底该如何实施探究教学？思考意味着不是直接接受书本或培训专家的观点，但可能相关，同时也很可能与自己的教学实践或探究实践相关。

G 科学本质观——指教师对科学本质的认识。

H 换位思考——这是一项活动，即教师要站在学生的角度设想学生对物理现象、物理问题的思考、认识过程。需要教师具有换位思考的意识与能力。

I 成长经历——教师个人成长过程中影响自己对应该如何教学或学习进行思考的经历。例如，学生时代的物理课是怎么上的，自己的感受如何，等等。

这些因素中，前三项是外部条件因素，后六项是教师自身的因素。

第二节 运用解释结构模型方法分析影响因素的结构关系

本书首先认定教师的探究教学观是在一个复杂的系统中形成、发展的，那么刚刚找到的影响教师探究教学观的九个因素是这个系统中的九个要素，接下来提出的一个问题是：它们之间有联系吗？如果有，它们之间的关系又是怎样的？系统科学以这样一个基本命题为前提：系统是一切事物的存在方式之一，因而都可以用系统观点来考察，用系统方法来描述。[1]本节希望借助系统科学的方法发现这九个因素之间的层级结构关系。

一、解释结构模型方法简介

要研究一个由一些单元组成的、各个单元之间又存在着相互关系的系统，就必须了解系统的结构，比较有效的方法之一就是建立系统的结构模型。解释结构模型（ISM）是 Warfield 在 20 世纪 70 年代初期为分析复杂系统的结构模型而开发的一种系统分析方法。ISM 属于静态的定性模型，它的基本理论是图论的重构理论，通过基本假设、图和矩阵的计算得到可达矩阵，再经过人 - 机结合，分解可达矩阵，将复杂系统分解成为多级递阶的结构模型。它可以将系统中各个要素之间复杂、零乱的关系分析成清晰的、多层级的结构模型，以提高人们对问题的认识和理解。这种方法广泛适用于认识和处理各类系统的问题，例如，人口增长问题[2]，业务流程重组（BPR）问题[3, 4]。在教育领域，ISM 法也有着

[1] 许国志. 系统科学［M］. 上海：上海科技教育出版社，2000：18.

[2] 汪应洛. 系统工程理论方法与应用［M］. 北京：高等教育出版社，1992：73.

[3] 唐志豪，周琦，刘险峰. 支持BPR的解释结构模型（ISM）探讨［J］. 工业工程与管理，2003（6）：75-77.

[4] 汪定伟，唐志文. 企业信息化中的人机交互业务工程重构方法［J］. 东北大学学报（自然科学版），2000，21（4）：357-360.

相应的应用，如教育培训[1]，学位论文质量管理[2,3]，教育教学研究[4,5]等。

该方法基于有向图和矩阵，利用专家的经验和知识把一个复杂系统分解成若干要素，并确定要素之间的关系，然后通过计算机对要素的关系矩阵进行一系列分析，以确定复杂系统内部的多级递进结构模型。模型得出后再与专家的认知模型进行比较、修改，直到一致。图 6-2 是 ISM 过程的示意图，其中虚线框部分是 ISM 分析法的核心，理论性较强，计算量较大，需由计算机处理。

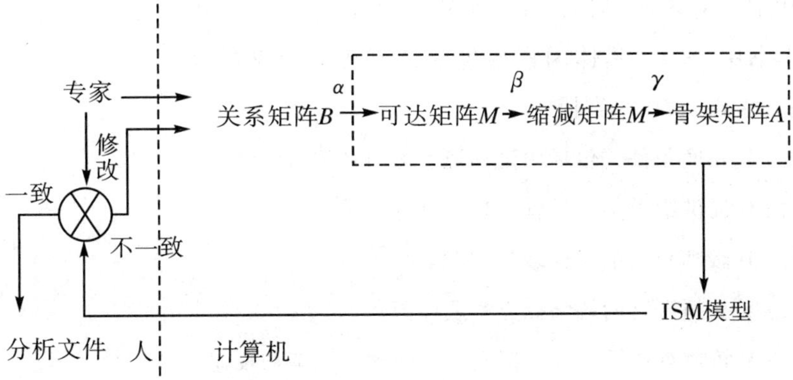

图 6-2　ISM 过程示意图[6]

二、运用ISM法建立教师探究教学观影响因素结构模型

全部工作按如下程序进行：①组建 ISM 工作小组；②设定问题；③选择构成系统的因素；④列举各因素的逻辑关系；⑤建立关联矩阵和可达矩阵；⑥对可达矩阵进行分解，建立结构模型；⑦根据结构模型建立解释结构模型[7]。

[1] 高洁. ISM在校长培训中的应用研究［J］. 现代教育科学（普教研究），2011（4）：15–16.

[2] 何刚. 博士学位论文评价系统的解释结构模型研究［J］. 黑龙江高教研究，2010（6）：55–57.

[3] 孔令夷. 基于解释结构模型的博士学位论文质量关键影响因素分析［J］. 中国高教研究，2012（4）：51–55.

[4] 赵亮，权学红. 高等院校双语教学影响因素层次化分析及对策探究［J］. 教育探究，2008（4）.

[5] 王燕，冼伟铨. 利用ISM法分析以教为主的教学系统设计的要素［J］. 软件导刊（教育技术），2008（9）：85–87.

[6] 朱琳，吕本富. 解释结构模型的简便方法［J］. 系统工程与电子技术，2004，26（12）：1815–1817.

[7] GREGORY G. Decision analysis［M］. London：Pitman Publishing，1988：21–33.

1. 建立影响因素集

为了保证研究的可靠性，本书建立了以教育教学和教师培训专家组成的 ISM 实施小组，采用实施小组当面会商的方法，明确关键问题是“O 教师对探究教学的理解”，进而围绕该目标问题，对上一节找到的要素进行逐一讨论，明确内涵之后建立影响关键问题的因素集，即影响因素指标集：

$$S=\{S_i|i=0,1,\cdots,n\}, \quad (1)$$

其中：S_i 表示具体的第 i 个影响因素。

本书中 n=9，具体因素集包括如下 9 个构成要素：

S_1：A 探究教学案例。

S_2：B 环境条件，包括舆论环境、研讨环境等。

S_3：C 提供给教师的教育、教学理论。

S_4：D 教师自己的探究教学实践。

S_5：E 教师自己的科学探究实践经历。

S_6：F 教师对科学探究、探究教学的独立思考与反思。

S_7：G 教师对科学本质的认识。

S_8：H 教师的换位思考意识与能力。

S_9：I 教师的成长经历（主要指学生时代的学习经历）。

2. 获得关联矩阵

关联矩阵描述的是系统中各因素两两之间的逻辑关系，即经过长度为 1 的通路后各因素两两之间的可达程度。

关联矩阵 A 中元素 a_{ij} 的定义为：

$$A=(a_{ij})=\begin{cases}1, & S_iRS_j\\ 0, & S_i\overline{R}S_j\end{cases} \quad (2)$$

其中，R 表示 S_i 直接影响 S_j，即行要素对列要素有直接影响，此时给 a_{ij} 赋值“1”；$\overline{R}$ 表示因素 S_i 对因素 S_j 没有直接影响，此时给 a_{ij} 赋值“0”。a_{ij} 与 a_{ji} 表示不同的含义，是 S_i 与 S_j 互相作用的结果。

ISM 小组逐一讨论影响因素间必须考虑的二元关系。在讨论中，一些影响因素之间的关系很难确定，经笔者与实施小组以及与其他有关人员的反复推敲，形成了如表 6-4 所示的行因素对列因素是否具有直接影响的关系表。

表6-4 ISM专家组确定的影响因素间直接影响的关系表

影响因素	A 探究教学案例	B 环境条件	C 教学理论	D 探究教学实践	E 探究实践经历	F 反思与思考	G 科学本质	H 换位思考	I 成长经历
A 探究教学案例	1	0	0	1	0	1	0	0	0
B 环境条件	0	1	0	1	0	1	0	0	0
C 教学理论	0	0	1	1	0	1	0	1	0
D 探究教学实践	0	0	0	1	0	1	0	0	0
E 探究实践经历	0	0	0	1	1	1	1	1	0
F 反思与思考	0	0	0	1	0	1	0	0	0
G 科学本质	0	0	0	1	0	1	1	0	0
H 换位思考	0	0	0	1	0	1	0	1	0
I 成长经历	0	0	0	1	1	1	1	1	1

对其中一些关系的赋值理由简述如下：

“A 探究教学案例”“B 环境条件”“C 教学理论”是三个外部影响因素，相互独立，它们之间没有直接的影响。“D 探究教学实践”受所有其他因素的影响，“I 成长经历”不受所有其他因素的影响，这几乎是所有人都公认的。讨论中，核心问题是“E 探究实践经历”“F 反思与思考”“G 科学本质”“H 换位思考”四个因素究竟受谁的影响。

首先说“探究实践经历”，是指教师在日常生活、工作中尝试用科学探究的思路与方法解决问题，例如，在生活中发现扔进碳酸饮料中的葡萄干在碳酸饮料中上下运动，就试图用学过的知识解释这一现象。为了证明解释的合理性，又做其他实验来验证自己的解释。经过讨论，专家认为这样的行为在现阶段可能主要是受他自身“成长经历”的影响，即“成长经历”使他养成了喜欢探究的习惯。

其次是“科学本质”，指的是教师对科学本质的认识。因为在讨论的各个因素中没有相关的理论学习途径，所以在这九个因素中直接受学生时代的“成长经历”、自己的“探究实践经历”以及“反思与思考”三个因素的影响。

再次是“换位思考”，即教师要站在学生的角度设想学生对物理现象、物理问题的思考、认识过程。通常情况下，主动的换位思考往往发生在教师有切身经历的时候，即有了“探究实践经历”之后，学生时代的“成长经历”也会影响“换位思考”，而“理论学习”则会从理智的认识层面督促教师做“换位思考”。

最后分析“反思与思考”，专家认为存在两种极端的情况：一种是善于反思与思考的人，那么，所有的因素都会影响教师的反思与思考；一种是不善于反思与思考的人，那么大多数因素都不会影响他的反思与思考，只有“理论学习”与“研讨环境”可能产生一定的推动作用。最后决定取第一种情况建立关联矩阵。

$$A=\begin{pmatrix} 1 & 0 & 0 & 1 & 0 & 1 & 0 & 0 & 0 \\ 0 & 1 & 0 & 1 & 0 & 1 & 0 & 0 & 0 \\ 0 & 0 & 1 & 1 & 0 & 1 & 0 & 1 & 0 \\ 0 & 0 & 0 & 1 & 0 & 1 & 0 & 0 & 0 \\ 0 & 0 & 0 & 1 & 1 & 1 & 1 & 1 & 0 \\ 0 & 0 & 0 & 1 & 0 & 1 & 0 & 0 & 0 \\ 0 & 0 & 0 & 1 & 0 & 1 & 1 & 0 & 0 \\ 0 & 0 & 0 & 1 & 0 & 1 & 0 & 1 & 0 \\ 0 & 0 & 0 & 1 & 1 & 1 & 1 & 1 & 1 \end{pmatrix}$$

3. 得出可达矩阵

所谓可达矩阵，指用矩阵形式来描述关联矩阵中各元素之间经过一定长度的通路后可以到达的程度。可达矩阵 R 具有一个重要特性，即推移律特性。

推移律：当要素 S_i 经过长度为 1 的通路直接到达要素 S_j，而 S_j 经过长度为 1 的通路直接到达 S_k，则 S_i 经过长度为 2 的通路一定可以到达 S_k。

依据关联矩阵 A 和可达矩阵 R 的推移律特性，按照式（3）~（5）对关联矩阵进行推移运算，即可得到可达矩阵 R。

$$A_r = A_r \qquad (3)$$

$$A_1 \neq A_2 \neq \cdots \neq A_{r-1}=A_r \qquad (4)$$

$$R=A_{r-1}=A^{r-1} \qquad (5)$$

其中，式（3）中矩阵运算为布尔代数运算；$2 \leqslant r \leqslant n+1$，$n+1$ 表

示矩阵阶数。

根据式（3）~（5）的计算，当 $r=3$ 时，$R=A_2=A^2$。

关联矩阵 A 转变为可达矩阵 R：

$$R=\begin{pmatrix} 1 & 0 & 0 & 1 & 0 & 1 & 0 & 0 & 0 \\ 0 & 1 & 0 & 1 & 0 & 1 & 0 & 0 & 0 \\ 0 & 0 & 1 & 1 & 0 & 1 & 0 & 1 & 0 \\ 0 & 0 & 0 & 1 & 0 & 1 & 0 & 0 & 0 \\ 0 & 0 & 0 & 1 & 1 & 1 & 1 & 1 & 0 \\ 0 & 0 & 0 & 1 & 0 & 1 & 0 & 0 & 0 \\ 0 & 0 & 0 & 1 & 0 & 1 & 1 & 0 & 0 \\ 0 & 0 & 0 & 1 & 0 & 1 & 0 & 1 & 0 \\ 0 & 0 & 0 & 1 & 1 & 1 & 1 & 1 & 1 \end{pmatrix}$$

R 表示系统中各个元素间经过长度为 2 的通路之后可以到达的程度。

4. 建立结构模型

要素 S_i 的可达集 $R(S_i)$：由可达矩阵中第 i 行所有取值为 1 的元素对应的要素组成。

要素 S_i 的前因集 $A(S_i)$：由可达矩阵中第 i 列所有取值为 1 的元素对应的要素构成。

设 $M(S_i)$ 表示要素 S_i 的可达集 $R(S_i)$ 与前因集 $A(S_i)$ 的交集，则：

$$M(S_i)=R(S_i)\cap A(S_i) \qquad (6)$$

由此可以得到表 6-5 所示一系列要素逐层拆解后的可达集与前因集。

表6-5　可达集与前因集

要素S_i	可达集$R(S_i)$	前因集$A(S_i)$	$M(S_i)$
S_1	1，4，6，	1	1
S_2	2，4，6	2	2
S_3	3，4，6，8	3	3
S_4	4，6	1，2，3，4，5，6，7，8，9	4，6

续表

要素S_i	可达集$R(S_i)$	前因集$A(S_i)$	$M(S_i)$
S_5	4，5，6，7，8	5，9	5
S_6	4，6	1，2，3，4，5，6，7，8，9	4，6
S_7	4，6，7	5，7，9	7
S_8	4，6，8	3，5，8，9	8
S_9	4，5，6，7，8，9	9	9

要素S_i	可达集$R(S_i)$	前因集$A(S_i)$	$M(S_i)$
S_4	4，6	4，5，6，7，8	4，6
S_5	4，5，6，7，8	5	5
S_6	4，6	4，5，6，7，8	4，6
S_7	4，6，7	5，7	7
S_8	4，6，8	5，8	8

要素S_i	可达集$R(S_i)$	前因集$A(S_i)$	$M(S_i)$
S_4	4，6	4，6，7，8	4，6
S_6	4，6	4，6，7，8	4，6
S_7	4，6，7	7	7
S_8	4，6，8	8	8

要素S_i	可达集$R(S_i)$	前因集$A(S_i)$	$M(S_i)$
S_4	4，6	4，6	4，6
S_6	4，6	4，6	4，6

最高级要素集：一个多级递阶结构的最高级要素集是指没有比它再高级别的要素可以到达。

若 $R(S_i)=R(S_i)\cap A(S_i)$ （7）

则 $R(S_i)$ 即为最高级要素集。

找出最高级要素集后，即可将其从可达矩阵中划去相应的行和列，接着再从剩下的可达矩阵中继续寻找新的最高级要素。如此可得结构模型如图 6-3 所示。

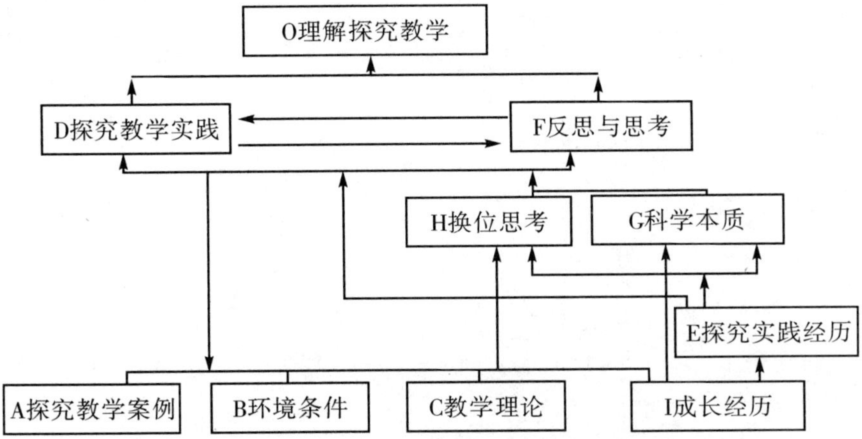

图 6-3　中学物理教师探究教学观影响因素解释结构模型

三、对结果的讨论

让我们尝试理解图 6-3 提供的信息。可以看出，影响中学物理教师探究教学观的九个因素呈现四个层级、三条大通道。

1. 无论如何，最终都需要通过“探究教学实践”与“反思与思考”的相互作用达成对探究教学的理解。

2. “探究教学案例”“环境条件”“教学理论”“成长经历”四个基础性因素中的任何一个都可以直接影响教师的“探究教学实践”与“反思与思考”，显示了促使教师理解探究教学的广泛的可能性。

3. “换位思考”与通过“探究实践经历”认识“科学本质”提供了另外两条在基础性因素之上的发展道路，也可以说是教师探究教学观发展道路上的两个阶梯。前者是从理解学生的角度，后者是从理解教学内容的角度。

4. 另外，“探究实践经历”也是一个重要的基础性因素，而且，“换位思考”与“科学本质”都依赖这个基础性活动。

这样的解释是我们可以接受的，也对我们今后制定相关的政策、选择培训策略有一定的启发。不过，回顾模型的得出过程，专家意见起了决定性作用，然而专家给出这些意见时却多有犹豫，因为这个模型希望反映普遍性，但每个教师都是独特的个体，不确定是在所难免的。也许这个方法更值得教师自主选择发展道路时借鉴。

第七章 促进教师探究教学观发展的教师研修

为了验证上一章所述影响因素的真实有效性，笔者对部分影响因素做了初步的实验检验，即在教师培训中加入某个或某几个因素，考察其影响教师深入理解探究教学的效果。本章内容是几个骨干教师研修项目的实施与效果。

第一节 讲座+案例研讨

【实验目的】考察某几个影响因素对促进教师探究教学观转变的有效性

【实验时间】2009 年 9~12 月，10 次 ×8 学时 / 次

【实验对象】北京市 D 区初中物理骨干教师，24 人

【实验过程】

1. 前测：重点了解教师对探究教学的认识现状、困惑的问题以及对研修班的期待。前测卷及数据见附录 11。

2. 实施培训计划，试图促进教师对探究教学的思考，丰富他们的探究经验。10 次研修活动的内容与方式如表 7-1 所示。

表7-1 D区2009年秋季学期初中物理骨干教师研修项目的内容与方式

序号	时间	研修主题	研修方式
1	9月23日	介绍研修计划，动员 讨论骨干教师的特征，思考自身现状与发展需求	讲授、讨论、问卷调查
2	9月30日	新课程背景下教师的自我发展	专家讲座
3	10月14日	如何评课，好课的特征	案例研讨
4	10月28日	生成性教学，有效教学	专家讲座（包含大量案例）
5	11月4日	中学物理教师如何做教育科研	专家讲座
6	11月11日	认识科学探究与探究教学	讲授、案例研讨
7	11月18日	“摩擦力”教学	研修班教师与北京市优秀教师同课异构、交流研讨
8	11月25日	课堂教学改进	针对学员教学录像进行讨论与专家点评
9	12月9日	科学本质与科学本质教育	专家讲座
10	12月16日	总结收获	交流展示、问卷调查

其中与理解科学探究、提高教师对探究教学的认识直接相关的活动是第 6 次活动“认识科学探究与探究教学”，除了阐述笔者对探究教学的认识，重点是和教师们一起观摩了 3 个科学探究案例：①《科学探究与

国家科学教育标准——教与学的指南》中那位地质学家关于“树木为什么大面积死亡”的研究[1]；②电流的发现[2]；③电视节目录像《探索·发现——秘境追踪Ⅲ》之“你的感官欺骗了你”，介绍一群大学生探究美国阿拉斯加大峡谷接连发生车祸惨剧之谜的过程。此外，研究课、教学案例研讨带去了优秀教师的探究教学实践与分析点评，其他专家讲座也不同程度地涉及探究教学问题。

3. 后测：请教师自己总结培训带来的观念变化，并说明变化的原因。后测卷及数据见附录 12。

【数据分析】

前测的意义仅在于了解研修主体的原有基础与发展需求，有助于制订合理的研修方案，与本实验的目的“考察某几个影响因素对促进教师探究教学观转变的有效性”没有直接关系，在此不做赘述。

后测问卷中 24 名参加研修班的教师共列出 48 条当前对探究教学的认识，其中 35 条是研修活动带来的，约占 73%。这 35 条有变化的认识来自 19 名教师，即培训活动对 79% 的教师认识探究教学有影响。

根据教师自己给出的影响因素将有变化的认识（新认识）进行归类，并按照第四章提出的教师探究教学观分析框架逐一分析这些新认识所处的认识维度，结果如表 7-2。可以看到，教师明确指出的影响因素有 4 个：专家讲座、课例、科技探索电视短片、教师间交流。涉及的新认识有 15 条，约占 43%。更多的新认识（表 7-2 中后面 20 条）没有明确影响因素，可能的原因，一是真的不能确定，二是误解了题意（问卷陈述确有歧义，在实测现场的解释没有完全达到效果），因为他们大多在“变化的原因”一栏填写的是逻辑意义上的原因，表 7-2 中用“（因为……）”做了如实记录，并在这层意义上做了归纳处理。

［1］（美）国家研究理事会科学、数学及技术教育中心《国家科学教育标准》科学探究附属读物编委会. 科学探究与国家科学教育标准——教与学的指南［M］. 罗星凯，等译. 北京：科学普及出版社，2004：4-6.

［2］香港科学本质教育课例之一。

表7-2 D区骨干教师研修项目后测数据分析

影响因素	频次	对探究教学的新认识	认识维度
专家讲座	4	探究教学不只是实验，更是思想上的探究	X
		探究教学是一种教学模式，应该以学生为主体，通过对知识的产生、发展过程进行深入的探索、研究，在教师引领下获得新知识	X
		我认为探究教学是一种教学思想	X
		探究教学是通过“科学的质疑—实验证明—得到结论”的一种研究问题的教学模式	X
课例	3	应该让学生自主地去发现问题	Z
		探究的入手点要从实际需求出发，提出问题	Z
		和学生一起真正去做几次探究，让他们体会方法，并让学生养成自觉探究的习惯	Z
课例 + 专家讲座	4	应该顺着学生的思路去考虑问题，而不是靠教师的引导	Z
		是一种方法、一种技能	X
		重视探究前学生的置疑，放开思想，让学生真正地思考，用发展的眼光看问题	Z
		探究过程应该有评价和验证，让学生真正理解、领悟	Z
科技探索电视短片	3	要让学生在探究之后有评估、反思和交流的过程	Z
		探究教学问题的猜想并不是一步到位的，是通过对问题的逐步解决，发现问题根源，逐步确立影响因素的	X
		探究是人的一种人生态度：科学地去探究会使人成为知识丰富、全面发展的人	Y
教师间交流	1	是一种教学理念	X
不确定因素	2 教育	培养追求真理的精神	Y
		我认为探究教学就要发现问题、设计解答问题的方法、尝试去解答，再发现问题，再解答，总在探索中发现新问题，最终得出所要的结果（因为探究教学才是真正的教育）	Z

续表

影响因素	频次	对探究教学的新认识	认识维度
不确定因素	6 教学目标 （培养能力）	培养科学思维的方法	*Y*
		探究教学是一种研究问题的方式，应该在教学中引导和带领学生学到这种方法（因为教学的目的是教学生方法：授之以鱼不如授之以渔）	*X/Y*
		探究式教学是一种培养学生综合能力的教学方式（以前很少在教学中用到）	*X/Y*
		是对学生分析问题能力、合作能力提升的过程	*X/Y*
		是培养学生的一种能力，应该重视。培养学生重视观察、实验的良好习惯，善于发现身边的问题，多问为什么（因为对探究教学理解得更深刻）	*Y*
		我认为探究教学的猜想环节应放开手脚，让学生大胆地去猜想、去排除，不应什么都按教师的教学设计走（了解了物理教学不光是让学生学会某些知识，更重要的是学会一种探究问题、解决问题的能力和方法）	*Y/Z*
	5 学生主体	让学生自主去探索问题（因为要真正发挥学生的主体作用）	*X/Z*
		不要怕失败（因为要多尝试，让学生去体验探究过程）	*X/Z*
		要让学生之间多进行交流沟通，找出解决问题的办法	*Z*
		是实验教学，应该让学生体会、经历科学研究的经过（因为探究不仅包括实验探究）	
		是学生在教师指导下通过实验找出某种规律，或者是学生自己质疑某种规律，通过实验弄清规律（因为是探究教学的概念的内涵和外延都有了扩展）	
	2 科学本质	在通过实验得出结论后，应该让学生增加一个验证的过程，不能得出结论后马上就应用（因为真理是通过反复验证后才能称之为真理）	
		是对科学知识验证的一个途径（以前不知道为什么探究）	*X/Y*

续表

影响因素	频次	对探究教学的新认识	认识维度
不确定因素	3 形式	发现问题、猜想假设、实验验证、分析与论证（交流评估）（因为平时教学中重视实验验证环节，忽视了发现问题、科学猜想这些环节，使得探究活动不完整。通过培训发现上述问题，以后注意调整）	X
		教学的手段及方法（以前错认为只是实验课）	X
		探究不刻意追求模式，而是在平时的教学中让学生有求知欲望、探究热情并去探究（利用学生实验、课下活动，让学生尝试到成功的喜悦和分析问题的方法）	
	2 实施条件	以前只重视成绩的好坏，将来应更重视学生能力的培养。应做到成绩与能力并举（因为我一直认为探究式教学是一种能够培养学生综合能力的教学方法。但在实际教学中应用此种方法的时候并不多）	Y/Z
		是对教师专业知识面的一个挑战（因为认识了探究的实质）	

【结论与反思】

由于数据量小，尚不能得出确定的结论，但除了教师间交流因素只有 1 条，不能提供有价值的线索外，该因素前 14 条对探究教学的新认识的来源还是显示出一些规律性，且笔者认为具有合理性，有待进一步的研究确认。即：

第一，专家讲座带来的新认识全部属于认识探究教学的本质维度（X 维度）。

第二，课例带来的新认识全部属于如何实施探究教学的操作维度（Z 维度）。

第三，专家讲座与课例两因素叠加的效果也恰好带来了分属 X 维度和 Z 维度的新认识。

第四，科技探索电视短片带来的新认识则涵盖探究教学观的三个维度（X 维度、Y 维度和 Z 维度）。

实验表明这些影响因素有一定的效果，这个结论是有条件的，即这些影响因素具有具体性，不是任意换一个讲座、换一个课例上述结论仍成立的。

就笔者的实践体会而言，科技探索类视频则有较大的可复制性。

同样，教师间交流因素后面20条对探究教学的新认识数据量也不足，仍然不足以得出结论，从中可以获得的启示是：产生新认识的逻辑前因分别来自对教育、教学（教学目标）、学生主体地位、科学本质的认识和对探究教学形式与实施条件的关注。这是另一个角度的影响因素，提示我们在教师培训中应关注这些方面的内容。

第二节 教师亲身体验探究

本节研究的起因是看到“美国的多所大学、研究机构和大型企业设计并实施了不同形式的科学教师教育项目，旨在为教师获得真实的科学研究经历”取得的相应研究成果[1]，而从个人经验、个别教师的案例来看，笔者也倾向于认同这是一个发展教师对科学探究与探究教学正确理解的重要途径。但是，我国现有的教师培训制度尚无法完成这样的实践，笔者也想探索一下是否存在更简便的方案——不大规模介入真实的科研，只进行一些小型的身边的探究，是否也可以起到提升教师对科学探究、探究教学理解水平的作用？

【审视已有经验】多年前曾有一批中学物理教师到笔者所在的大学实验室参加教师实验技能培训，那时笔者就发现，有的教师专注于学习使用新的测量工具（主要是数字化实验系统），有的教师抓紧时间将一些实验过程拍成录像，为的是以后教学中播放给学生看，以弥补自己所在学校实验条件的不足，没有教师想到利用大学的实验条件研究一个未知答案的问题。培训结束后，只有少数教师谈到自己的反思，而反思的内容主要是：由于使用了未曾用过的新仪器，实验过程经历了不少曲折，由此想到学生学习新知识也是如此，将来要更加理解学生，为学生提供更细致的帮助。实践体验促使教师换位思考，但教师没有认识到实践过程可以像自己所经历的那样促进学生思考，甚至是创造性地解决问题，体验认识过程的曲折与成功的快乐，所以结论反而是减少学生锻炼的机会，更多地帮学生跨越困难，直达终点。

再例如，广西师范大学科学教育研究所在组织各级教师培训中让教师们走进科学探究实验室，反响热烈。相应的“兴华科学教育网”有大量反映物理教师在这些项目中亲身参与科学探究引发的议论与反思：

[1] 廖元锡，李江林. 美国大学提供科学教师真实研究经历的课程模式及其启示［J］. 高等教育研究，2006（5）：101–104.

班博文：探究实验——神奇的浮沉子[1]

昨天下午，我们物理（1）班的全体学员在课程中心601教室进行了第一次科学探究活动。活动内容是：神奇的沙漏浮沉子。对本次实验，相信在各位老师的脑海里一定很深刻。

探究过程中，老师们在观察了实验现象后，积极地进行了思考与讨论，各自阐述了自己的观点，对自己的观点进行了解释。结果大致包括以下几个方面：（1）从能量转化方面考虑；（2）从受力方面考虑；（3）从惯性方面考虑。

在活动过程中，老师们科学探究的精神，是很值得我们研究生同学学习的。罗星凯老师做完第一次演示实验后，大家便开始对浮沉子发生的现象积极认真地思考、讨论起来。浮沉子倒过来时，浮子没有马上浮起来，而是等沙子往下流了一定的量后才浮起来。有老师说是因为浮力（或瓶子）变化引起的，有老师说是因为重心变化引起的，有老师说是因为能量转化引起的，有老师说是因为有摩擦力引起的，有老师说是因为瓶子不竖直、被卡住了引起的，有老师说因为惯性引起的，等等，还有其他的解释。这些不同的解释，大大地拓宽了我们的思维。

在讨论过程中，不管我们的观点正确与否，相信我们物理（1）班的老师们在本次的科学实验探究过程中收获一定不少。

教了多年的探究，今天自己也探究了一次[2]

以前教的探究，都是知道结论才进行的探究，觉得很容易，总觉得自己的学生笨，这么容易为什么都不会？今天经历了“浮沉子”的探究后才深有感触，从无知开始探究真的不容易。看来以后上探究实验时得好好思考了。

浮沉子——科学课的悲哀[3]

今天科学班开班了，搞了个浮沉子的研究活动。活动中大家真像一

[1] 1Physics发表于2010-11-8　1：11：00。
[2] 林愈彬 发表于2010-11-7　21：17：00。
[3] 卢达华 发表于2010-11-7　21：20：00。

群孩子一样积极探究，气氛热烈！在进行了几十分钟后，终于得出了结论。从这个活动中，我仿佛看到了我的学生，但令我感到悲哀的是这是全区的科学教师骨干，只是科学课里的一个沉浮实验，我们老师用的时间要比学生还多。

开心的浮沉子[1]

在今天的课堂里，我最早进入了教室，从资料上知道了今天要弄的实验是关于沉浮的实验。自己在教材培训中已经由教材编写者培训过这样的内容了，可是在桌面上看到的材料却不太一样，讲台上有个没有见过的装置，看来，今天的课还是有不一样的地方的。

耐心地听完要求，开始动手实验操作了，我对吸管如何变成浮沉子有点迷茫，但是很快解决了这个问题。第二组出示了一个密闭的软管浮沉子材料，第三组出示的是两个悬浮的玻璃瓶材料（其中一个密闭）。大家都很快地解决了问题。紧接着第四组出示了伽利略温度计，让大家解决如果温度高达30℃的时候，如何解释温度计的工作原理。最后一组出示了沙漏形的浮沉子（初中的物理教材），这个解释的工作让大家忘记了时间，在开心的讨论中结束了今天的学习。把问题留在了后面。

这样的课程就是一个典型的探究活动，材料的组织呈现了结构性，也让材料的深度符合了成年人研究的认知结构。

沙漏浮沉子的秘密[2]

今天下午，我们分小组共同探究了浮沉子的秘密，教师们设计了一系列有梯度的探究活动。其中沙漏浮沉子的秘密，大家探究了很久，最后还是无功而返。现将网上学习后的科学原理发布如下：

一开始的时候沙漏浮沉子没浮起来，是因为沙漏浮沉子的上半部分的沙子对浮沉子壁有较大的压力，使得沙漏浮沉子与玻璃管间产生较大的静摩擦力。

当浮沉子上半部分的沙子不断地往下漏，静摩擦力就不断减小，当

[1] 农娟 发表于 2010-11-8　1：01：00。
[2] 朱坚勇 发表于 2010-11-8　0：06：00。

浮力大于静摩擦力时，沙漏浮沉子就往上运动。

看起来，“沙漏浮沉子”很好地激起了参与培训的教师的探究热情，使教师非常投入地经历了一次科学探究的过程，但是每个人的反思却各不相同，有的还沉浸在探究的快乐中，有的已经上网查资料以满足自己的求知欲（放弃了自己的独立探究），有的意识到科学教师的素质有待提高，有的感慨探究之不易，从而对学生多了一份理解。在我看来，这样的反思还过于笼统，欠缺深度。由此提出问题：

1. 什么样的探究课题能激发教师的探究欲望，使之愿意付诸探究行动？与上述活动类似的课题都能取得同样的效果吗？

2. 如何才能引导教师对自己经历的探究过程进行深刻的反思，从中思考科学探究的本质特征，从而提高对实施探究教学必要性的认识？

【实验 1】2012 年 7 月，在教育硕士暑期课程中组织教师探究电学黑箱。

出示自制的电学黑箱，提供数字万用表，问题是：你想知道黑箱内部的电路结构吗？要求：(1) 首先想一想，你该如何迈出探究的第一步？(2) 制订探究计划，实施探究。注意详细记录探究的过程。(3) 报告你的探究结论，然后展开质疑与补充论证。(4) 结束时思考，对于这个黑箱的结构，今天的研究是否可以做结论了？尽管只有一组实验器材，但教室里十余位教师的探究热情都非常高，前后做了两组测试，发现黑箱内部有电源，U_{ab}=1.6V，似乎可以确定 a、b 两个接线柱之间有一节干电池，a 为正、b 为负，但问题是 U_{ac}、U_{ae} 等都不为零，对此，谁都不敢肯定这是测量误差造成的。接着是测量电阻。从记录下来的数据看，有些教师已经正确测量了几组阻值，对内部电路结构有了初步的猜想，但是，测量数据不完整，渐渐失去探究的兴趣，结果不了了之。

探究行动结束后，笔者试图引导大家的反思，提出问题：你最初的探究欲望是否很强烈？为什么？你的探究活动受到哪些限制？今天我们没有探究出结果，假如有一个结果，你会相信吗？你还要做些什么？由此你对科学探究有了哪些新认识？关于探究教学呢？对这些问题，只有第一个问题反应强烈——人人都有好奇心！至于受到的限制，有人提到时间短（事实是还有时间就有人自动终止了探究），有人提到测量工具，说数字万用表不如老式的机械万用表好用，再无其他发言。笔者说出自己的一个反思：在完全不知道黑箱内部结构的情况下决定使用万用表进行测量，真的不知道是否有危险，说明探究具有一定的冒险性。大家表示认同，但同时认为这样的事情不会发生在教室里，“不用担心”。

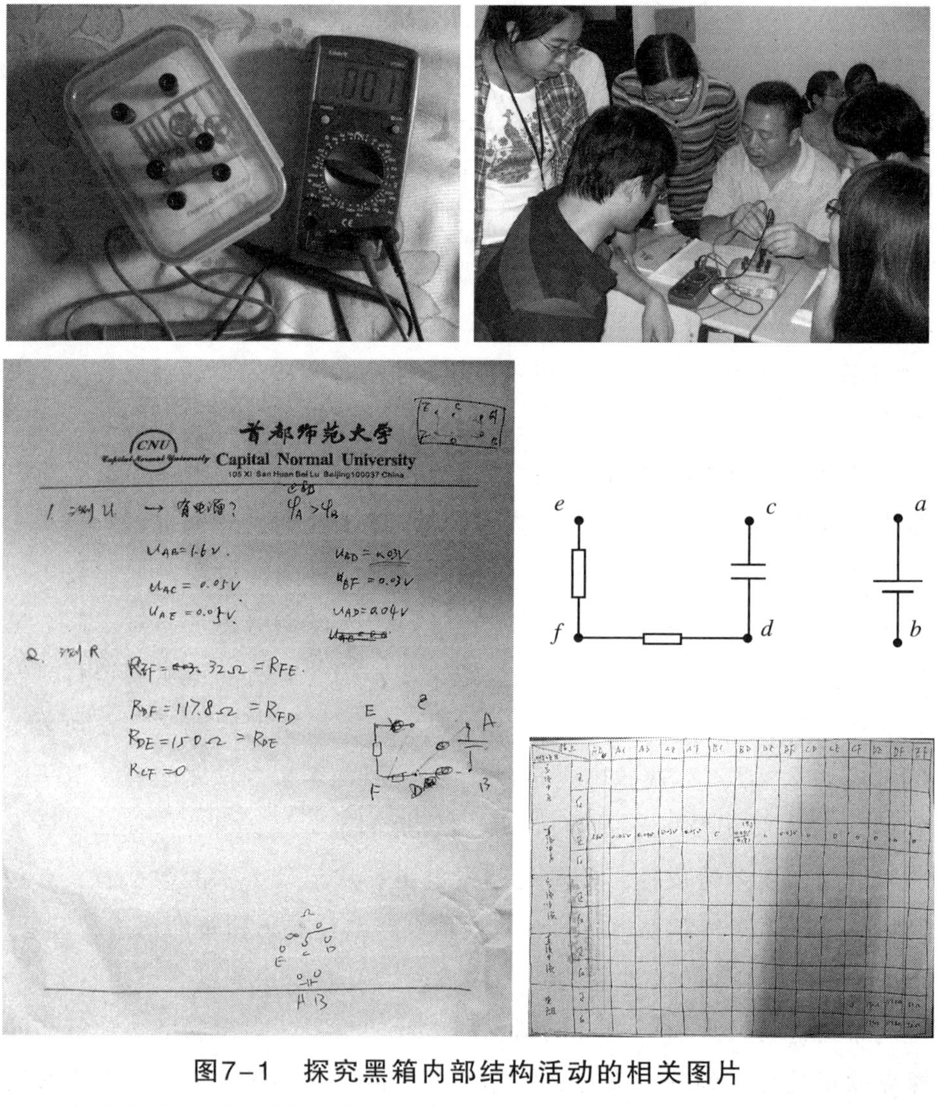

图7-1 探究黑箱内部结构活动的相关图片

由此得出结论，笔者的这个尝试不成功。原因可能是探究任务的难度偏大，又没有必须完成探究任务的管理机制，导致探究行动不能坚持到底，进而也失去了反思探究过程的兴趣。

【实验 2】2013 年 3 月，在 Y 县初中物理骨干教师培训中组织一组教师探究伽利略温度计的工作原理。

图 7-2　伽利略温度计

培训者出示伽利略温度计实物（如图 7-2），引起教师们的好奇：这是什么？原理是什么？任务：尝试解释该仪器的工作原理，并提供证据证明解释的合理性。

仪器一拿出来就引起了全体教师的关注，进而在教师手中传递。有的教师发现每个浮子下面的牌上写的是温度值，就猜到这是温度计，但“怎么用它测温度？”“为什么它能测温度？”——一个需要探究的课题就这样自然而然地生成了。因为只有一个这样的温度计，最后这个探究吸引了人数第二多的小组（6 人，最多的一组是 10 人），而且他们研究完以后，又有其他小组拿去仔细观察，主动与第一组讨论他们的解释，并做简单的实验，只是没有再写报告。

现场观察看到，他们的确是专注于探究活动的，谁有想法就说，想到了就做，对原理的解释也是在相互补充中逐步完善的，最后也为自己能做出合理的解释而自豪。

将这个活动的情形与前文中解释“沙漏浮沉子”探究活动的情形进行对比，发现一个共同的特点：这两个任务都具有一定的挑战性，且难度适中——无须太多的时间，可以利用已知知识进行解释。这两个任务达到的共同效果是都调动了教师参与探究实践的积极性。

能否促使教师加强反思呢？现场观察看到，这组教师的探究有一个从无序到有序的过程，最初是没有计划的，想到什么就去试，直接把伽利略温度计放到了盛热水的大烧杯中（水温至少有 60~70℃），完全没有想到仪器的使用规范和安全。慢慢地有了一点思路之后，他们开始有计划地观察与实验，在伽利略温度计的液面处做标记，观察液面的变化；找来实验室温度计，将两个温度计测得的温度值进行了比较；等等。但是，这些教师缺乏严格记录数据的习惯，而且实验中他们发现两种温度计示数不同，曾议论说伽利略温度计只是一种装饰品，肯定不准确，于是归结为误差，也没有写进实验报告。对于浮子的状态描述也很粗略。对于这些问题，教师们没有主动、自觉地反思，即使培训者提出反思的要求，完成的也只是如图 7-3 所示的实验报告。从报告可以看出，他们在完成探究之后对整个探究过程进行了梳理，理清了探究的思路，但教师自己没意识到这也是反思的成果。他们认为的反思成果是最后的“延伸”，提出可以根据需要制作不同测温范围的伽利略温度计，反映出教师的反思习惯是指向行动的（很多教学反思都是说今后怎样做），不会主动思考事物的本质。

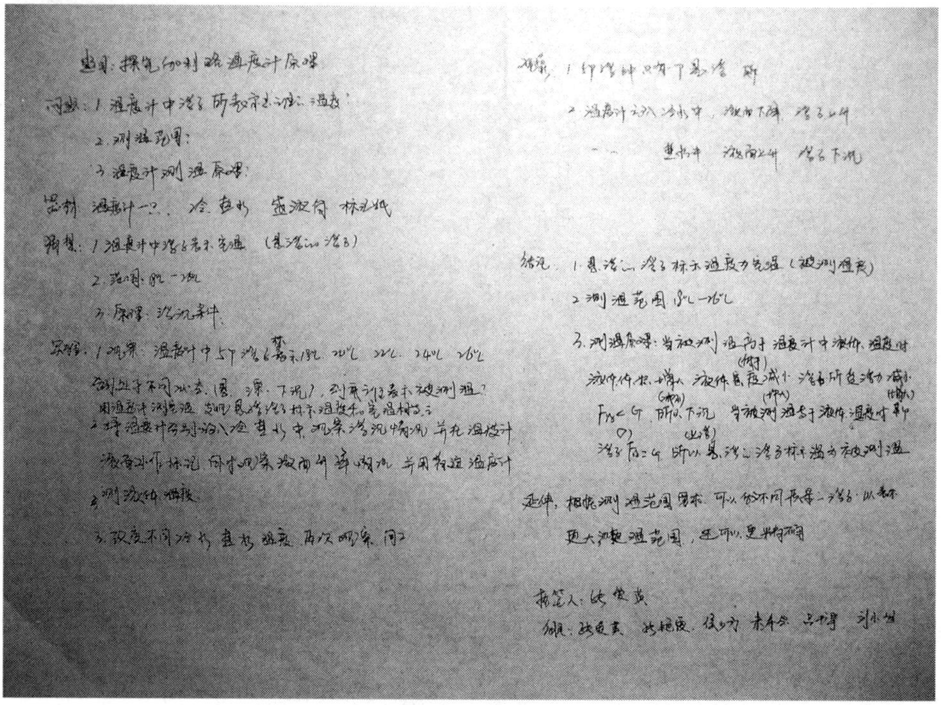

图7-3　探究伽利略温度计小组的实验报告

【实验 3】2013 年 3~4 月，在 Y 县初中物理骨干教师培训中组织除一组之外的教师围绕阿基米德定律实验的教学问题展开探究。

开展这项活动的背景是：上一次研修集中对 2011 年版新课标提出的 20 个学生必做实验进行了教学设计研讨，最后一次交流研讨的重点是 3 个光学部分的探究实验如何组织教学，结果在研讨中暴露出的问题已经指向教师自身缺乏对每个学生实验的独立探究，因此决定这一次研修从做学生实验开始。活动现场，培训者提问：在以往的教学中你是如何让学生相信浮力与液体的密度有关？你认为你的数据有说服力吗（通常教师只会演示物体在水和盐水中所受浮力不同的现象）？这节课中的其他实验是否也有类似的问题？任务：实验探究，提供更多有说服力的证据证明浮力与液体的密度有关，与排开液体的体积有关，与物体的密度无关，与物体浸没在液体中的深度无关……

尽管培训者质疑了他们平时教学可能证据不足的问题，但这个问题始终没有成为教师认可的问题，于是“探究”就变成了“做实验”。附录13提供了这次活动的实验课题、分组情况、提交报告份数等信息。图7–4和图7–5分别是两个小组的实验报告，具有一定的代表性。

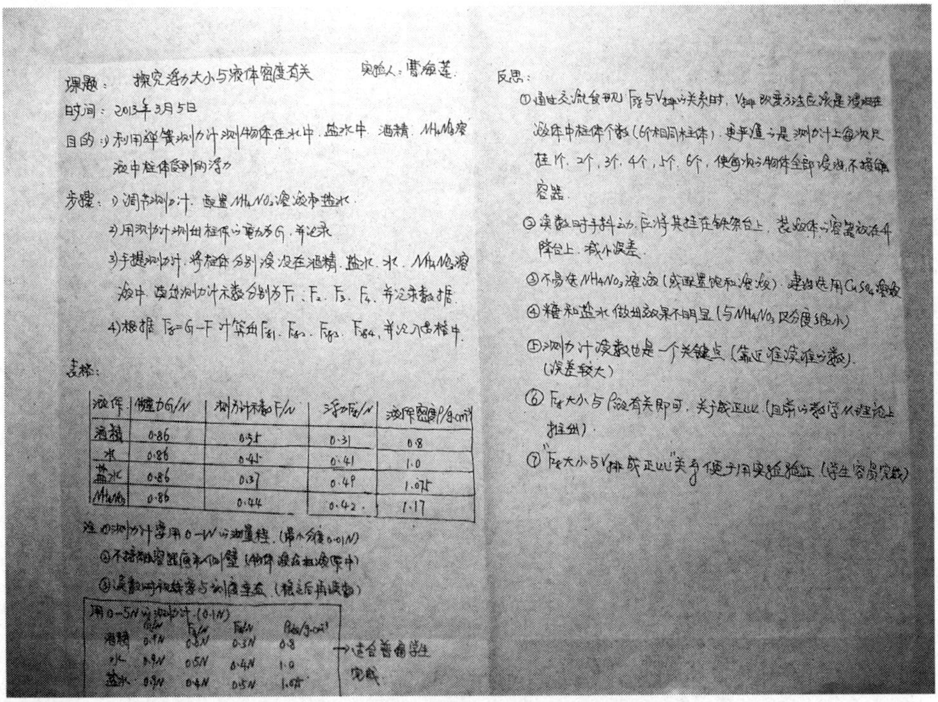

图7–4　CHL小组的实验报告

CHL小组的实验报告课题写的是“探究浮力大小与液体密度有关”，而不是探究浮力大小与液体密度是否有关或有什么关系，并且明确表达实验的目的是“利用弹簧测力计测量物体在水中、盐水中、酒精中、硝酸铵溶液中柱体受到的浮力”。除了课题冠以“探究”二字，无论是探究的内容还是目的，都是测量数据，证明已知结论。GLW小组的报告也写道：实验题目是“探究浮力大小与排开液体重力的关系”，实验的设想是“想得出与阿基米德原理一样的结论”。第一次探究活动的实验报告（或反思报告）共计16份，与此相同表现的有4份，没写实验目的的有10

份，还有 2 位教师的“设想”类似于提出猜想，如“设想：小组成员分别提出与 $G_{排液}$、深度、$V_{排}$及$\rho_{液}$的关系”，即时时刻刻都保持着教师的身份，想着教学问题，不能转换角色到“未知问题的探究者”。轻视实验数据的现象在每一份报告中都有体现。从报告中可以看出，大多数教师缺乏探究意识，并没有真正去探究，而是在完成实验任务。

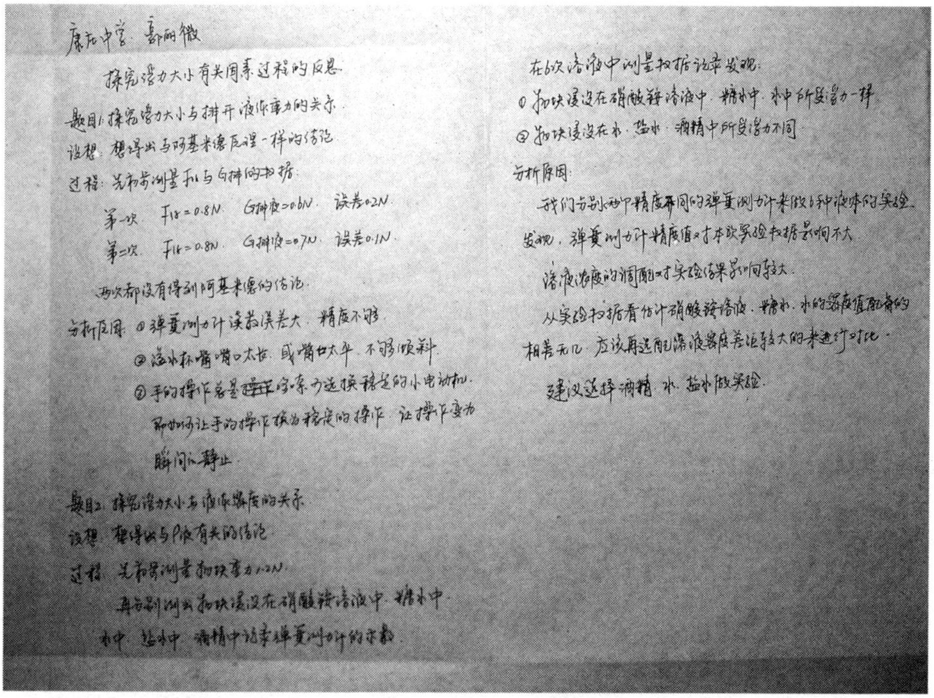
康龙中学 郭丽微

探究浮力大小有关因素过程的反思

题目1：探究浮力大小与排开液体重力的关系

设想：想得出与阿基米德原理一样的结论

过程：先初步测量F浮与G排的数据

第一次 F浮=0.8N G排液=0.6N 误差0.2N

第二次 F浮=0.8N G排液=0.7N 误差0.1N

两次都没有得到阿基米德的结论

分析原因 ①弹簧测力计读数误差大 精度不够

②溢水杯嘴嘴口太长 或嘴口太平 不够倾斜

③手的操作容易~~摇晃~~，应该换稳定的小电动机

那如何让手的操作成为稳定的操作 让操作变为瞬间静止

题目2：探究浮力大小与液体密度的关系

设想：想得出与ρ液有关的结论

过程：先初步测量物块重力1.2N

再分别测出物块浸没在硝酸铵溶液中、糖水中、水中、盐水中、酒精中时弹簧测力计的示数

在6次溶液中测量数据后发现：

①物块浸没在硝酸铵溶液中、糖水中、水中所受浮力一样

②物块浸没在水、盐水、酒精中所受浮力不同

分析原因：

我们分别用了精度不同的弹簧测力计来做6种液体的实验，发现，弹簧测力计精度值对本次实验数据影响不大。

溶液浓度的调配对实验结果影响较大。

从实验数据看估计硝酸铵溶液、糖水、水的密度值配备的相差无几，应该再选配溶液密度差距较大的来进行对比。

建议选择酒精、水、盐水做实验。

图7-5 GLW小组的实验报告

由此得到的初步认识是：在培训中加入探究任务，能够迫使教师经历探究实践，但教师有可能是在缺乏探究意识的情况下做出行动，不易发生自觉的反思，其经历也就失去体验的意义。因此需要培训者就教师的实践给出反馈意见，质疑其探究的科学性，引导他们对科学探究与探究教学的反思。因此有了 2013 年 4 月的后续培训内容——培训者就上次的活动反馈意见。反馈报告的演示文稿如图 7-6。

回顾上次活动内容

- 探究伽利略温度计的原理
- 浮力大小与液体密度关系实验方案研究

探究实验的目的是什么？

- 课题：探究浮力大小与液体密度有关
  ——是否有关；有什么关系；相关性
- 目的：利用弹簧测力计测物体在水中、盐水中、酒精中、硝酸铵溶液中柱体受到的浮力
  ——以测量为目的？
- 课题：探究浮力大小与排开液体重力的关系

设想：想得出与阿基米德原理一样的结论
——指向已知结论，违背科学精神

关于数据

- 态度问题
  ——如实记录
  ——原始数据（状态、数值）
  ——力求精、准（大胆猜想、小心求证的依据）
- 素养或基本功
  ——对误差的认识与表达

液体	$\rho_{液}/(g\cdot cm^{-3})$
酒精	0.8
水	1.0
盐水	1.075
NH_4NO_3	1.17

准确表达

- 变量
  ——例如，是物质还是密度？（概念问题）
- 结论
  ——例如，是“浮力与液体的密度有关”，还是“液体的密度越大，对浸入其中的物体产生的浮力越大”？（程度、分寸）

对结果的讨论

液体	物重G/N	测力计示数F/N	浮力$F_{浮}$/N	$\rho_{液}/(g\cdot cm^{-3})$
酒精	0.86	0.55	0.31	0.8
水	0.86	0.45	0.41	1.0
盐水	0.86	0.37	0.49	1.2

实验结论：浮力大小与液体密度有关

第一次：$F_{浮}$=0.8N；$G_{排液}$=0.6N；误差0.2N

第二次：$F_{浮}$=0.8N；$G_{排液}$=0.7N；误差0.1N

（绝对误差；相对误差；偶然误差；系统误差）

两次都没有得到阿基米德的结论。

分析原因①②③……——谁是主要因素？

实验报告

逻辑：问题—与问题对应的方法—证据—结论—评估信度

验证性或测量性实验
- 实验题目
- 实验目的
- 实验原理（包括装置）
- 器材
- 操作步骤
- 记录
- 数据处理
- 结论
- 讨论（误差分析）

探究性实验
- 实验题目
- 猜想、假设
- 实验方案（包括变量的控制与测量、装置图）
- 记录数据
- 数据处理
- 结论
- 讨论

图7-6 指导教师反思科学探究实践的培训内容节选

这次反馈意见集中指出了这些教师在与学生同水平的探究实验中暴露出的科学探究素养的种种问题。需要指出的是，当时恰逢北京市各区县都在着力准备初中教师全员参加教师基本功考试，物理教师的考试内容包括实验及实验教学的基本功。教师们听得都非常认真，而且不久后就看到了一点效果。2013 年 Y 县初中教师专业能力测试试卷—物理的第 25 题如图 7-7 所示。试题以一位学生的实验报告为素材，要求教师“请你判断这份实验报告的实验步骤中是否有问题，若有问题，请予修改”。

在35份答卷中除1份未回答此题外，34份都指出“应多次改变F板的位置，使之从与E板不共面逐渐旋转到共面再到不共面，观察在F板上是否始终能看到反射光线，否则无法证明反射光线与入射光线、法线在同一平面内”。35份答卷中有25份明确指出学生提出的问题“有问题。应改为：光反射时，反射光线跟入射光线和法线是否在同一平面内？”，尽管这并不是试题要求教师指出问题的地方。典型答卷如图7–8。

25．下面案例是小明同学“探究光的反射规律”的实验报告的一部分。

探究光的反射规律

一、提出问题：光在发生反射时，

1．反射光线与入射光线、法线有什么样的位置关系？

2．反射角与入射角有什么关系？

二、猜想假设：光在发生反射时，

1．反射光线、入射光线与法线在同一平面内

2．反射光线与入射光线分别位于法线的两侧

3．反射角等于入射角

三、设计实验：

（一）实验器材和装置：激光笔、光的反射定律演示仪（包括小平面镜M、平板E和F、量角器等，如右图）

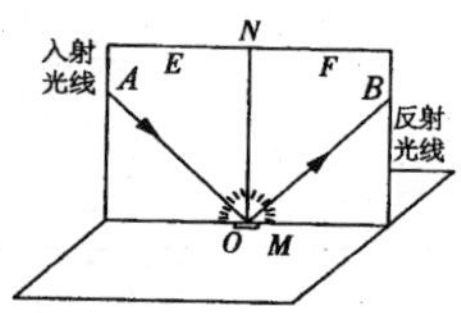

（二）实验步骤：

1．将F板旋转到与E板在同一平面，用激光笔发出一束沿E板AO方向射向O点的光，观察在右侧F板上能否看到反射光线OB（如图），并记录现象。

2．将入射光线沿着右侧的F板BO方向入射，观察反射光线的位置并记录现象。

3．调整激光笔的位置，让入射光线AO以入射角$i=10^\circ$入射，量出反射光线OB的反射角r的大小，并将数据记录在表格中。

4．改变入射光线AO的入射角i，分别以20°、30°、45°、60°、75°入射，量出相应的反射角r的大小，并将数据记录在表格中。

（1）请你判断这份实验报告的实验步骤中是否有问题，若有问题，请予修改。

（2）请按照你认为正确的实验步骤设计出记录实验现象和数据的表格，并填写实验记录。

图7–7　Y县初中教师专业能力测试试卷—物理第25题

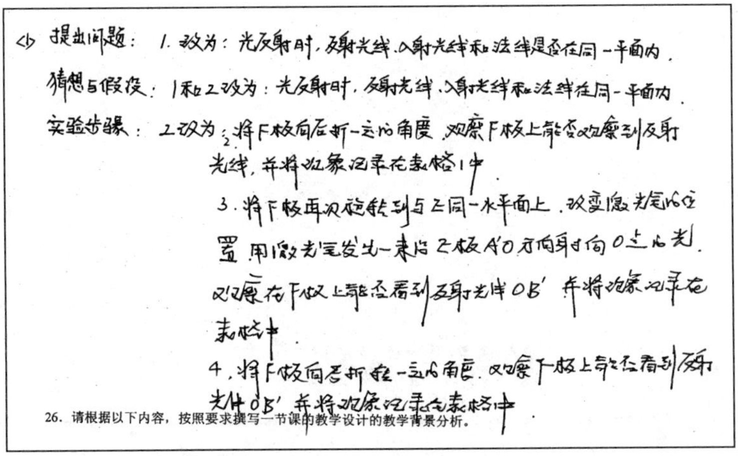
(1) 提出问题：1. 改为：光反射时，反射光线、入射光线和法线是否在同一平面内。
猜想与假设：1和2改为：光反射时，反射光线、入射光线和法线在同一平面内。
实验步骤：2改为：2.将F板向后折一定的角度，观察F板上能否观察到反射光线，并将现象记录在表格1中。
3.将F板再次旋转到与E同一水平面上，改变激光笔的位置，用激光笔发出一束沿E板AO方向射向O点的光，观察在F板上能否看到反射光线OB'，并将现象记录在表格中。
4.将F板向后折转一定的角度，观察F板上能否看到反射光线OB'，并将现象记录在表格中。
26．请根据以下内容，按照要求撰写一节课的教学设计的教学背景分析。

图7–8　Y县教师专业能力测试答卷示例

从这样的结果可以得出初步的结论：在外界有比较强力的要求的情况下，要求教师经历中学物理教学涉及的物理问题的科学探究，引导教师从中发现自己科学探究素养的不足，对于提高教师对科学探究要素的认识有一定的效果。

总体来说，实证研究初步证明，专家的理论讲座、探究教学案例研讨、观摩科学探究过程、对身边物理问题的探究实践等对教师理解探究教学有促进作用；在培训中加入探究任务，能够迫使教师经历探究实践，但任务的难度会影响探究欲望的持续性；另外教师有可能是在缺乏探究意识的情况下做出行动，不易发生自觉的反思，但通过反馈评价，指出教师在探究实践中的问题，可以提高教师对科学探究要素的认识。

第八章 总结与展望

选择本书课题展开研究，目的是了解当前我国中学物理教师探究教学观的真实现状，发现问题，找到影响因素，为开展旨在促进教师专业发展、提高物理教育教学质量的教师培训提供依据。

第一节 结论及建议

一、中学物理教师探究教学观的现状

通过前文的取证分析，可以说本书初始阶段预设的教师探究教学观的双层结构是成立的，并且发现，语言表达层面即理想的探究教学与实际可实施的探究教学存在差异。

作为可用语言表达的探究教学观，教师心中有着不甚清晰但坚信是正确的理想的探究教学，那就是“让学生经历科学探究的过程”，这样可以激发学生的学习兴趣，发展学生多方面的能力，促使学生学得更好、掌握得更牢固。总之是对学生的发展大有好处。

但当考虑到探究教学的常态实施，教师们普遍认为“评价”与“课时”（其实也与评价有关）是制约探究教学实施的最大障碍。此时，教师认为只要在课堂上呈现科学探究过程，把科学结论的得出过程展示出来，就算是探究教学了。在策略上，一堂课不一定完整体现科学探究的七要素，可以有所侧重，目标仍然是口号式的“学习研究问题的方法”“发展科学思维能力”“加深对所学知识的理解”“培养学生的创新意识、实践能力”“使学生学会合作”等。

到了用教学行为表达的层面，广大教师努力实践的探究教学是在教师“指导”下让学生参与部分探究环节的课堂教学。实践中，很多教师在努力探索教师指导的时机，尽力教学生探究技能，培养学生的探究能力，但表现出对学生行为的超强控制，教学内容中缺少教学生理解探究，探究过程中偏重形式上的“探”，忽视“究”的过程与本质。

具体到本书考察的教师探究教学观的三个维度，*X* 维度——教师对“什么是探究教学”的认识现状是：

（1）用语言表达的整体认识表述为“探究教学就是让学生经历科学探究的过程”，同时，教师也认识到，探究教学应该重视学生的活动，让学生有更多的机会参与探究过程。

（2）用教学行为表达的整体认识为“只要教师呈现科学探究过程”，

即只要不是不讲道理地灌输知识，而是把科学结论的得出过程展示出来，就算是让学生经历探究过程了。虽然教师还在追求让学生参与探究活动，但严重忽视对学生思维参与的要求。

（3）教学内容中缺少理解探究，实施策略中偏重“探”忽视“究”。大多数的结论与数据之间没有真正意义上的联系，说明教师缺乏证据与论证的意识，所理解的科学探究更多地在于形式，未认识到科学探究的本质特征是求真与批判性思考。

Y 维度——教师对“为什么要实施探究教学”的认识现状是：

（1）用语言表达的整体认识是认为探究教学有利于学生发展科学思维能力、加深对所学知识的理解；有利于培养学生的创新意识、实践能力，使学生学会合作；有利于调动学生学习的积极性；也有利于促进学生对科学探究、科学本质的理解。

（2）在实践层面的整体认识与理解层面的认识具有一致性，同样希望通过探究教学调动学生学习的积极性，巩固、深化学生对知识的理解，教给学生研究问题的方法，培养学生分析问题、解决问题的能力以及创造力。同时，在实践中特别强调落实学生的主体地位，让学生获得成功的体验，等等。

（3）对照我们关于探究教学目标的理论认识，中学物理教师关于“为什么要实施探究教学”的认识中较少具有培养学生健康人格的成分，或者说是尚未达到“培养具有独立思考意识与能力的人”的高度，所关注的科学态度以及对科学的认识重点在于实事求是、辩证地看问题、科学就在我们身边、应关注科学知识的社会应用等。

Z 维度——教师对“探究教学实施条件与实施策略”的认识现状是：

（1）关于探究教学的实施条件，中学物理教师在语言表达层面的认识与在教学行为表达层面的认识呈现矛盾的状态。在语言表达层面，教师认为探究教学在日常教学中难以实施，根源是整个社会的价值观——以考试成绩为评价教学质量的重要标准，导致教师最关注的是完成教学任务，而这个“任务”的主体是传授知识并让学生熟练掌握，使得教师认为没有时间开展需要花大量时间的探究教学，即教师们认为实施探究教学的条件是整个社会价值观的改变。在教学行为表达层面，按照课程改革的理念在公开课的场合实施探究教学时，教师又认为探究教学几乎是无条件的，尤其是关于探究教学课题的选择，教师主要是从展示的角度思考“什么课题更有利于展示自己的探究教学水平与特色”，而不是为了实现探究教学的目标而甄选恰当的课题。具体来说，教师们认识到探究教学需要时间，需要探究的氛围，需要材料、设备，需要学生具有相应的知识与能力，也需要教师提高自身的素质并投入更大的精力，但教师们并不去呼吁争取改善条件，只是在自己可以努力的范围内寻找一些解决的策略。

（2）关于探究教学的实施策略，在语言表达层面，教师的认识可以概括为笼统的一句话——“探究教学没有固定的模式”，稍微具体一点的认识也只是“不必完整体现科学探究的全部七个要素”。在教学行为表达层面，教师们实施的都是有指导的探究教学。就如何指导学生“经历部分探究环节、获得探究体验、学会探究方法、获得正确的知识结论”（教师理解的探究教学），中学物理教师普遍认识中的策略是：教师创设问题情境，激发学生的探究欲望（实际可能只是求知欲）；教师提问，引导学生思考的方向；给学生一些提出猜想、设计实验方案、归纳得出结论等的机会，教师再给予指导；教师用实验指导卡或学习指导卡规范学生的探究行动；师生“共同得出”已知的结论。关于“教探究”，在实践中异化为“教考试要考的探究技能”，教学策略多为应试训练，由此产生了一些非常机械、教条的程序和规则。

其中特别值得注意的是：

首先，无论是在哪个层面，教师都普遍缺乏对科学探究要素的深刻理解：①误以为创设了物理情境就等于提出问题了，自身缺乏明确提出问题的意识与能力，更难以对科学问题进行甄别与评估；②知道猜想不等于“随便猜”了，但还不清楚科学研究中的猜想、假设、假说有什么联系与区别；③“控制变量”成为科学探究唯一被强调的方法；等等。教师认为社会评价制约探究教学的实施，而我们认为，是教师的学科素养，特别是对科学探究本身的理解深深地影响着教师对探究教学的态度。

其次，无论是在哪个层面，教师都普遍忽视了探究教学培养学生独立思考、理性批判思维品质的目的，忽视了引导学生理解科学、认识科学的本质的任务。

再次，探究教学观的三个维度是相互关联的。教师在公开课上实施探究教学的目的是为了体现新课程的理念，并非完全为了培养学生的探究能力。从培养能力的角度看，教师指导的目的应该是为了不指导，这样学生在离开教师指导的情况下才有能力独立探究。教师对学生行为的超强控制（或称为指导）更真实的追求是课堂教学的效率。

最后，还应该指出，上述中学物理教师探究教学观现状描述来自对有限样本的调查与观察，不能因此否认一批优秀的物理教师，他们甚至是在新世纪课程改革之前就自发地拥有探究教学的思想与行为。中国教育学会物理教学专业委员会在成立30周年之际编撰了一本《育林撷英——物理名师教育思想集》，记述了30多位在我国中学物理教育界有重要影响和杰出成就的物理教育研究者和特级教师，他们的教学观点与行为就是证明。

二、中学物理教师探究教学观的影响因素

探究教学案例、个人所处的探究教学环境（舆论、研修条件）、对教学理论的学习、个人成长经历、探究教学实践、探究实践、对探究教学以及科学探究的思考与反思、对学生认识物理问题过程的换位思考、对科学本质的认识这9个因素是影响教师探究教学观的主要因素。其中前4个是基础性因素，教学实践与思考是形成探究教学观的直接因素，而个人的探究实践、科学本质观以及对学生认识过程的换位思考可能成为促进教师形成正确探究教学观的“脚手架”。

初步的实证研究发现：

1. 探究教学案例可以直接为教师提供关于实施探究教学的策略性经验。

2. 专家讲座（属于影响因素中的教学理论学习要素）可以直接影响教师对“什么是探究教学”语言表达层面的认识。

3. 如果专家讲座结合对探究教学案例的分析（可视为引导教师对探究教学进行反思与思考），可以深化教师对“什么是探究教学”与“如何实施探究教学”的认识。

4. 观摩他人的科学探索过程并进行讨论，对教师探究教学观中各个维度的认识都有作用，但主要是语言表达层面的。

5. 开展一些探究实践活动，对提高教师关于科学探究要素的理解有帮助。

三、相关建议

依据研究结论，本书可以给政策制定者、培训者提出的建议是：

1. 提升教师的科学探究能力，提高教师对科学探究、科学思维的认知与理解，是当前中学物理教师探究教学观中亟待解决的首要问题。

因为从本书对中学物理教师探究教学观现状的诊断看，这是最薄弱的环节。如果教师自身缺少探究经历，不可能对科学探究有深刻的体会，也就很难将科学探究变成一种思维习惯，在课堂教学中随时抓住教学生探究的机会，因此，教学生探究只会是纸上谈兵走过场。除了经历，还需要引导教师加强学习，提高教师对科学探究诸要素的理解。

在培训管理与组织策略上，应该充分尊重教师在专业发展道路上的主体地位。我们希望教师认识到学生是学习的主体，不要把学生视为接受知识的容器，那么，教师自己应该首先感受自主学习、自主发展的愉悦与责任担当。只有教师养成了独立思考的习惯，才可能言传身教地影响学生。

2. 加强理论引领（包括引导教师自学）。这不是灌输，而是讲道理。既然研究发现教学理论学习（主要是理解教育的根本目的与学生究竟是如何学习的）、教师对科学本质的认识影响教师的探究教学观，那么就应该想办法为教师提供多种多样的理论学习资源，如专家讲座、理论书籍、通俗一些的专题研讨、通俗读物，等等，让教师有机会了解当代教育学、学习心理学、科学哲学的思想，帮助教师在与先进思想的碰撞中形成自己的探究教学观。

3. 为广大教师实施探究教学营造良好的舆论环境，引导教师去实践、去反思。很多教师把自己贯彻新课程理念的实践比喻为“带着镣铐跳舞”，束缚教师手脚的“镣铐”指的就是种种不利于教师实施探究教学的管理制度、评价制度。改变教师的教学观念，形成探究教学观，不完全是教师个体的问题，需要全社会各方面因素的互动，至少首先应在教育系统内部多多营造交流和研讨的氛围，引导教师多站在学生的角度想问题，想学生现在的需要、将来的需要，想学生面对这个科学问题时会怎么思考。可以多提供一些优秀的探究教学案例，让教师们看了真的受启发。

相应的，给中学物理教师的建议是：

1. 要意识到教师专业发展是自己的事，要自己审视、判断探究教学的合理性，最终决定如何提高自己对探究教学的认识与实践能力。

2. 作为科学教师，不仅要更好地理解学科知识，更要深刻认识科学的本质。

当代教师的成长经历几乎注定了我们普遍接受的是培根的科学观——科学是客观真理，科学知识是科学家发现的，等等。物理学历史上对于光的本质的认识过程可谓旷日持久——从古希腊人认为光由一束束微小粒子组成到今日科学认为光具有波粒二象性，已经经历了几十个世纪。17 世纪，两位伟大的科学家（惠更斯与牛顿）分别提出光的波动说与光的粒子论，并分别用自己的理论解释了一些当时已经发现的光现象。受当时人们所拥有的知识的局限（当时人们都相信波不能穿越真空，还没有发现光的干涉、衍射现象等），大多数科学家都倾向接受牛顿的光粒子理论，因为这个理论有更强的解释能力（尽管现在看来牛顿的某些解释并不正确），也因为牛顿具有更高的权威声誉。然而，人类始终不会停止探究的脚步，杨氏双缝干涉实验为光的波动理论提供了证据。正当波动说占据上风的时候，光电效应又不得不用“光由一束束光子组成”来解释，导致德布罗意提出组成万物的粒子都有波动性。从这段历史人们就可以看到，定律和理论在科学上是不同类型的知识：科学定律是对大自然各种现象之间的关系或自然规律的描述；科学理论是对这些规律和现象所做的解释。建立或发展科学知识需要人类不懈的努力，而科学知识是会变化的，有时甚至具有革命性。证据能建立或否定一套理论，人们在选择自己所接受的理论时的一个重要标准是“好的理论应能解释更多的科学规律”。人们相信证据，但当证据不足时，又都倾向于信任权威。[1]以往，我们往往通过物理学史宣传科学家追求真理的献身科学、锲而不舍的意志品质，近年来，已有运用物理学史对学生进行科学本质教育的研究报告。建议广大物理教师深入研读物理学史，从中好好体会科学知识究竟是如何得出的，用科学家们在建构物理学大厦过程中的典型事例支撑自己的科学本质观，特别是现代物理的事例。量子理论、统计理论、耗散结构理论等，这些物理学的新进展促进了科学哲学认识的巨大进步，这也将是教师重塑自己科学本质观的一个重要途径。

3. 处在变革的时代，注定了当代教师要有更多的付出——自己做学生时没学过探究，却要带着学生一起探究并指导学生们的探究，这比教学生自己没学过的知识难多了。因此，当代教师还要补自己经历科学探究这一课，并在这个过程中逐渐让探究成为自己的科学思维习惯。一旦真正实施探究教学我们就会发现，自身的科学素养还很不足，使得我们甚至没有自信去驾驭课堂探究教学。因此，教师亟须努力提升自己的科学素养，这同时也是教师的一项长期任务。

[1] 参考香港科学本质教育课例“光的本质”的演示文稿。

第二节 反思与展望

一、关于自身角色对研究结果的影响

必须承认，研究中的“我”不可避免地带有主观性，特别是在影响因素研究部分，个人的视野、经验对发现影响因素是有影响的。为了保证研究的科学性，笔者做的两点努力是：

（1）对一些带有个人主观成分的内容进行明示，例如，寻找影响因素时单独用一节篇幅来呈现对笔者探究教学观来源的反思。明示的目的是有利于读者做自己的思考与判断。

（2）在分析、处理数据时尽可能不预设结论，将自己置于客观的立场，对一些问题尽可能从多个角度获取数据进行比对。例如，对于教师探究教学观现状的结论经过问卷调查与教学设计文本分析的互证；影响因素间的关系经过多次与专家、专家组的讨论，反复修改对影响因素内涵的表述，使之概念更加明确，协调不同专家的意见，尽可能达成一致的认识。

二、本书的创新点

1. 借鉴教师个人教育观念系统结构模型，结合对探究教学的理论梳理，建构了中学物理教师探究教学观的分析框架，纵向可考察教师对探究教学的理解、内化水平，横向可在上述两个层面内分别考察教师对探究教学整体认识与对科学探究各要素的具体理解。在对探究教学理论认识的梳理中，基于已有研究文献，指出以人为本的教育理念、建构主义学习观以及现代科学本质观是探究教学的理论基础；探究教学的目标是促使学生更好地理解科学知识、发展面向未来的能力、养成健康的人格；“理性批判思考”“真正以学生为主体”“将科学探究作为教学内容”是探究教学的本质特征。讨论了探究教学的实施条件与一些实施策略；提出了探究教学的局限性，从理论上深化了对探究教学的认识；提出了现阶段物理教师应有的探究教学观的具体内容。

2. 根据研究的问题选择研究方法。对现状的调查注重基于教学实践

情景、与研究活动相结合的问卷调查和文本分析相结合，质性研究中又有定量统计；教师探究教学观影响因素研究通过文献综述、自我反思、个案观察、现场访谈、专家问卷与教师问卷等多种途径寻找影响教师探究教学观的主要因素，并尝试运用系统科学的方法探讨各因素之间的层级关系，在有限的条件下仍努力做了部分实证研究。

3. 研究结果较为立体地呈现了中学物理教师探究教学观的现状，且关注到教师探究教学观真实、生动的细节；运用系统科学方法建立的探究教学观影响因素解释结构模型对教育政策制定、教师培训策略选择具有一定的参考价值。

三、本书的不足之处与对进一步研究的展望

现状研究整体上是在边研究边修正自己对探究教学的理论认识的过程中进行的，因此，一些初始阶段开发的研究工具在分析、解释数据时暴露出设计中的缺陷，不能完整回答自己建立的分析框架所提出的全部问题。另外，研究样本的选择虽然尽可能考虑对全国、对初高中全学段的覆盖，但缺乏对不同层次教师探究教学观念的考察，有待进一步修改问卷，获取更多的定量以及质性材料数据，来扩展对教师探究教学观现状的整体认识。

促进教师探究教学观转变与发展的实证研究实际上才刚刚开始，其中最大的困难是研究者预设的研究方案在实施中总是受到各种因素的干扰而无法落实。因此，还有许多问题需要寻找对策，许多工作需要开展，这将是一项长期的研究。

本书从开题论证到完成耗时整整四年，而笔者关注中学物理在职教师观念转变这一课题的时间更长。通过长期与一线中学物理教师交流、对话，最深切的感受是：教师专业发展的主体是教师，我们应该像强调“以学生为主体”那样，在试图促使教师转变观念、提高专业素养的时候，也真正以教师为主体，把以人为本的理念落实到教师培训工作中。

参考文献

[1] 中国科协发布第九次中国公民科学素质调查结果[EB/OL].[2015-09-19].http://education.news.cn/2015-09/19/c_128247007.htm.

[2] 唐小为，丁邦平."科学探究"缘何变身"科学实践"——解读美国科学教育框架理念的首位关键词之变[J].教育研究，2012(11)：141-145.

[3] 杜悦.科学教育亟需突破应试瓶颈——有关我国基础教育科学教育的观察与思考[N].中国教育报，2012-10-25(07).

[4](美)国家研究理事会科学、数学及技术教育中心《国家科学教育标准》科学探究附属读物编委会.科学探究与国家科学教育标准——教与学的指南[M].罗星凯，等译.北京：科学普及出版社，2004.

[5](美)国家研究理事会.美国国家科学教育标准[M].戢守志，等译.北京：科学技术文献出版社，1999.

[6] ABD-EI-KHALICK F，BOUJAOUDE S，DUSCHL R，et al.Inquiry in science education：International perspectives[J].Science Education，2004，88(3)：397-419.

[7]进藤公夫.理科授業改革におけるボトムアップ·アプローチの勧め[EB/OL].http://certcms.shinshu-u.ac.jp/jsse/kenkyu/070114.pdf.

[8] 段云华.日本教育现代化对中国的启示[J].湖北成人教育学院学报，2001(1)：8-10.

[9](日)文部科学省.高等学校学習指導要领[J/OL].[2011-03-30].http://www.mext.go.jp/component/a_menu/education/micro_detail_icsFiles/afie-lfile/2011/03/30/1304427-002.pdf.

[10] 孟令红.日本探究式科学教学的特点及其对我国的启示[J].当代教育科学，2009(12)：53-56.

[11]美国国家科学基金会教育与人力资源部中小学及校外教育处.探究——小学科学教学的思想、观点与策略[M].罗星凯，李萍昌，吴娴，等译.北京：人民教育出版社，2003.

[12] 美国基础科学教育框架（译文）[EB/OL].[2012-11-27].https://www.douban.com/note/249432635/2012-11-27.

[13] 王文锦.礼记译解（下）[M].北京：中华书局，2001.

[14] 刘新科.具有中国特色的教学理论——《诱思探究教学导论》评介[J].陕西师范大学学报（哲学社会科学版），1996（2）：172-173.

[15] 李卫东，冯亚哲.张熊飞主持的“诱思探究教学改革实验研究”通过国家级鉴定[J].陕西师范大学学报（哲学社会科学版），1995（4）：173.

[16] 王文清，郭玉英.我国中学物理教育中的探究教学思想溯源[J].物理教师，2013，34（6）：4-6.

[17] 高德建.教师怎样组织和指导探究教学[J].外国教育研究，1986（2）：43-47.

[18] 中华人民共和国教育部.基础教育课程改革纲要（试行）[EB/OL].[2001-09-26].http://www.edu.cn/20010926/3002911.shtml.

[19] 王文清.促进认知转变的探究教学模型研究[D].北京：北京师范大学，2012.

[20] 郭玉英.学生的科学探究能力：国外的研究及启示[J].课程·教材·教法，2005，25（7）：93-96.

[21] 童海云.科学探究结构的再探究[J].科学课，2008（3）：6-8.

[22] 李华.探究式科学教学的本质特征及问题探讨[J].课程·教材·教法，2003（4）：55-59.

[23] 中华人民共和国教育部.义务教育物理课程标准（2011年版）[S].北京：北京师范大学出版社，2012.

[24] 中华人民共和国教育部.普通高中物理课程标准（实验）[S].北京：人民教育出版社，2003.

[25] 范佳午，郭玉英.美国科学课程中的探究——争论、实践和启示[J].上海教育科研，2012（11）：29-32.

[26] 周仕东.科学哲学视野下的科学探究教学研究[D].长春：东北师范大学，2008.

[27] 钟启泉.新课程背景下学科教学的若干认识问题[J].教育发展研究，2008（15/16）：7-11.

[28] 刘廷功. 谈如何落实以人为本的教育理念 [EB/OL]. [2012-04-06]. http://mingxiaozhang-yantai.qlteacher.com/Studio/370624196604250014/7485.aspx.

[29] 吴向东. 论马克思人的全面发展理论 [EB/OL]. [2009-11-19]. http://hxd.wenming.cn/mkszy/2009-11-19/content_68335.htm.

[30] 古德. 儿童如何学科学——概念的形成和对教学的建议 [M]. 北京：人民教育出版社，2005.

[31] 丁邦平. 论基础科学课程与教学中“科学探究”的价值取向 [J]. 教育科学，2006，22 (2)：16-19.

[32] 卡琳，巴斯，康坦特. 教作为探究的科学 [M]. 北京：人民教育出版社，2008.

[33] 张红霞. 科学究竟是什么 [M]. 北京：教育科学出版社，2003.

[34] 李雁冰. 科学探究、科学素养与科学教育 [J]. 全球教育展望，2008，37 (12)：14-18.

[35] 查尔默斯. 科学究竟是什么 [M]. 鲁旭东，译. 3 版. 北京：商务印书馆，2011.

[36] 全民科学素质行动计划纲要（2006—2010—2020 年）[EB/OL]. [2006-03-20]. http://www.gov.cn/jrzg/2006-03/20/content_231610.htm.

[37] 郭玉英. 探究-建构式教学初探——科学教学中探究与知识建构的统一途径的探索 [J]. 课程·教材·教法，2004，24 (1)：52-55.

[38] 李春密，梁洁，蔡美洁. 中学生科学探究能力结构模型初探 [J]. 课程·教材·教法，2004，24 (6)：86-90.

[39] 范佳午. 科学探究能力的结构模型及其在科学课程文件中的表征研究 [D]. 北京：北京师范大学，2012.

[40] 刘东方. 中学生化学探究能力的构成及其发展研究 [D]. 北京：北京师范大学，2012.

[41] 马宏佳. 以科学探究为核心的科学教育教学策略研究 [D]. 南京：南京师范大学，2005.

[42] 卢慕稚，徐力. 从实践案例看物理教师学科素养对探究教学的影响 [J]. 物理教师，2013，34 (2)：17-18.

[43] 鞠玉翠 . 教师个人实践理论的叙事探究 [D] . 上海 : 华东师范大学, 2003.

[44] 易凌云, 庞丽娟 . 教师个人教育观念的基本理论问题 : 内涵、结构与特征 [J] . 湖南师范大学教育科学学报, 2006, 5 (4) : 22-27.

[45] 林静, 刘恩山 . 教师教学观念研究的概况与启示 [J] . 教师教育研究, 2009, 21 (4) : 31-36.

[46]李召存 . 关于教育观念的理论思考[J]. 教育理论与实践,2002,22(6): 6-10.

[47]林静 . 中学科学教师教学观念和教学行为研究[D]. 北京:北京师范大学, 2008.

[48] 殷蕊,从猜想到假设——试析科学探究过程中猜想与假设的关系 [J] . 中小学教学研究, 2007 (1) : 40-41.

[49] 鲍翠萍 . 谈科学课中的"假设"教学 [J] . 中小学教材教学,2005 (3): 69-70.

[50] 卢慕稚, 张友金, 闫立新 . 中学物理教师学科专业素养与课堂教学实践 [M] . 北京 : 首都师范大学出版社, 2013.

[51] 秦建云 . 生成性课堂教学的理论与实践探索 [J] . 中国民族教育, 2008 (7/8) : 54-56.

[52] EICK C J, REED C J. What makes an inquiry-oriented science teacher ? The influence of learning histories on student teacher role identity and practice [J]. Science Education, 2002, 86 (3) : 401-418.

[53] ZOHAR A. Higher order thinking in science classrooms : Students' learning and teachers' professional development [M]. Dordrecht : Kluwer Academic Publishers, 2004.

[54] 王晶莹 . 国外学者对探究教学的研究 [J] . 物理教学, 2010 (6) : 61-62.

[55] 廖元锡, 李江林 . 美国大学提供科学教师真实研究经历的课程模式及其启示 [J] . 高等教育研究, 2006 (5) : 101-104.

[56] ROBERTSON B. Getting past "inquiry versus content" [J] . Educational Leadership, 2007, 64 (4) : 67-70.

[57] 张世成．证据物理——“张世成工作室”物理教学研究之旅［M］．南京：江苏人民出版社，2011：100-101.

[58] 许国志．系统科学［M］．上海：上海科技教育出版社，2000.

[59] 汪应洛．系统工程理论方法与应用［M］．北京：高等教育出版社，1992.

[60] 唐志豪，周琦，刘险峰．支持 BPR 的解释结构模型（ISM）探讨［J］．工业工程与管理，2003（6）：75-77.

[61] 汪定伟，唐志文．企业信息化中的人机交互业务工程重构方法［J］．东北大学学报（自然科学版），2000，21（4）：357-360.

[62] 高洁．ISM 在校长培训中的应用研究［J］．现代教育科学（普教研究），2011（4）：15-16.

[63] 何刚．博士学位论文评价系统的解释结构模型研究［J］．黑龙江高教研究，2010（6）：55-57.

[64] 孔令夷．基于解释结构模型的博士学位论文质量关键影响因素分析［J］．中国高教研究，2012（4）：51-55.

[65] 赵亮，权学红．高等院校双语教学影响因素层次化分析及对策探究［J］．教育探究，2008（4）．

[66] 王燕，冼伟铨．利用 ISM 法分析以教为主的教学系统设计的要素［J］．软件导刊（教育技术），2008（9）：85-87.

[67] 朱琳，吕本富．解释结构模型的简便方法［J］．系统工程与电子技术，2004，26（12）：1815-1817.

[68] GREGORY G.Decision analysis［M］. London：Pitman Publishing，1988.

附　录

附录1　教师探究教学观问卷调查Ⅰ

中学物理教师对探究教学看法的调查Ⅰ

基本信息

性别______　教龄______　职称________　是否骨干教师______

现任教的学科及学段：初中物理（　　）　高中物理（　　）　其他（　　）

学校位于　A. 经济发达地区　B. 经济中等地区　C. 经济欠发达地区　D. 经济落后地区

学校属于　A. 省级重点　B. 地（市）级重点　C. 县级重点　D. 市区普通中学　E. 农村普通中学

学生类型：

能力：强（　　）　一般（　　）　很差（　　）

态度：勤奋好学（　　）　一般（　　）　厌学（　　）

一、请表达您对下列观点的认同度，在相应的空格里画“√”。

5——非常赞成；4——比较赞成；3——不赞成也不反对；2——反对；1——坚决反对；0——不了解相关内容，无法发表意见

序号	观点陈述	赞成 ⟷ 反对					不知道
		5	4	3	2	1	0
1	中学物理教学需要方式多样化，就目前现状来看应该大力提倡探究式						
2	探究教学的理念很好，但在日常教学中实施有困难						
3	探究教学是指用科学探究的方法教物理知识						
4	探究教学是指让学生经历科学探究的过程						
5	探究教学是指教学生科学探究的方法						
6	让学生亲自动手实验是探究教学的典型特征						

续表

序号	观点陈述	赞成 ⟷ 反对					不知道
		5	4	3	2	1	0
7	让学生尝试提出自己的解释或方案是探究教学的典型特征						
8	师生就观点进行论证是探究教学的典型特征						
9	探究教学与启发式教学的实质是一致的						
10	探究教学适合各种层次的学生						
11	探究教学最终一定要有一个标准答案						
12	物理课程标准要求的探究教学必须完整体现探究的七个要素						
13	课堂探究教学主要是体验探究的过程，真正的探究只有在课外才能实现						
14	探究有利于让学生了解物理学真实的研究过程						
15	探究过程有利于学生加深对所学知识的理解						
16	探究活动有利于调动学生学习的积极性						
17	探究教学有利于学生科学思维能力的发展						
18	探究教学有利于培养学生的实践能力						
19	探究教学有利于学生学会合作						
20	探究教学有利于培养学生的创新意识						
21	探究教学需要教师花费大量精力						
22	对于提高考试成绩，探究教学的效果不如讲授教学加练习						
23	是否用探究的方式教一定程度上受教材的影响						
24	一般来说概念教学不适合用探究的方式进行						
25	探究教学可以采用多种不同的操作模式						
26	课堂探究的问题不必一定由学生提出						
27	“为什么高跟鞋鞋跟在湿地上的压痕会比平跟鞋深”这样的问题不是科学问题						
28	探究教学需要在课堂上对所提问题是否可研究和值得研究进行判断						
29	探究教学的问题可以是学生已知结论的问题						
30	猜想与假设是科学探究必不可少的环节						

续表

序号	观点陈述	赞成 ⟵⟶			反对		不知道
		5	4	3	2	1	0
31	让学生提出猜想的主要目的是培养学生的发散思维能力						
32	让学生提出各种猜想可以暴露学生头脑中的原有认识，是一个很重要的教学环节						
33	好的猜想、假设应该是一个可以检验的命题						
34	猜想、假设对于科学研究具有重要的导向作用						
35	提出猜想、假设后应该先对其进行理性分析然后再进行实验验证						
36	探究教学应该由学生来决定需要收集什么样的数据						
37	科学探究必须控制变量						
38	通过探究教学学生应该学会选择实验器材						
39	训练学生正确地使用工具、设备、材料不是探究教学的任务						
40	收集证据的方式不包括查阅资料						
41	收集证据时要评估数据资料的可靠性						
42	分析与论证环节的主要任务就是归纳科学规律						
43	因为学校的实验条件有限，探究教学不必强调数据的精确度						
44	在时间不充裕的情况下，探究教学首先应该保证学生参与方案设计与收集数据的过程，对探究结果的讨论可以淡化						
45	评估应注意探究活动中未解决的矛盾						
46	评估环节应该就假设与实验结果间的差异进行分析						
47	在探究教学中促进学生交流的目的主要是训练学生有效地表达自己的思想						
48	经常提醒学生认真思考别人的观点对于探究教学来说并不是太重要						
49	探究教学中师生的对话比让学生交流讨论更有意义						
50	探究教学不一定要有标准答案						

二、选择排序。

1. 判断实际课堂教学是否为探究教学的关键指标是（可多选，但请按重要程度由大到小排序）：______。

A. 看教学过程是否包含有探究要素

B. 看课堂上学生是否主动思考

C. 看课堂上是否出现不同意见的争论

D. 看课堂上师生共同建构知识的过程是否科学

E. 看学生是否获得了科学的认识

F. 看教师是否教给学生探究的方法

G. 其他，请补充______________________________

2. 如果您认同“中学物理教学需要方式多样化，就目前现状来看应该大力提倡探究式”这一观念，请说出您的理由（可多选，但请按理由的权重由大到小排序；不认同此观点的可不答此题）：______。

A. 探究体现的是物理学研究的本来面貌

B. 探究活动有利于调动学生学习的积极性

C. 探究过程有利于学生加深对所学知识的理解

D. 探究教学有利于培养学生在未来的生活中具有科学探究的意识

E. 探究教学有利于培养学生在未来的生活中具有良好的探究能力

F. 其他，请补充______________________________

3. 目前探究教学在常态课中所占比例还比较小，您认为主要的影响因素是（可多选，但请按影响程度由大到小排序）：______。

A. 教师还没有完全从观念上认同探究教学

B. 教师缺乏组织探究教学的策略

C. 探究教学的效果与中、高考的要求差距较大

D. 探究教学需要教师比平时投入更多的精力

E. 班额过大，不便于组织探究教学

F. 学校硬件条件较差，不能满足学生探究的需要

G. 课程安排及其课时不足

H. 学生普遍厌学，实施探究教学的话不好管理

I. 学生的基础差，缺乏独立思考问题的能力

J. 其他，请补充____

4. 您对探究教学的看法、认识主要来源（可多选，但请按影响程度由大到小排序）：______。

A. 课标　B. 新教材　C. 理论书籍　D. 探究教学案例　E. 周围同事的影响　F. 培训　G. 自己的成长经历　H. 自己的教学实践　I. 对学生学习状态的反思　J. 对科学家研究过程的考察　K. 其他，请补充________

三、请用一句话表达您对探究教学最发自内心的看法或态度：

____。

附录2　教师探究教学观问卷调查Ⅱ（五级量表部分）

中学物理教师对探究教学的认识与看法

说明：请看教学录像，然后发表您的真实意见。其中凡是用到“探究教学”概念的地方，均以您对它的认识为依据，不必考虑他人（专家、课标等）的所谓标准答案。您的回答是下一步研修活动的基础，请认真思考，同时不要有任何顾虑。谢谢！

一、请表达您对下列观点的认同度，在相应的空格里画“√”。

5——非常赞成；4——比较赞成；3——不赞成也不反对；2——不太同意；1——坚决反对；0——不了解相关内容，无法发表意见

教学片段	序号	观点	赞成 ⟷ 反对					不知道
			5	4	3	2	1	0
0—7′ 40″ 以视频片段引入，感受摩擦力的存在，讨论产生摩擦力的条件，教师提出“猜想一下摩擦力的大小可能和哪些因素有关”	1	播放《小鬼当家》视频片段起到了引导学生发现问题的作用						
	2	没有让学生表述他们的问题，也就失去了一次培养学生提问能力的机会						
	3	即使作为探究教学，也不必一定要让学生自己提出问题						
	4	让学生认识摩擦力及其产生条件是学生探究影响滑动摩擦力因素的基础						
7′ 41″—9′ 50″ 学生提出各种猜想	5	（教师在评价第一位学生发言时说：“很好，她不仅提出了自己的猜想，还提出了一个假设——可能有什么关系”）我认为教师在这里区分“猜想”与“假设”的做法很好						
	6	教师鼓励学生说出他们想到的各种影响因素，目的是促使学生暴露头脑中的固有认识						
	7	教师应该追问学生猜想的根据						

续表

教学片段	序号	观点	赞成	⟷			反对	不知道
			5	4	3	2	1	0
9′51″—10′00″ 教师决定本节课“先来验证压力和接触面的粗糙程度这两个因素对滑动摩擦力大小的影响”	8	学生既能经历设计方案、收集数据等探究环节，结论又是本节课的知识要点，是高效的探究教学						
	9	教师代替学生做决定，偏离了探究教学的核心理念						
	10	学生猜想与速度、接触面积有关，就应该让学生探究						
	11	教师的决定可能是因为学校缺少探究其他猜想的实验器材，责任不在教师						
10′01″—15′40″ 教师提供实验器材和记录单，学生设计并进行实验	12	教师用提供实验器材和记录单的方式减少了实验方案的多样性，便于组织教学，切合实际						
	13	应该先组织学生交流他们设计的实验方案，然后再开始实验						
	14	发现学生实验操作中的问题并及时纠正也是探究教学的组成部分						
15′41″—22′00″ 学生代表汇报实验过程与结论，其他同学评价，共同讨论实验中遇到的问题	15	第一组的汇报表明他们像科学家一样通过实验发现了科学规律，他们的结论与科学结论是等价的						
	16	学生的实际水平很难达到录像中学生表现出的状态，因此日常教学很难采用探究的方式						
	17	学生的汇报交流流于形式，缺少矛盾冲突，因此不是真正的探究						
22′01″—30′00″ 研究自行车上的摩擦力及增大或减小摩擦的方法	18	就前轮是否摩擦力越小越好课堂上学生提出了不同的意见，是学生参与探究的表现						
	19	对于“上润滑油的时候，是不是减小接触面的粗糙程度”的问题，教师安排学生看书寻找答案，这也是探究的一种形式						

教学片段	序号	观点	赞成 ⟷				反对	不知道
			5	4	3	2	1	0
30′ 01″ —33′ 00″ 课堂小结	20	学生对团队精神深有体会说明本节课的探究教学是有效的						
	21	学生的感受说明这节课学生没有真正经历探究						
假想的课堂情境——猜想假设时有学生提出“曾经听说有越光滑摩擦力越大的说法”	22	明显与已知的科学结论相悖，可教育学生好好学习科学知识						
	23	超出了本节课的研究范围，表扬学生同时建议学生课后查相关资料学习						
	24	问学生从哪儿得到的相关信息，可信吗？						
	25	应该鼓励学生设计实验进一步研究						
整堂课	26	本节课的探究教学特征体现在师生一起较完整地经历了探究的各个环节						
	27	本节课的探究教学特征体现在学生出色地完成探究任务，得出了与科学认识相一致的探究结论						
	28	教师对学生的控制太强，不是好的探究教学						
	29	本节课上学生学到的东西大多不能反映在考试中						
	30	准备这样一节课教师要比平时多费很多精力						

其他类型问题（略）。

附：孙俊老师“摩擦力”课堂教学实录

教师：首先，让我们轻松一下，欣赏一部影片的片段。

（《小鬼当家》中的小主人公利用珠子、油等减小摩擦，与歹徒周旋的片段，使学生忍俊不禁）

教师：这是《小鬼当家》当中的几个片段，你怎么评价片中的小主人公？

学生1：他用自己的智慧打败了他们。

学生2：他能利用各种地理环境和工具，与比自己强大的坏人做斗争。

学生3：我认为他能运用物理知识去对付坏人，一点也不害怕。

教师：小主人公巧妙地利用了摩擦力的知识惩治了坏人，保护了自己。今天让我们一起走近摩擦力。

摩擦现象在我们的生活中随处可见，你感受到了摩擦力的存在吗？你用什么方法？试一试。

（学生利用书本、笔、桌子等，体验摩擦力的存在。）

教师：谁能告诉大家，你是怎么做的？你的感受是什么？

学生1：我在空中挥手会很轻松，在桌面上推动会很吃力。

学生2：我用笔写字时会感受到摩擦力的存在。

学生3：我用双手把书压在中间，手有被向下拉的感觉。

教师：刚才我们感受的过程，是否可以这样总结一下——是不是感觉到在这个接触面上产生了一种阻碍相对运动的力？我们就以搓手为例，是否在接触面上感觉到了阻碍的力？

总结：在接触面上存在阻碍相对运动的力。

教师：大家回想一下你的感受过程，你认为在什么情况下存在摩擦力？讨论一下。

学生1：两个物体必须互相接触。

学生2：它们之间产生相对运动或者要发生相对运动。

教师：正像同学们所感受的这样，两个相互接触的物体，当它们要发生或已经发生相对运动的时候，就会在接触面上产生一种阻碍它们相对运动的力，我们把这种力称为摩擦力。

根据你的经验，再结合你的感受过程，想一下，当一个物体在另一个物体表面滑动的时候，这个摩擦力大小可能和哪些因素有关？

学生1：我觉得会和物体所受的压力有关，压力越大，摩擦力越大。

教师：她不仅提出了自己的猜想，还提出了假设——摩擦力与压力可能有什么关系。

学生2：可能和速度有关，速度越快，摩擦力越大。

学生3：我认为应该是速度越快摩擦力越小。

学生4：由于物体是在另一个物体表面滑动，所以应该与表面的粗糙程度有关，粗糙程度越大，摩擦力越大。

学生5：可能和接触面积有关，接触面积越大，摩擦力越大。

学生6：应该是接触面积越小摩擦力越大。

教师：我们用实验先来验证压力和接触面的粗糙程度这两个因素对滑动摩擦力大小的影响。桌面上有老师准备好的弹簧测力计、木块、钩码和粗糙程度不同的三个平面，另外还有一张实验记录单。今天，我们进行一次组间的合作，由第一大组来验证压力对滑动摩擦力大小的影响，由第二大组来验证接触面的粗糙程度对滑动摩擦力大小的影响。好，开始设计实验。

下面每组派代表汇报交流一下。

第一组代表：我们的猜想是摩擦力大小和压力大小有关系，假设是压力越大，摩擦力越大，压力越小，摩擦力越小。我们要控制的变量为接触面粗糙程度、面积，以及拉动木块的速度。实验步骤分为四步：第一步是将弹簧测力计指针调零；第二步是用弹簧测力计水平匀速直线拉动木块，读出此时示数为0.2牛顿；第三步，在木块上加一个钩码，用弹簧测力计匀速拉动木块，读出此时示数为0.7牛顿；第四步，在木块上放两个钩码，用弹簧测力计匀速拉动木块，读出此时示数为1.2牛顿。因此我们得出的结论为：接触面粗糙程度相同，接触面积相同，拉动木块的速度相同，这时压力越大，摩擦力越大，压力越小，摩擦力越小。

第二组叙述了研究摩擦力与接触面粗糙程度的情况。

教师：通过实验我们验证了影响摩擦力大小的两个因素，即压力和接触面的粗糙程度。值得高兴的是，我们利用科学探究的方法所得出的两个结论和科学工作者通过大量的科学实验得出的结论是一致的。

下面我们再来轻松一下。

展示几种外观奇特的自行车。

教师：没想到自行车还会设计成这样吧？其实大家仔细观察一下自行车，就会发现在使用它的过程中有很多地方都存在着摩擦力，那你认为，哪个地方的摩擦力大一点好，哪个地方的摩擦力小一点好？而在实际生活中又用到了什么方法来达到这些目的？

学生：我在这里找到了5处（分别指出在车把、车闸、车把转轴、脚蹬、车轮转轴处存在的摩擦力，以及它们应该较大还是较小）。

教师：同学们补充一下，该如何增大或者减小这些摩擦力？

学生1：（车把手）增大接触面的粗糙程度来增大摩擦力。（车闸）增大压力来增大摩擦力。（轴的部位）加一些润滑油来减小摩擦力。轮胎上的花纹可以增大摩擦力，后轮上的摩擦力应该是越大越好，前轮上的摩擦力越小越好。

学生2：我不同意他的观点，如果前轮没有摩擦就无法转向了。

教师：如果前轮摩擦越小越好，大家想轮胎应该做成什么样？是不是光滑的？（学生表示同意）

教师：在车头部位除了上润滑油，你们还看见过其他的方法吗？谁有经验？

学生：里面有珠子，是用滚动摩擦代替滑动摩擦，来减小摩擦力。

教师：那你看到滚珠表面是什么样的吗？

学生：光滑的。

教师：在轴的部分还会有轴承，也是用滚动摩擦代替了滑动摩擦。同学们提到这么多想法，还要注意一点，在上润滑油的时候，是不是减小接触面的粗糙程度？

学生：不是。

教师：在接触面上涂抹润滑油是形成了一层油膜，使接触面分开。在现实生活中，我们也能看到类似的情况，比如气垫船，是在船体和水面之间形成一个气垫来减小摩擦。

让我们再回头想一下开头时电影里的小主人公，他都利用了哪些关于摩擦的方法？

学生1：他往地上撒小珠，用滚动摩擦代替了滑动摩擦，还在地板上涂油膜，是在接触面上加隔离层，减小摩擦力。

学生2：在光滑的大理石地面上滑动，是减小接触面的粗糙程度来减小摩擦。

教师：想法非常多。回去以后再仔细观察摩擦力在生活中还有哪些应用，然后再交流。

让我们再回顾一下本节课所学的内容。

[PPT提示了三个问题：(1)通过本课的学习，你有什么收获和感受吗？(2)你能不能对自己以及你们小组的其他同学的表现做一个简单的总结？(3)你对老师这堂课的表现满意吗？有什么建议吗？]

学生1：讨论也好，做实验也好，团队精神对每一个人都是非常重要的。在今后的生活中应发扬这种团队精神。

学生2：通过这节课的学习，我知道了增大摩擦力的方法和减小摩擦力的方法。还知道了，在这个世界上不能没有摩擦力。(学生笑，鼓掌)

学生3：生活中处处都有物理知识，只要我们细心观察，生活是丰富多彩的。在生活中要细心观察、细心体会。

附录3 教师探究教学观问卷调查Ⅲ（五级量表部分）

中学物理教师对探究教学看法的调查Ⅲ

说明：请看教学录像，根据自己对探究教学的理解发表您的真实意见。您的回答只供研究之用，请不要有任何顾虑。谢谢！

基本信息

性别______ 教龄______ 职称________ 是否骨干教师______

一、请表达您对下列观点的认同度，在相应的空格里画“√”。

5——非常赞成；4——比较赞成；3——不赞成也不反对；2——不太同意；1——坚决反对；0——不了解相关内容，无法发表意见

题号	观点	赞成 ⟷ 反对					不知道
		5	4	3	2	1	0
1	我非常了解物理学史上科学家是如何研究、发现电磁感应定律的						
2	楞次定律的价值在于揭示出电磁感应现象中能量守恒的本质						
3	本节课的主要内容是分析实验数据得出结论。因为包含了一个以上的探究要素，所以可以视为探究教学						
4	想让学生通过探究得到楞次定律难度太大，所以这个课题不太适合采用探究教学						
5	电磁感应部分更适合采用探究教学的选题应该是实验研究电磁感应现象						
6	本节课这样让学生探究太费时间，因此本节课的探究过程可以简化，让学生简单经历一下即可						
7	对于学生独立探究有困难的问题，教师可以给予较多的帮助，即使这样让学生经历探究过程也是有意义的						
8	如果没有课时的限制，教师应该用更大的耐心等待学生做出多种尝试性的努力						
9	如果学生通过预习已知问题的答案，让学生经历这样的探究过程仍然是有必要的						

续表

题号	观点	赞成 ⟷ 反对					不知道
		5	4	3	2	1	0
10	探究教学更适合于能力较强的学生						
11	学生在教师的带领下依次得出3条概括化程度不同的探究结论，这在一定程度上体现了科学研究是不断发展的，因此可以视为探究教学						
12	课堂上学生总是思考教师提出的问题，从教师那里获得思路不能算是探究教学						
13	为了把精力集中于发现规律，这节课的探究任务以及研究方案、记录表格等由教师提出是合适的						
14	DIS数字信息系统并不是完成本节课探究必不可少的设备资源						
15	如果教师让学生观察DIS记录的图像提出问题，则更能体现探究教学的特征						
16	让学生尝试提出与感应电流方向、磁通量变化相关的因素（即中介量），可视为科学探究中的猜想环节						
17	探究任务（2）“判断四种情况下磁通量的变化”不具有探究性						
18	当一名学生说出中介“可能与N，S极的方向有关”时，教师不应该急于给出自己的肯定性评价						
19	教师首先让学生尝试总结规律并体验失败，是好的探究教学策略						
20	录像中同组学生自发交流的画面说明这一过程具有一定的探究性						
21	发射铝环的实验对于本节课的探究没有起到创设问题情境的作用						
22	“寻找中介”的思想是进行科学探究时常用的思想方法						
23	总结归纳楞次定律的过程是一个透过现象看本质的思维过程						
24	在进行涉及多个因素的科学探究时必须控制变量						
25	将学生的探究过程与科学家的探究过程进行比较，让学生认识其一致性，是探究教学的必要内容						

续表

题号	观点	赞成 ⟷ 反对					不知道
		5	4	3	2	1	0
26	将学生的探究过程与科学家的探究过程进行比较，让学生认识其差异，是探究教学的必要内容						
27	将楞次定律与右手定则进行比较，也是科学探究应有的环节						
28	小结对本节课的探究思路与结论进行概括，也是探究教学的重要环节						
29	如果小结由学生来完成，可能达不到教师的认识高度，但可以相信这节课会对学生有积极的影响						
30	学生通过参与本节课的探究，可以较深入地理解楞次定律						
31	学生通过参与本节课的探究，可以较好地理解科学探究的过程						
32	学生通过参与本节课的探究能够学到一些研究问题的方法						
33	学生通过参与本节课的探究，可能会增强创新意识						
34	学生通过参与本节课的探究，可能会提高学习物理的兴趣						
35	学生通过参与本节课的探究，科学思维能力可能有所提高						
36	通过参与本节课的探究，每个学生都会有收获，只是获益的方面、程度可能不同						
37	如果这节课的探究过程再开放些，大多数教师可能难以驾驭						
38	从录像中看到学生的状态有困惑、有交流、有思考，足以判断本节课是探究教学						
39	课堂探究教学主要是体验探究的形式，真正的探究只有在课外才能实现						
40	只有让师生都认识到学习的目的不是会做题而是能够解决实际问题，探究教学才能普及						

附：卫青山老师“楞次定律”教学过程概要

【教师活动】引导学生观察实验——“铝环跳起”，思考为什么，引入新课。

【教师活动】演示当条形磁铁进入或离开线圈时，穿过闭合线圈的磁通量发生变化，灵敏电流计指针偏转。

分析指出条形磁铁插入和拔出时，线圈中感应电流方向不同，我们可以根据灵敏电流计指针的偏转方向判断线圈中感应电流的方向。但灵敏电流计的缺点是：如果电流是变化的，我们就无法记录电流的大小，更无法存储数据。

【教师活动】介绍DIS数字信息系统（微电流传感器）。线圈产生的感应电流通过微电流传感器，数据采集器将采集的微小电流大小和方向的信息送入电脑，于是电脑显示器显示的是线圈中感应电流大小和方向随时间变化的图像。

教师请一名学生配合演示条形磁铁进入或离开线圈，传感器记录下图像。

为了节省时间，教师直接告诉学生用传感器检测电流方向的方法。

【教师活动】引导学生思考：既然感应电流是因为磁通量变化产生的，我们有理由猜想感应电流的方向与磁通量变化情况有关，那么有什么关系呢?

教师明确提出本节课的任务——探究感应电流的方向与磁通量变化的关系。

【学生活动】实验探究：

（1）将条形磁铁的N极插入线圈。

（2）将条形磁铁的N极拔出线圈。

（3）将条形磁铁的S极插入线圈。

（4）将条形磁铁的S极拔出线圈。

探究任务：

（1）确定四种情况下线圈中感应电流的方向。

（2）判断穿过线圈的磁通量的变化情况。

各小组同学分工协作，完成实验记录。

实验结束，各小组汇报实验结果，教师组织学生填写表格。

【教师活动】引导各小组学生讨论，尝试总结感应电流的方向与磁通量变化的关系的规律，没有成功。还能寻求其他什么方法吗？

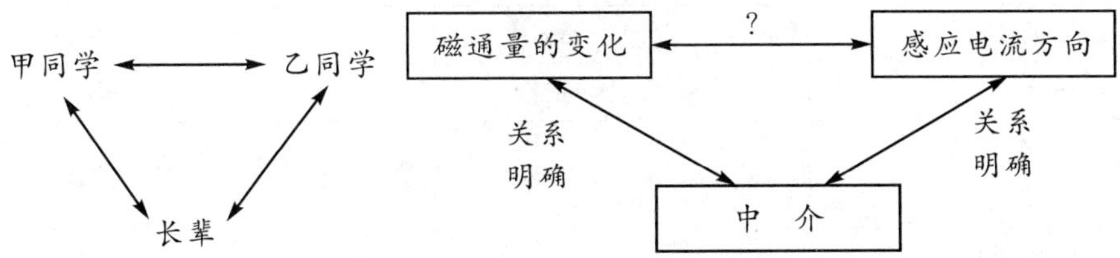

要想明确甲乙同学的亲属关系，就要通过与甲乙关系都明确的“长辈”这个“中介”来确定。体会“中介”思想是研究问题的一种重要的思想方法。在此启发下尝试运用“中介”的思想来探究感应电流的方向与磁通量的变化的关系。

【教师活动】引导学生进行理论探究。

请各小组探究感应电流方向和磁通量的变化还与哪些因素有关，即补充一些相关因素，再完善一下表格。从中寻找感应电流的方向与磁通量变化的“中介”。

【学生活动】提出可能与 N, S 极的方向有关。

【教师活动】指出 N, S 极的方向即原磁场的方向。

指导学生补充填写表格第 4 行（原磁场方向）。

得出探究结论 1：向下增加，向上减小，逆时针；向上增加，向下减小，顺时针。

【教师活动】指出结论 1 能用于判断感应电流的方向，但规律不够简洁。

【学生活动】继续小组讨论。

【教师活动】指导学生补充完成表格中的第 5、6 行。

得出探究结论 2：当磁通量增加时，感应电流磁场方向与原磁场方向相反；当磁通量减小时，感应电流磁场方向与原磁场方向相同。

进一步分析，填写表格第 7 行。

相对运动情况	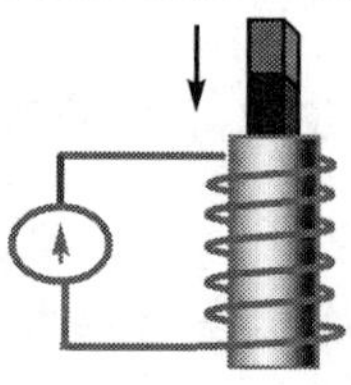	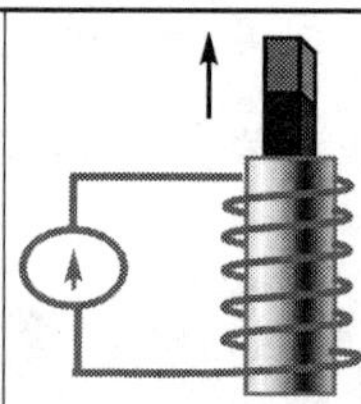	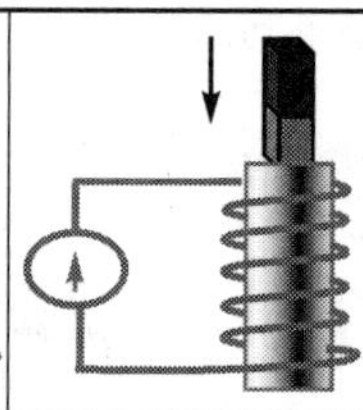	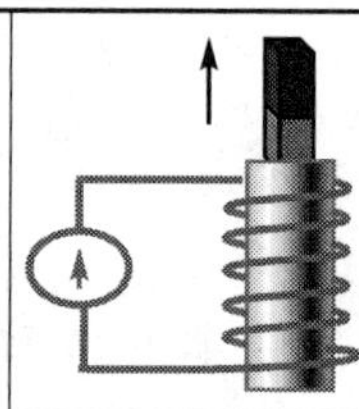
感应电流方向	逆时针	顺时针	顺时针	逆时针
磁通量的变化	增加	减小	增加	减小
原磁场方向	向下	向下	向上	向上
感应电流磁场方向	向上	向下	向下	向上
感应电流磁场与原磁场方向的关系	相反	相同	相反	相同
感应电流磁场方向与原磁场磁通量变化的关系	阻碍增加	阻碍减小	阻碍增加	阻碍减小

得出探究结论 3：凡是由磁通量的增加引起的感应电流，它所激发的磁场一定阻碍原来磁通量的增加；凡是由磁通量的减少引起的感应电流，它所激发的磁场一定阻碍原来磁通量的减少。

【**教师活动**】向学生介绍：

一、楞次定律（Lenz law）内容

指出理解楞次定律的关键是：楞次定律内容中存在两个磁场，即引起感应电流的磁场（原磁场）和感应电流的磁场，两者的关系是“阻碍”关系。那么“阻碍”的含义是什么呢？“阻碍”不等于相反，而是：

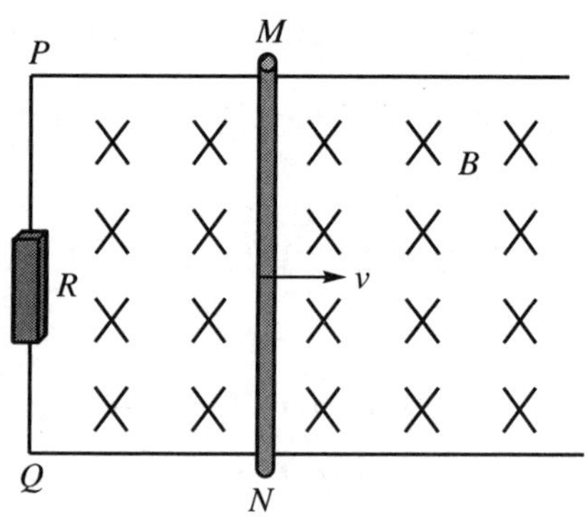

1. 阻碍磁通量的变化，规律为“增反减同”。

2. 阻碍相对运动，规律为“来拒去留”。

二、运用楞次定律判定感应电流方向的步骤

1. 明确原磁场的方向。

2. 判断穿过闭合回路的原磁场的磁通量是增加还是减少。

3. 根据阻碍原则判定感应电流磁场的方向。当穿过闭合回路的磁通量增加时，感应电流的磁场方向和原磁场方向相反；当穿过闭合回路的磁通量减小时，感应电流的磁场方向和原磁场方向相同。即“增反减同”。

4. 利用安培定则，判定感应电流的方向。

三、方法引导——右手定则（right-hand rule）

伸开右手，使拇指与其余四个手指垂直，五指都与手掌在同一个平面内；让磁感线从掌心进入，并使拇指指向导线的运动方向，这时四指所指的方向就是感应电流的方向。

说明右手定则与楞次定律的关系。

【**学生活动**】互动训练——揭开跳环实验神秘的面纱。

【**教师活动**】提出问题：跳环实验中的能量的问题我们下节课继续学习。

【**教师活动**】引导学生说出感应电流的方向与磁通量变化的“中介”是感应电流的磁场，点睛总结：

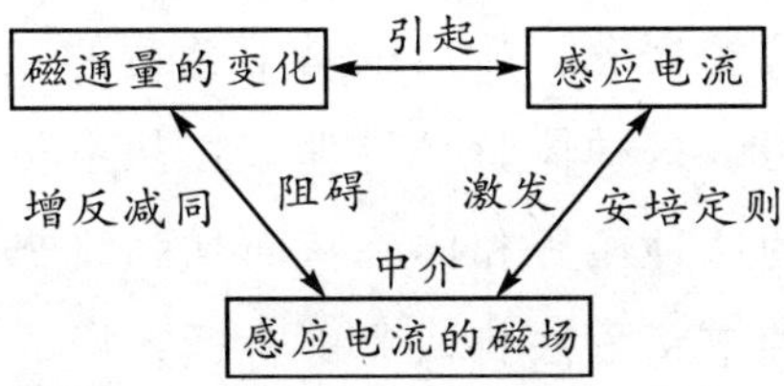

附录4　问卷调查后小组讨论录音（节选）[1]

时间：2010 年 7 月 19 日。地点：北京师范大学物理楼。背景：教育硕士课程中，先填写问卷Ⅰ与问卷Ⅱ，之后组织教师分组交流讨论。

1. 对探究教学的认识和理解

Y：我支持“探究教学是教师通过探究的方式教学生物理知识”这种观点。因为探究教学强调的是教师教学方法的改变，教师如何教学生这是探究教学对教师做的一个新的要求，也是探究教学能否进行下去的一个条件。

Z：我不支持这种观点。首先，探究教学强调的是学生学习方式的转变，我们现在做的工作都是围绕如何改变学生的学习方式展开的，关注学生的学才是探究教学的要害。而教师教学方式的改变只是一个外围的概念，我们用一个根本无法体现核心内容的对象去做定义显然是不符合情理的，也不符合事实。其次，这句话试图说明的是探究教学的方式和目标。而认为探究式教学目标是教会学生物理知识这个观点显然也违背了新课改的初衷。新课改还有一个重大的变化是对教学目标的界定，即要从“知识与技能”“过程与方法”“情感态度与价值观”三个维度去设置教学目标，而这种定义方式中只提到了其中的一个点，它是用了一个下位的概念去试图定义一个上位的概念，显然也是不合适的。我认为探究教学强调的是学生的一种体验，这种体验是科学家在从事科学探索工作时才有的，学生通过课堂上的这种经历和体验从而加强将来或说未来从事科学探究工作的能力。这种定义方法我认为更合适，因为它是站在学生学的角度，抓住了探究教学的主体，强调了学生的感受和经历。至于教师如何教以及教师在探究过程中的作用，这是另外一个话题了。所以我的建议是，这句话可以这样来变通一下说法：用探究的方式教物理知识属于探究教学。

2. 对探究式教学推广难的问题的认识

Y：我认为推广难主要是因为探究式教学在教学中不实用，难以应对

[1] 讨论参与者翟小明老师根据录音整理。

考试。再就是学校的课时安排问题，毕竟探究教学是比较消耗时间的事情，根本没有那么多时间完全放开手让学生去探究。况且，如果探究教学的环节不完整的话也就失去了探究的意义了。我认为我们平时的课堂上很多所谓的探究都已经不是探究了。比如刚刚我们看的孙俊老师的“摩擦力”一课，教师限制性的东西太多了，学生猜想出摩擦力大小除了跟压力、接触面粗糙程度有关以外，还跟拉的速度（运动速度）和接触面的大小有关，但教师只让学生探究了（摩擦力）与压力和接触面粗糙程度的关系，另外两个猜想没有让学生去探究。我认为这样做已经不是探究课了，所以，我认为在中学中推广探究课是非常困难的。

Z：对于探究课难以推广的问题，我有四个观点：

第一个观点，我觉得新课改或者说探究的很多东西深入不下去，一个很重要的原因是，教师对探究的了解太不深入了。反思一下我们教师的成长经历，我们受教育的时候，正是应试教育横行的时代，所以应试教育的很多做法已经扎根在我们的脑海了，我们想当然地认为其中的一些做法就是正确的，这样就限制了我们教学思路的开展。有的教师年龄大一些，经历更丰富，他们是经历了“文化大革命”的洗礼，改革开放以后读的大学，所以他们的成长经历让他们一参加工作，就用应试教育的办法教学，直到2001年新一轮课程改革实施，要求转变观念。这种由教师教授式的教学转变为学生探究式的教学无论对老、青两代中的哪一代教师来讲，都显得太突然。要适应这些，就得把原来的自己否定，而否定自己是一个谁都不愿意做的事情。所以，要想推行新课改或者说探究，就必须给教师“洗脑”，让他们感觉到“探究”确实是个好东西，不用真可惜。教师自觉去努力了，才能有成效。但是我们现在的环境也是一个大问题。

所以，我的第二个观点是，新课改的深入还需要环境的改善和机制的推动。这也是今天上午我跟XX老师讨论过程中她支持的一个观点。如果我们的评价机制不相应改善，很难期望我们的教学方式有大的变化。而且也存在有的教师提到的，我们的评价周期太短的问题。探究教学的目的是培养学生将来从事科学研究的能力，我们强调的这个将来或许是十年、二十年，也可能是三十年、四十年，总之，要从学生长期成长去评价教师的教学才真正有意义。

第三个观点，教育资源短缺是制约新课改不能在短期内见效的原因之一。我们国家的教育资源较匮乏，优秀的教育资源较少。我国也有一些世界排名在前100位之内的优秀高校，可是我们国家是世界上人口最多的国家啊，目前的教育水平难以满足我们国家人口的需要呢。

第四个观点，探究教学对教师的要求较高。教师的探究经历、教师的教学理念等都会左右教师对探究教学的理解，像有的老师向秦建云老师提的问题一样："当您从事探究教学的时候，不怕最后成绩不好吗？"其实很多老师没有秦老师那么大的勇气，敢于去尝试，这也需要坚定的信念。坚定的信念来自教师对探究的理解，只有他认识了探究教学，他才可能形成那种信念：我培养的学生，从长远来看一定是最棒的！

3. 关于探究教学的本质是什么的问题

Y：对"探究教学与启发式教学的实质是一致的"这句话我不是很理解，到底什么是启发式教学，什么是探究教学呢？

Z：我认为，启发式教学是教师主导的一种教学，强调教师的主导作用，在学生容易产生疑惑的地方教师及时地提醒或提示，以帮助学生按照教师的预定路线学习。而探究教学中，教师只是在创设情境上下功夫，而探究的过程教师是不能主导的，要学生自主完成，哪怕是让他们碰碰钉子。所以，我认为探究教学与启发式教学在本质上是完全不同的，一种是把课堂给学生，一种是让课堂完全在教师的预设下进行。

4. 探究教学是否受教材的影响

Y：我认为探究教学受教材的影响，有些很好的探究材料教材上都设计好了，教材毕竟是专家们集体智慧的体现，所以，教材上没有设计探究，这个内容就应该不适合探究。

Z：教师应该学会开发教材，不能囿于教材。教材只是一个媒介，我们的教学活动应该以课程标准为指导，各个版本的教材只是为实现课程标准的要求提供的一个载体。作为教师，应该多了解不同版本教材的异同，多积累教学素材，在这个基础上拿出自己的教学方案。所以，教材上的探究设计不一定是最好的，教师也没有必要完全按照教材上的编写去讲，而是完全可以凭借自己的智慧和经验积累创造出更有价值的探究方案。

5．“摩擦力”这堂课是否是一堂探究课

Y：我认为这堂课不是一堂探究课，因为它的探究已经变味了，没有探究的特色了。教师在这个过程中干预得太多。从整堂课来看，问题的提出不是源自学生，猜想后的验证也是由教师来决定探究哪些因素与摩擦力有关，单从这两个环节来看就不像探究课。我觉得开始的部分还是像探究课的，通过《小鬼当家》的一个片段引出问题，后边就越看越不像了。

Z：我觉得这是一堂不错的探究课，教师通过《小鬼当家》中的片段让学生观察一个有趣的现象，学生肯定会想这是什么原因造成的啊，这是学生一种自觉的行为，吸引了学生的注意力。然后又让学生通过体验摩擦力来对摩擦力有一个感性认识，在这个基础上引出了对摩擦力的一系列思考：摩擦力产生的条件是什么？摩擦力大小跟什么因素有关系？这些思考都来自生活体验，这种来自生活体验的问题更贴近学生的生活，让学生知道这节课所学的这些东西究竟有什么用。学生的猜想是四个因素，但是真正在课堂上的探究却只涉及了两个因素，这两个因素对于让学生感受探究过程已经是足够的了。探究过程没有必要每个因素都探究，也没有必要每个环节都完整。这堂课中教师的探究设计应该是恰到好处，既体现了探究的思想，又保证了课堂的效率，而且重点突出。关于这样的教学是否有残缺的问题，我认为主要还是对探究教学的认识。探究教学与科学家的探究不完全一样。我们课堂上的探究是为了让学生有一个体验的过程。

附录5 文本分析资料代码表

序号	教师	课题	教学设计或实录	教学反思	课例评析
1	陈美娥/刘欣	探究液体压强与哪些因素有关	ACL-①	/	/
2	韩红艳/马丽	探究液体压强与哪些因素有关	AHM-①	/	/
3	张军红	物体浮沉条件	AZH-①	/	/
4	史广静/付金霞	平面镜成像	ASF-①	/	/
5	王梅/曹海莲	探究凸透镜成像规律	AWC-①	/	/
6	张雪妨/祁立新	电能	AZQ-①	/	/
7	何富全/李春祥	压强	AHL-①	/	/
8	马山/张友金	浮力	BMS-④	BMS-⑤	BZY1-⑥
9	郭丽微/付金霞	浮力	BGL-④	BGL-⑤	BFJ-⑥
10	屈鹏/马山	探究物质的密度	BQP-④	BQP-⑤	BMS1-⑥
11	周景生/马山	分子动理论的基本事实	BZJ-④	BZJ-⑤	BMS2-⑥
12	付金霞/李春祥	物质的比热容	BFJ-④	BFJ-⑤	BLC-⑥
13	武春玲/王梅	串联和并联	BWC-④	BWC-⑤	BWM-⑥
14	耿留会/曹海莲	探究串、并联电路的电流规律	BGL-④	BGL-⑤	BCH1-⑥
15	张军/曹海莲	探究影响电磁铁磁性强弱的因素	BZJ-④	BZJ-⑤	BCH2-⑥
16	王霞/何富全	运动的快慢	BWX-④	BWX-⑤	BHF-⑥
17	王梅/张雪妨	电功和电能	BWM-④	BWM-⑤	BZX1-⑥
18	崔杨/马山	电功率	BCY-④	BCY-⑤	BMS3-⑥
19	赵桂英/马山	电表在生活中的应用	BZG-④	BZG-⑤	BMS4-⑥
20	赵鑫/曹秀焕	磁场	BZX-④	BZX-⑤	BCX-⑥
21	刘近宝/张友金	探究电流、电压、电阻的关系	BLJ-④	BLJ-⑤	BZY2-⑥
22	杜阳/张雪妨	液体内部压强特点	BDY-④	BDY-⑤	BZX2-⑥
23	赵云艳/付金霞	生活用电常识	BZY-④	BZY-⑤	BFJ2-⑥
24	赵春芳/马山	摩擦力	BZC-④	BZC-⑤	BMS6-⑥
25	李春祥/祁立新	探究平面镜成像特点	BLC-④	BLC-⑤	BQL-⑥
26	李维众/张友金	探究凸透镜成像规律	BLW-④	BLW-⑤	BZY3-⑥
27	杨超/马山	物体的颜色	BYC-④	BYC-⑤	BMS7-⑥

附录6　文本分析编码登录及信度分析示例

说明：其中笔者的编码登录用英文大写字母，第一次用“[ ]”，第二次用“【 】”，另一位研究者在同一文本上的编码登录用“(英文小写字母)”显示。

文本BZJ-④：“探究影响电磁铁磁性强弱的因素”课堂实录[1]

教学环节一　演示实验，引入新课［X1-1］

师：上节课我们学习了通电螺线管（实验室中的装置）的磁场，同学们请看老师演示的实验。

（教师演示实验1：通电螺线管的磁场吸引大头针）【X1-1】

（实验步骤1：螺线管接通电源，靠近大头针）

师：此实验说明了什么？

生：电流周围存在磁场。

（实验步骤2：螺线管中插入铁棒后，靠近大头针）

师：请同学们再仔细观察，我在通电螺线管内部插入一根铁棒，你们看磁场是否有变化。

生：磁场增强。

师：你通过什么现象说它磁场增强了呢？

生：吸引大头针的个数增加了。

师：同学们观察得很仔细，总结得也很正确。我们把在通电螺线管内部插入铁芯的这样一种装置叫作电磁铁。（板书，同时给出电磁铁在电路图中的符号，如图1-27）

（实验步骤3：用自制电磁铁吸引大头针）

师：同学们请看老师自制的电磁铁，同样可以吸引大头针。观察它是如何制作的。（如图1-28）谁能说一下，老师是怎么制作的？

生：在铁钉外面绕上导线。

师：注意，老师在铁钉外面绕的是漆包线，不是导线。漆包线的外

［1］为简化版面，本次引用删除了原稿中的图片，但仍保留文字说明。

面有一层绝缘漆，将其连入电路时要将两端的绝缘漆刮掉。

师：同学们想不想自己来做一个电磁铁呢？

生：想。

师：你想利用自制的电磁铁来研究什么问题呢？［X7–2–1］

生：我想看看怎样使电磁铁吸引的大头针最多。［X1–3–1］【X1–3–1】

师：好。我们就借助这位同学想研究的内容，共同来研究影响电磁铁磁性强弱的因素有哪些。［X1–4］【X1–4】

教学环节二　实验设计

①猜想

师：但是在研究之前，同学们先来设计一个实验方案。你们认为电磁铁的磁性强弱可能和哪些因素有关呢？

生：可能与漆包线绕的圈数有关。［X2–2］【X2–2】

师：圈数在本节课研究中称为电磁铁线圈的匝数。【X7–2–1】(板书)

生：可能和电流的大小有关。

生：可能和铁钉的粗细有关。(学生提出这一观点，应该给学生提供相应的器材，让学生进行简单的探究。而且，教师也认为应该有关。但在网上并未查到相关的信息。考虑到时间的问题，实验并没有探究。)

(教师给予肯定并板书)

生：可能和铁钉的电阻有关。

师：同学们仔细观察，在制作电磁铁时，是将铁钉接入电路中吗？

生：不是，是将漆包线接入电路中。

师：既然铁钉不属于电路的一部分，那么它的电阻对电路也就不会造成影响。同学们大胆猜想的精神还是值得肯定的。物理学就是在不断地提出问题和不断地解决问题的过程中发展的。［X2–5］【X2–5】

②确定研究内容

师：我们猜想了很多与电磁铁磁性强弱可能有关的因素，但由于本节课时间和实验条件的限制，我们仅来研究两个因素对电磁铁磁性强弱的影响，即线圈匝数的多少和电流的大小。［X1–2–2］【X1–2–2】

③设计实验方案

师：研究两个量对电磁铁磁性强弱的影响，我们通常需要(采用)

物理研究方法当中的哪种方法？

生：控制变量法。[X3-4]【X3-4】

师：我们具体来看如何在此次实验中应用“控制变量法”。我们先来研究电磁铁磁性的强弱与电流大小的关系。请同学们看学案，将研究电磁铁磁性强弱与电流大小的关系中的三个量——自变量、不变量和因变量分别填在学案上（如图 1-29）。【X3-2-3】请同学们填写完成后，将你的答案与大家交流一下。（巡视）[X3-2-3][X3-6]【X3-6】

生：自变量是电流的大小，不变量是线圈的匝数，因变量是电磁铁磁性的强弱。

师：其他同学还有不同看法吗？同意刚才这位同学的答案吗？

生：同意。

师：下面我们思考另外三个问题，即自变量如何变化，不变量如何控制，因变量如何测量。[X3-2-2][X7-2-1]

生：可以通过改变电路两端的电压来改变电流。【X7-2-1】

生：可以利用滑动变阻器改变电流的大小。

师：如果我还想知道具体的电流值的变化情况呢？

生：可以用电流表进行测量。

师：同学们说得很对。

生：线圈匝数绕好后固定不变，就可以控制不变量。

生：利用电磁铁吸引大头针的多少来间接反映电磁铁磁性的强弱。

师：同学们都很聪明，想到的办法非常好。那么同学们按照这样的思路，把你所需的仪器补充完整吧。

（学生填写教案中的实验仪器）

师：那我们如何将这些实验仪器连接在一起呢？即实验电路图的设计。

生：（将自己的实验电路图画在黑板上，如图 1-30）

师：在实验中，我们是将铁钉接入电路中吗？

生：不是，应该把漆包线接入电路中。

师：因此，这种画法是不对的，在实验过程中同学们也应避免这样的错误出现。

（教师让学生改正自己的电路图，教师纠正实验电路图中的错误，如图 1–31）

师：你们知道探究电磁铁磁性强弱与电流的关系的实验大致怎么做了吗？谁能给大家说一说呢？［X7–2–1］【X7–2–1】

生：将电路组装完整后，线圈匝数不再改变，调节滑动变阻器使电流表的示数分别有不同的数值，观察吸引大头针的个数。

生：我认为还应将电流的大小和吸引大头针的个数记录下来，以便总结规律使用。

师：同学们说得都不错。虽然表格设计也是我们实验设计的一项重要内容，但由于时间关系，不再让大家亲自设计。同学们的实验数据可以填写在老师为大家准备好的实验记录表格中，并将结论总结后填在学案上（如图 1–32）。

师：请同学们自行设计电磁铁磁性强弱与线圈匝数的关系的实验设计方案。【X3–1–1】仿照以上实验的设计过程，并将相应内容填在学案上。

生：自变量是线圈匝数，不变量是电流，因变量是电磁铁磁性的强弱。

生：在实验过程中分别绕不同的线圈匝数以改变自变量；滑动变阻器移到合适的位置后就可以改变电路中的电阻，以控制电流保持不变；仍然用电磁铁吸引大头针的个数多少来判断电磁铁磁性的强弱。实验电路图和上一实验相同。

师：此实验的步骤谁能给大家描述一下呢？

生：将电路按实验电路图连接好。保持电流大小不变，线圈分别绕不同的匝数并记录在表格中，观察并记录电磁铁吸引大头针的个数。

师：明确了实验的大致过程后，由于时间关系，我们进行分组实验。前五组探究电磁铁磁性强弱与电流的关系，后六组探究电磁铁磁性强弱与线圈匝数的关系。请同学们再次明确自己的任务，还有哪些问题可以提出来。实验完成后，我们共同进行交流。实验过程中出现的问题，请同学们如实填在学案后的实验反馈一栏，以便我们下次实验引起注意或共同找出最佳解决办法。

教学环节三　分组进行实验

（学生分组实验，教师巡视指导）［X4–4–2］【X4–4–2】

师：哪组同学先完成实验，请将你们的实验数据及总结的结论写在黑板上。

教学环节四　交流实验结论

（完成实验结论的填写）[X5–1–2]

师：谁来说一下实验得到了什么结论？

生：在线圈匝数一定时，电流越大，电磁铁的磁性越强；在电流一定时，线圈匝数越多，电磁铁的磁性越强。【X5–1–2】

师：各组交流一下，你们各组的实验数据有可能不同，但所得结论如何呢？

生：结论相同。[X5–3–2]【X5–3–2】

师：请将你的结论填写在学案上并注意实验结论中的条件。

教学环节五　总结知识、能力要点 [X8]【X8】

师：这节课你都学到了什么？

生：我学会了制作电磁铁，知道电磁铁的磁性强弱与电流大小、线圈的匝数有关。

生：我还知道如何应用控制变量法设计探究影响电磁铁磁性强弱的因素的实验。

生：我还知道了如何正确总结物理结论，需要注意前提条件。

师：同学们学到的知识可真不少，看来已经完成了老师在学案上要求达到的目标了。那我可要检查一下同学们的学习成果了。

教学环节六　知识检测（略）

BZJ–⑤："探究影响电磁铁磁性强弱的因素"教学反思

在本节课之前，学生通过奥斯特实验知道了电与磁的联系，即电流周围存在着磁场，又学习了通电螺线管产生的磁场，在以上知识的基础上，(y1–1)【ZT6–1】学习电磁铁的磁性强弱与哪些因素有关。[ZT6–1] 电磁铁是广泛应用于生产生活中的装置，学习本节知识，有利于激发学生的学习兴趣，更好地实现理论与实际的结合。

科学探究既是学生的学习目标，又是重要的教学方式之一。学生在科学探究的活动中，通过经历与科学工作者进行科学探究时的相似过程，学习物理知识与技能，[Y1-4]【 Y1-4 】体验科学探究乐趣，[Y3-0]【 Y3-0 】学习科学家的科学探究方法，[Y2-0]【 Y2-0 】领悟科学的思想和精神。[Y3-5]【 Y3-5 】科学探究的方式是多样的，探究包含提出问题，猜想与假设，制订计划与设计实验，进行实验与收集证据，分析与论证，评估，交流与合作等要素。在学生进行探究的过程中，因为要在限定时间内完成 [ZT1-1]，如果涉及探究的所有要素，则在探究的每个环节进行得不充分，不利于学生探究能力的培养。[Y2-0]【 ZT1-1 】在实际教学过程中，应将探究渗透在教材和教学过程中的不同部分。基于这样的思想，本节课重点培养学生制订计划与设计实验，进行实验与收集证据的能力，对于探究的其他要素，是由教师直接给出或在教师的引导下得出结论。(y2-5)

本节课的教学目标为：学生通过观察教师演示实验，初步了解电磁铁的概念，并由此初步了解制作电磁铁的方法。学生通过制作电磁铁并设计影响电磁铁磁性强弱的因素的实验 [ZT2-2]【 ZT2-2 】，体验物理结论的得出过程；[Y4-2]【 Y4-2 】学生通过实验及总结能够得出影响电磁铁磁性强弱的因素。(y2-2) 通过教学活动，激发学生学习兴趣，使学生乐于探究自然现象，乐于了解日常生活中的物理现象。[Y3-1]【 Y3-1 】(y1-2)

本节课的教学重点：知道影响电磁铁磁性强弱的因素，知道探究影响电磁铁磁性强弱因素的实验设计过程，并能应用实验结论解决简单问题。教学难点：学生实验设计能力及实验操作能力的进一步提高。【 ZT6-2 】

在完成这节课时，我有很多的感受和想法，虽然这些想法还不太成熟，自己对如何上好实验探究课也不是很清楚，但还是希望将自己的想法写出来和大家一起讨论。

(1) 实验准备

本节课的课题之所以不是简单的"电磁铁"，而是叫作"探究影响电磁铁磁性强弱的因素"，就是为了要突出学生的探究过程。为此，在课前我做了大量的准备工作 [ZT5-6] (zt5-6)【 ZT5-6 】：首先是通过实验来研究漆包线应准备怎样的长度，才能既满足实验的要求，又能使学生做起实验来更加方便。最后将漆包线的长度定在2米左右，这样绕出的匝数为60~80匝。在电流影响电磁铁磁性强弱的实验中，开始是想在学生实验过程中给学生规定出电流的大小，因为我在之前准备时，发现电流在0.2安、0.4安和0.6安，匝数较多时，吸引大头针的个数有所区别，但区别并不明显；若电流在1安、2安和3安时，吸引起来的大头针个数又比较多。如果学生在这一环节花费的时间较长，就不利于实验的按时完成。经过再三考虑，最后还是决定放开手脚［ZT2-2］【ZT2-2】，电流和匝数都由学生自由选取，这样更有利于培养学生学习的积极性和主动性，［Y3-1］【Y3-1】同时也更有利于学生在今后的探究实验过程中，自己发现和总结应注意的问题。［Y2-1］【Y2-1】（zt2-2）

（2）教学过程

①演示实验，引入新课

上课之初，我首先给学生演示了一个做好的电磁铁吸引大头针的实验，从而使学生首先了解什么样的装置叫电磁铁。由于电磁铁的构造非常简单，因此在这里并没有花费太多的时间。然后又演示了一个我用铁钉和漆包线自制好的电磁铁吸引大头针的实验。同时，还向学生询问了“大家想不想自己制作一个电磁铁”这样一个问题来激发学生学习的积极性。（y1-2）这两个演示实验除了要激发学生学习的积极性外［ZT2-1］【ZT2-1】，还有这样三个目的：a.展示电磁铁的制作方法，尤其是让学生看清，接入电路的是漆包线而不是铁钉；b.了解电磁铁磁性的强弱可以通过吸引大头针的多少来间接反映；c.培养学生的观察和知识迁移的能力。（y2-5）

②设计实验，培养能力

这一环节，是本节课的重点，也是难点所在。为了使这一环节更加具体，并突破本节课的难点，我设计了很多具体的小问题，并结合学案一步步引导学生自行完成实验的设计过程。（y1-3）

a.猜想（zt4-1）

猜想环节是探究实验的第一个环节，但它并不是设计实验的重点。因此，在这一环节不能花费太多的时间。学生在这一环节上也显得有些拘谨，（zt6-3）仅猜想出了课本上提到的匝数和电流，还有漆包线的粗细，铁芯的粗细、电阻。其实学生提出的一些猜想还是值得去研究的，但由于我怕耽误时间［ZT1-1］，并且课前也没有准备充足的仪器［ZT3-0］，因此有些猜想在课上无法完成。【ZT1-1】【ZT3-0】另外，除了学生猜想的外，我认为还可能与所绕线圈直径的大小、线圈的稀疏程度等因素有关，由于这些因素在实验过程中不太好控制，我没有亲自动手探究。同时在网上也没有查到相关的信息，所以在这里也没有给学生做出扩展。［ZT5-6］【ZT5-6】

b. 探究方法应用

在本节课之前，学生已经有了如何应用控制变量法来研究物理问题的基础。（zt6-1）本节课学生几乎未加思索，便说出了研究这一问题，应采用控制变量法。但控制变量法在研究该问题时的具体应用，还需要学生进一步思考。结合学案，首先让学生写出在“探究电磁铁磁性强弱与电流关系”时的三个量——自变量、不变量和因变量，并找学生来进行订正。这一环节大部分学生完成得都比较好。但很多学生往往会忽视后面的三个问题：自变量如何改变、不变量如何控制、因变量如何测量。为此，在学案中，我也给学生提出了这些问题，学生经过思考，这些问题也就一一解决了。尤其是因变量如何测量这一问题的解决，由于有了我前面的实验基础，学生几乎未加思索，就异口同声地说出利用吸引大头针的个数来反映电磁铁磁性的强弱。随后，学生通过对以上问题的分析，也找出了所需的重要实验仪器，并将这些仪器正确连接，设计出了电路图。但在画电路图中出现了这样的问题：有的学生将导线连在了铁芯上。［ZT5-2］为了使学生在实验过程中不至于出现这样的问题，【ZT5-2】我在此做了强调。当然，有了这一实验的设计，学生设计“探究电磁铁磁性强弱与匝数的关系”也就不再是难点了。（y1-3）

c. 操作实验，探索新知

这一环节才是学生最感兴趣的环节，也是比较容易出现错误的环节。虽然学生有连接电路、正确使用电流表及滑动变阻器的基础，也基本了解了电磁铁的制作方法，但在实验过程中还是会出现这样或那样的错误或误差［ZT5-2］【ZT6-2】，从而导致实验的失败。（zt6-2）所以，在这一环节中，我不仅让学生分组实验，在实验前还提出了实验过程中应注意的一些问题，更重要的是在学案中还安排了实验反馈这一环节，让学生把在实验过程中出现的问题或者是困难总结出来，以便于我们共同研究解决。但由于时间关系，[ZT1-1]（zt1-1）【ZT1-1】这一环节在课上并没有让学生进行交流，而是课后有些学生反映出了一些问题。除个别学生出现电流表正负接线柱接反、滑动变阻器接线柱接错或未移至最大值这些常规性问题外，大部分学生出现的问题是：开始时电流太小或匝数太少而无法吸引起大头针；电流或匝数的变化不大，吸引大头针的个数区别不大，甚至出现相反的现象等。这些问题有的在课上学生自行解决了，有的在课后我们共同讨论解决。课上时间是有限的，（zt1-1）而作为中学教师的我们，可能在关注学生自身能力发展的同时，更多的还是把时间放在了对中考的关注上 [ZT5-7]【ZT5-7】，况且有些问题的出现，并不是本节课的问题，因此将这一环节错过。（zt5-5）当然还有一些问题，我们还没有想出好的解决办法，如：如何保持线圈的形状不变，线圈的形状对电磁铁磁性的强弱究竟有没有影响等。

本节实验教学虽然比较顺利，也基本完成了中考说明中所要达到的标准，但由于有些尚未解决的问题，所以总觉得有些缺憾。而对于教学目标中没有提到的因素，不知该如何去探究，探究到什么程度，有些变量不太好控制 [ZT5-1]（zt5-1）【ZT5-1】等问题的存在，的确也限制了我和学生进行进一步探索的欲望和信心。当然，对于影响电磁铁磁性强弱的因素我认为和铁芯的粗细、形状应该有关，同时，除了铁属于软磁材料以外，还有其他一些软磁材料，不同的软磁材料做的芯对电磁铁的磁性强弱有没有影响呢？另外，在实验过程中我发现线圈缠绕的疏密程度，对于电磁铁磁性的强弱也有一些影响，但由于没有查到相关的资料，我也不敢妄下结论。因此，在今后的教学过程中，除了要和其他教师多进行交流和探索以外，更希望教材编写或教学说明等相关教学工具能够对“影响电磁铁磁性强弱的因素”提出新的见解，以便我们在教学过程中进行参考。（zt5-7）

附录7 第五届全国中学物理教学改革创新大赛访谈对象

序号	姓名	工作单位	身份	录音文件名
1	王少芳	北京朝阳教研中心	指导教师	王少芳. MP3
2	薛钰康	苏州工业园区星海实验学校	参赛选手	薛钰康. MP3；薛钰康2. MP3
3	殷悦	天津南开中学	参赛选手	殷悦. MP3
4	徐海龙	浙江温州中学	参赛选手	徐海龙、韩叙虹. MP3
5	韩叙虹	浙江温州中学	指导教师	
6	雷铁飞	深圳市观澜中学	参赛选手	胡纪明+雷铁飞. MP3；雷铁飞. MP3
7	王建辉	山西阳泉十一学校	参赛选手	王建辉. MP3
8	张旭	长春外国语学校	参赛选手	张旭. MP3
9	王玉钊	上海市天山初级中学	参赛选手	王玉钊. MP3
10	唐挈	北京西城教育研修学院	指导教师	杨自虎+唐挈. MP3
11	殷静	武汉市六中	参赛选手	殷静. MP3
12	曹理明	呼和浩特市实验中学分校	观摩教师	曹理明. MP3
13	赵艳梅	保定十七中	参赛选手	赵艳梅. MP3
14	张绍田	北大附中	观摩教师	/
15	张杰	深圳市罗湖外国语学校	指导教师	张杰. MP3

附录8 第五届全国中学物理教学改革创新大赛现场访谈记录（节选）

访谈对象：初中组参赛选手 XYK

第1次访谈时间：2009年8月6日上午比赛间隙

问：您参赛的课题是什么？

XYK：参赛课题选择“压力的作用效果——压强”，前面部分是概念的探究，概念的建设性探究。【认为有概念探究】关于压力学生有很多生活经验，可以让学生去发现、自己建构，【条件是学生有生活经验】能得出比较正确的结论。【追求正确的结论】

问：您实施探究教学多长时间了？

XYK：我一直在考虑，科学探究可以从三个角度来理解：一个是科学的探究，一个是科学地探究，还有一个是探究的科学。我们现在多是“科学地探究”，这是一个探究的技术，“科学的探究”是目标、方法，“探究的科学”是科学的内容。【勤于思考、注重概念问题，区分了形式与内容】

问：您从什么时候开始思考这方面的问题？

XYK：平时看书的时候偶尔想想。【读书与思考】科学发展的过程，古希腊时期科学的主题就是探究，我们2004年参加课改，就搞探究，其实原来的教学中就有探究的成分，应该有机结合。没有绝对的起点。【历史地看问题，并非只从当今提倡什么来决定自己的行为】

第2次访谈时间：2009年8月7日晚，宾馆内（有江苏其他选手在场）

引言：昨天听您谈到“科学的探究”“探究的科学”，感觉您对这方面已经有了很多深入的思考。

XYK：没有什么。我们推行探究教学比较早，在使用新教材过程中，听过贾克俊老师、刘炳昇老师等的报告，讲的是探究教学的技术问题，反过来思考，【讲座、报告的作用】我们的课标提出探究的七个要素，是不是这七个就是要素？【质疑精神】

问：您为什么会想到这个问题？

XYK：我们的课标探究既是内容又是目标、学习方式。【对课标有一定的钻研】看美国的课程标准，它不这样说科学探究，它很少提四个字的“科学探究”，都是“探究”，实际上科学探究不等于探究，加一个定语就不一样了。【读书、注重概念】从古希腊时候起，无论是自然哲学的角度还是数学的角度都是探究。探究很宽泛，就是人对自然或对其他方面了解的一切活动。我们一直说的科学探究呢？实际上是美国国家标准上谁（作者注：杜威？施瓦布？）提到的探究教学。【这种理解未必正确】于是对“科学探究”“探究教学”“探究”这三个概念的理解就出现问题。由此瞎想想。【困惑导致更深入的思考】

美国的标准更细，教师应该关注的是怎样教。不应该像学生的探究一样，老师提出问题就不管了，让学生去试错。

探究一定是追求结果的。

问：您自己有探究的经历吗？

XYK：像量子力学的路径积分一样，优秀教师就是很容易把握有效路径。

学生和老师是不一样的，没有老师那么强的目的性。

课时问题，真正有效的探究活动需要时间和空间。

参赛是一个平台，平时上课我们还是要融入集体的。【承认实施与理解有差异】

问：平时上课是否也会有探究的要素？

XYK：培养意识。有责任心的老师都希望学生喜欢自己的课。老师都能认识到，通过做题不可能使学生喜欢你这门课。【教师对成功的追求】

探究不一定是动手。

问：您对科学探究怎么理解？

XYK：物理探究，属于科学探究。探究活动的目的不同，如原子层面的化学研究、物理研究。【以结果的所属领域为判断依据】

问：方法上有什么特征？

XYK：牛顿晚年研究第一推动，同一个人的研究风格、方法是不会轻易变化的。

结果在科学范畴之内，就是科学探究；不在科学范畴内，就不能算是科学探究。【以结果为判断是否是科学探究的依据】

问：喜欢物理、对物理有很深的研究？

XYK：喜欢理论物理。

问：是否感到与其他老师的不同？

XYK：倒是没有。但是想想那些参加奥赛的人，他们都是出于自己的兴趣、爱好。

老师是流水线上的操作工，因此哪个阶段教到什么程度应该有明确的要求。【对教师责任的理解】

名师出高徒。风格的影响，每个大师对物理的理解也是不同的。【比较熟悉科学家的生平】

每个老师一定要有自己对物理的理解，否则就不可能使学生理解；但是还需要有一个规范的对物理的理解。因此希望有培训，对共性问题给予讲解。【教师是执行者】

（叙述自己的课程设计，强调自制实验的演示顺序是从学生的认知规律出发的【教学知识】）反过来说，现在有多少老师是理论探究？又有多少老师能实验探究？器材、设备在哪儿？好的老师应该会动手做。【重视动手操作】

问：喜欢物理学史？什么时间学的？

XYK：限于手边的资料。大学是没学，那时选的都是理论物理。

访谈对象：高中组参赛选手 XHL 及其指导教师 HXH

访谈时间：2009 年 8 月 7 日下午比赛间隙

问：教师为什么而教？

XHL：前几年比较关注结果，怎么能教好就怎么干。现在这个问题基本上解决了。

HXH：在重视结果的同时重视过程，在有矛盾的时候宁愿选过程，因为结果可以回去继续学。科学本来就是来之不易的。

XHL：过程的效果。一股脑倒给学生，当时可能高效，但长效还是需要过程。【对高效的认识】

问：过程中教师有没有必要随时随地的升华？

HXH：有的，否则就是做科学了，我就是教书匠，不是科学家。【教的意识】

问：教学中的探究比科学家的探究更高级？

HXH：教学有元认知。不同的策略效果不同。我就较缺乏生活中的物理，例如蹦极什么时候绳子最容易断。

XHL：部分探究，素质教育与应试教育结合在一起。

HXH：尽力而为。逻辑思路肯定是一样的。

问：为什么不能先理论探究再实验探究呢？

HXH：这是正常人的思维轨迹（作者注：似乎有些固执。是经验的惯性还是从学生出发？如果真的是出于以学生为本，那么也就是说中学阶段所教的"探究"要受学生思维水平的限制）。先解决为什么要学的问题，然后再理论。

XHL：学生如果先理论分析出来了，就没有实验的欲望了。

HXH：大学生做研究可以，现在高中生、初中生还是要从兴趣出发。

问：说说您的那节课吧。

XHL：（描述，重点在引入阶段的实验设计）只要是仪器学生就反感。

HXH：他的课最大特点就是新奇，激发学生真正产生问题。【从学生出发】

XHL:刚才那节课,仪器太多。问题不在多,用变式深入,这样才流畅。来源经验，平时都是这样做的。【环境影响、经验】

问：什么时候开始用探究教学?

XHL：参加比赛比较多，提高很多。不需要读书，看资料。【直接的理论】

HXH：在这之前他对教育理论一无所知，为了参加比赛，给他一些东西，让他读了很多小版块，包括自己写的文章、课例、反思。

问：一般的教师需要怎样的成长过程?

XHL：一般的教师可以先试着做，观察学生的反应，看对学生、对自己是否合适。这是很重要的一点,做好了学生就会喜欢你。【情感因素:教学的成就感】

HXH:他很有天分——对物理的理解,表达能力。吴(加澍)老师说过,一要能说，二要有理论。

XHL：只有有任务时才学习,【任务驱动】平时就是自己琢磨。

附录9 中学物理教师探究教学观影响因素专家调查表

“影响教师探究教学观的因素分析”专家调查

【概念界定】教师的探究教学观在本研究中即指教师对探究教学的看法或认识，包括什么是探究教学，为什么要进行探究教学，实施探究教学需要什么样的条件以及应该如何实施等。

您认为哪些是能影响教师对待探究教学的态度和是否深刻理解探究教学的主要因素？请判断表中列出的因素对教师的探究教学观是否能有影响及其能影响的程度如何，在相应的空格里画“√”，并请您补充表中没有考虑到的重要的影响因素，同时也给出能影响的程度。

3——有很大影响；2——有较大影响；1——有一定的影响；0——没什么影响

影响因素	具体含义	态度				理解程度			
		3	2	1	0	3	2	1	0
A. 教学案例	公开课、录像、教学设计案例集等提供的他人的探究教学课例								
B. 舆论环境	领导要求、同事观点与行为等指向探究教学								
C. 参与课题	教师参与的各级教研课题要求实施探究教学								
D. 成长经历	个人在中学、大学期间如何学习的经历、体验等								
E. 科研实践	自己在工作、学习、生活中开展科学探究活动的经历、体验等								
F. 成功的教学实践	亲自尝试探究教学，体验到探究教学带来的良好教学效果								
G. 失败的教学实践	亲自尝试探究教学，出现种种难以解决的问题								
H. 教学反思	对究竟应该教学生什么，学生为什么不爱学、学不好等问题进行思考								
I. 物理学史	对科学家研究问题真实过程的了解与反思								

续表

影响因素	具体含义	态度				理解程度			
		3	2	1	0	3	2	1	0
J. 理论书籍	教育理念、学习心理、科学哲学等方面的理论书籍								
K.									
L.									
M.									
N.									

附录10 教师探究教学观影响因素ISM解释结构模型分析工作单

请对这些因素之间的相关性进行分析——依次判断每行首列因素对后边各列因素是否有影响，有影响的填“1”，无影响的填“0”。各要素的含义如下：

O. 理解探究教学——为本研究的因变量，即教师对探究教学的理解与认识。包括教师认为“什么是探究教学”“为什么要实施探究教学”“如何实施探究教学”等。

A. 探究教学案例——即教师可以看到的其他教师实施探究教学的课例及相关资料。可能是呈现于相关参考书上文字描述的教学过程或教学设计，也可能是观摩课、教学大赛等呈现的现场课例或视频录像。这里面，大多数可能具有启发思路、直接提供有效教学经验的作用，但也可能是引起读者反思，在质疑中提高教师对探究教学的认识水平。

B. 环境条件——即影响教师理解探究教学的环境，包括舆论环境、研讨环境等。其中舆论环境主要与教育管理、考试评价相关，例如学业考试中如何考查学生的探究能力；研讨环境指教师个体与其他人（包括专家、同行教师等）交流对探究教学的认识与实施策略等的环境。

C. 教学理论学习——指教育理论培训或有关教育、教学、学习心理等方面的理论书籍、文章，包括直接论述探究教学观念的，从理念上提高认识。

D. 教学实践——指教师自己的探究教学实践，即在自己的教学中尝试开展探究教学，无论自认为教学效果是成功还是失败，都包含在内。

E. 探究实践——指教师自己的科学探究实践，包括工作、生活中的探究经历。

F. 反思或独立思考——指教师对探究教学的独立思考与反思。这种思考与反思包括理论层面的：究竟什么是探究教学？探究教学的本质特征是什么？为什么要实施探究教学？也包括实践层面的：到底该如何实施探究教学？思考意味着不是直接接受书本或培训专家的观点，但可能相关。同时也很可能与自己的教学实践或探究实践相关。

G. 科学本质观——指教师对科学本质的认识。

H. 换位思考——这是一项活动，即教师要站在学生的角度设想学生对物理现象、物理问题的思考、认识过程。需要教师具有换位思考的意识与能力。

I. 成长经历——教师个人成长过程中影响自己对应该如何教学或学习进行思考的经历。例如，学生时代的物理课是怎么上的，自己的感受如何，等等。

这些因素中，A~C 项是外部条件因素，D~I 项是教师自身的因素。

影响因素	O. 理解探究教学	A. 案例	B. 环境条件	C. 教学理论	D. 教学实践	E. 探究实践	F. 反思思考	G. 科学本质	H. 换位思考	I. 成长经历
O. 理解探究教学	1	0	0	0	0	0	0	0	0	0
A. 案例	1	1								
B. 环境条件	1		1							
C. 教学理论	1			1						
D. 教学实践	1				1					
E. 探究实践	1					1				
F. 反思思考	1						1			
G. 科学本质	1							1		
H. 换位思考	1								1	
I. 成长经历	1									1

附录11 D区骨干教师培训前测卷及数据

D区中学物理骨干教师研修班问卷调查（2009年9月）

［发放问卷24份，回收24份，其中有效问卷22份（另2份问卷第九题的答案全部为3或未选）］选项后面的数字为选此项的人数，“+”号后面的数字是视为无效卷的选项结果。“其他”的补充回答内容附于题后。

一、您何时思考有关探究教学的问题？

A. 准备公开课或参加教学比赛 14+2　B. 写教育科研论文 6　C. 参加培训 3　D. 平时备课 13+1

二、您认为自己是否对探究教学已有较为清晰的认识？

1. 如果是，请指出你的认识的来源。

A. 课标 4　B. 新教材 6　C. 理论书籍 0　D. 探究教学案例 8+1　E. 周围同事的影响 0　F. 培训 5+2　G. 自己的成长经历 3+2　H. 对科学家研究过程的思考 2　I. 对学生学习状态的反思 3+1　J. 其他 中考题 1

2. 如果不是，请提出你所困惑的问题，并稍加解释。

____

____

（1）究竟能否在实验中探究出结论？

（2）探究必须遵循它的步骤吗？

（3）什么是探究？

（4）什么时候必须用探究，它是解决（认识）问题的唯一途径吗？

（5）探究教学在教学中如何实施？是什么模式？

（6）实验器材的局限性。

（7）学生的水平有限。

（8）具体实施过程不是很清楚，实施时总感觉思路不清。

（9）自己对探究教学理解不够透彻，组织教学时就像是在套公式，特别生硬。

（10）我对探究教学的认识比较模糊，不知它是否有具体形式、具体方法？什么样的问题适合探究？什么样的问题不适合？

（11）如何从探究教学中强化学生的探究意识、探究方法、探究思想，使之会从探究中发现问题？

（12）探究教学活动与课堂效率的矛盾。

（13）没有清晰的认识，没有具体的实例示范具体的探究教学到底是什么样的。

三、您是否愿意在本次培训中就探究教学的概念（本质特征）与实施策略等问题进行理论学习与深入思考？

1. 如果愿意，你的目标是

A. 弄明白究竟什么是探究教学 10

B. 日常组织探究教学时有清晰的思路 19+2

C. 写出有水平的教育科研论文 16+1

D. 上好公开课、示范课 11

E. 发表个人对探究教学的认识，与同行、专家交流切磋 12

F. 其他__________________

2. 如果不愿意，请说明理由

A. 与中、高考关系不大

B. 日常教学中学校没有明确要求

C. 无须学理论，只要会实施就行

D. 尝试过采用探究教学，但效果不理想

E. 学生基础差，不适合这种教学方式

F. 其他__________________

四、您对自己日常教学的效果是否满意？

A. 很满意 0+2

B. 基本满意（不是所有的学生都能学好物理的）11

C. 经常感到困惑：“学生为什么不爱学”或“学生为什么学不会”11

D. 希望学生学得再轻松些 14

E.________________________________

五、在组织探究教学的过程中是否有过以下经历？

A. 学生提出过非常好的问题 11+2

B. 学生的猜想令我惊讶于他们开阔的思路 9+1

C. 学生提出过超出我预想的研究方案 11

D. 学生曾非常敏锐地指出研究中的漏洞或不足 7

E. 学生自发地对问题展开争论，使课堂教学深入 8

F. 整个教学过程展现物理的研究过程，环环相扣，感觉条理非常清楚 8+2

G. 走形式而已，效果总是不尽如人意 6

H. 课堂乱哄哄，完不成预定的教学任务 5

I. 其他：一节课完不成；多数探究不能深入

六、您自己的学习、研究经历（没有特别指明的则包括工作以后的学习生活）。

A. 学生时代没有经历过探究学习 18

B. 学生时代经历过研究性学习 1

C. 生活中喜欢自主探究 4

D. 参加过课题研究，但没有体会到与探究教学的关系 8+2

E. 参加过课题研究，并由此加深了对探究教学的认识 3

F. 其他：实验器材受限制，很难进行好的探究；教学过程中对探究教学有所认识

七、您是否有信心组织好“探究滑动摩擦力”的探究教学？

A. 有 11+2（含4人提出学生能力不足问题）

B. 这个内容不适合课堂探究 0

C. 学生能力不足 6

D. 课时不够 2

E. 学校教学设备不足 5，例如仪器残旧；缺少相同粗糙程度的不同

材料

F. 会出现难以驾驭的问题 4，例如学生提出很多相关因素，无法回归课本；测力计读数不明显；时间过长

G. 其他 2：难控制变量；自己没有创新的想法

八、您是否有信心组织好"功"的探究教学?

A. 有 12+2（含 5 人提出设备问题）

B. 这个内容不适合课堂探究 5

C. 学生能力不足 4

D. 课时不够 0

E. 学校教学设备不足 5，例如缺少电机，转速过快

F. 会出现难以驾驭的问题 0，例如__________

G. 其他 2：没想过如何组织本节探究；弹簧秤读数问题

九、下列课堂师生行为哪些符合您心目中的探究教学的特征?

选项从左至右按重要程度递减，选择"5"代表您认为该项是探究教学不可或缺的重要特征，选择"1"则代表您认为该项不是探究教学必不可少的特征。

课堂行为	平均	必不可少←比较重要→可有可无				
1. 学生自己提出科学性的问题	3.4	5	4	3	2	1
2. 对于由教师、教材或其他资源所提供的探究问题，学生对其进行选择，并在此基础上提出新问题	3.7	5	4	3	2	1
3. 学生探究由教师、教材和其他资源所提供的科学性问题	4.0	5	4	3	2	1
4. 由学生来决定需要收集什么样的数据，并由他们自己来收集数据	3.8	5	4	3	2	1
5. 学生在教师指导下收集特定的数据	4.2	5	4	3	2	1
6. 教师把数据提供给学生，由学生决定如何分析这些数据	2.9	5	4	3	2	1

续表

课堂行为	平均	必不可少←比较重要→可有可无				
7. 教师把数据提供给学生，并告诉学生如何来分析数据	2.9	5	4	3	2	1
8. 学生总结证据，然后制订解释	4.1	5	4	3	2	1
9. 在教师指导下，学生利用证据以制订解释	4.1	5	4	3	2	1
10. 教师提供给学生一些可行方法，以利用证据制订解释	3.9	5	4	3	2	1
11. 学生利用教师提供的证据和方法，制订解释	3.2	5	4	3	2	1
12. 教师提供给学生其所得解释与已有科学知识之间可能存在的联系	3.2	5	4	3	2	1
13. 在交流解释时，学生有条理、有逻辑地提出自己的观点	4.3	5	4	3	2	1
14. 学生在教师指导下发展交流能力	4.0	5	4	3	2	1
15. 教师提供给学生大致的指引以促进更有效的交流	3.9	5	4	3	2	1
16. 教师提供给学生交流的步骤和程序	3.1	5	4	3	2	1
17. 教师根据学习情境设计恰当的问题	4.3	5	4	3	2	1
18. 教师促进师生之间的协作	3.9	5	4	3	2	1
19. 教师促进学生之间的协作	4.3	5	4	3	2	1
20. 学生运用技能、策略进行科学研究。例如确定研究问题、制订研究计划、设计数据表格、运用图表分析数据	4.1	5	4	3	2	1
21. 学生在研究过程中，正确地使用工具、设备、材料	4.6	5	4	3	2	1
22. 学生在研究过程中，遵从安全规则	5.0	5	4	3	2	1
23. 学生用不同方式，有效地交流信息与想法	4.1	5	4	3	2	1

续表

课堂行为	平均	必不可少←比较重要→可有可无				
24. 学生正确地使用科学术语、科学符号、国际单位制	4.3	5	4	3	2	1
25. 学生适当、有效地运用信息技术	3.5	5	4	3	2	1
26. 学生通过分析证据，评价、排除或修正解释	4.0	5	4	3	2	1
27. 学生交换和挑战各自的研究结果，并思考所遇到的矛盾冲突	3.8	5	4	3	2	1
28. 学生关注的问题是某个物理量与其他哪些量有关、有怎样的关系，即发现定性或定量的规律	3.7	5	4	3	2	1
29. 学生关注的问题是如何对现象进行合理解释，即建立概念或理论	4.0	5	4	3	2	1
30. 学生关注的问题是如何改进实验方案	3.2	5	4	3	2	1

十、您对本期骨干教师培训的期待与建议。

Q1 希望通过本期骨干教师的培训，能①充实自己的大脑，拓宽自己的知识面，掌握更多行之有效的教学方法、教学技巧；②能使自己从教学茫然中走出来；③最重要一点，能以培训为平台，与专家常交流、常联系，帮助我们答疑解惑。

Q3 ①探究式教学的策略是什么？②如何培养学生面对数据归纳总结规律的能力？③初中教学中有哪些实验可以进行更有效的改进使实验效果更好？

Q4 使自己在教学思想上有所提高，在教学方法上有所突破，改变现状，逐渐实现自主发展。

Q5 想成为一名真正的“科研型”教师，但苦于自己的科研能力不够强，不知道该“研”什么、怎么“研”等，所以期待这次骨干教师培训解决上述问题，从而使自己由“苦干型”向“科研型”转变。

Q6 希望能帮助教师深入课堂改革，提高业务水平，使学生更热爱物理，也能更轻松地学好物理。

Q7 希望本次培训后，能够提高自己的探究学习能力，更好地驾驭课堂，在今后的教育科研方面更专业。建议授课老师多举些实例，进行一些案例分析。

Q8 希望在培训中能够更好地学习交流各自的教学经验，多一些好的教学片段的观看及评价，从中学习一些新的教学理念，弥补自己教学中的不足之处，增强自己的教学能力，让学生能够更好地在课堂教学中发挥自己的潜能。

Q9 ①希望教学水平得到提高——一线教师在多年工作中有许多好的实用的经验和方法，希望借助这次机会得以交流，从中学习借鉴；②希望科研能力有所提高——希望能得到专家的指导，用有效的方法提升自己的科研能力，在科研领域中稍有成绩。

Q10 尽量多向专家学习新的教学方法和经验，和同伴交流，增长自己的见识，充实自己，在科研和教学方面得到更多的帮助。建议尽量形式多样，大家畅所欲言，可以组织讨论评比活动等，给大家尽量多的发展空间。

Q11 多一些教学方法、教学经验，以便更好地激发学生的学习兴趣。

Q12 期待开阔自己的眼界，接触到一些教学方面的课改信息（如教学方法、实验方法），还有学会论文的撰写，会去思考一些问题（对自身），如自我发展。建议：能通过大量的实例获得有效的信息，真正地提升能力，从中渗透一定的理论知识，提高教师教育科研方面的素养。

Q13 希望这次培训使自己在教育教学方面有更大提高，能够学习到一些具体的教育教学方法，应用到实际教学中。

Q14 通过本次学习，想在以下几个方面提高自己：①能很好地组织探究教学；②有一定的科研能力。

Q15 多交流、多探讨，能通过本次培训提升自己的业务能力。

Q16 ①弄清什么是探究，如何探究；②希望自己的理论水平能提高一个层次。

Q20 通过培训进一步提高自己的探究教学设计能力，以及教育科研能力。

Q24 ①深入科研课题研究；②对教学中的重要问题共同探讨。

附录12 D区骨干教师培训后测卷及数据

D区中学物理骨干教师研修班问卷调查（2009年12月）

一、本期培训中哪一次活动给您留下的印象最深？最大的收获是什么？

（1）秦老师的物理课给我留下深刻印象。最大收获是物理课的教学不是停留在表面的形式，而是引导学生对物理知识的理解、探究。

（2）观摩秦建云老师“摩擦力”的公开课。让学生体会知识源于生活、知识从生活中提炼的过程；让学生体会探究过程，感悟知识产生过程。形成兴趣，激发求知欲，追求真理才是探究的实质。

（3）走出去，到魏善庄中学听孙红莲老师、秦建云老师的课。收获：深深感到自己教学功底单薄，专业知识及语言匮乏，对科学认识片面，以及对事业缺乏热情，意识到差生的形成跟教师（自己）也有直接关系。

（4）秦建云老师的两节课对我触动很大，使我认识到教学中的不足，正在改变自己的教学模式，注重学生的体验，展示知识的产生、发展过程，发挥学生的主动性，体现学生主体地位。

（5）印象最深的是秦老师的课堂实录和在魏善庄中学的一节课。老师利用教学手段激发起学生的学习兴趣。

（6）秦建云老师的公开课给我留下了很深的印象，使自己又重新反思了自己的课堂教学，知道了自己以后努力的方向：做一个真正意义上的“物理”教师，而不是只会教“物理书”。

（7）概念要站在科学的角度去理解，这句话给我的触动很大。在我们的教学过程中，对概念内涵的把握并不是十分透彻，所以导致做课、讲课只停留于知识的表面，缺乏对知识更深层次的探讨。

（8）①对小组学习的认识；②我们应该教给学生如何学好物理学，而不应该只教给学生一些零散的知识，只为考高分。

（9）对广州教研员的讲座印象较深，我从中认识到组织学生进行合作学习中应注意的问题、操作步骤。

（10）本期培训给我留下印象最深的一次活动是续佩君老师的一次讲座：课改和应试条件下物理教师的自我发展。收获：开阔了自身的视野，增长了见识，使自己对教学有了更深刻的认识。特别是从秦建云老师的课堂上学到了不少知识。

（11）印象最深的是秦老师的两节课。收获：课堂上与学生的互动，驾驭课堂的能力，对知识的整体性认识，以及扎实的基本功是我学习的地方。

（12）印象最深的是在魏善庄听课，孙老师与秦老师同课异构。最大收获：拓展思维，明白了有些事情（如上课）要有自己的特色，要让学生去思考，体现有效性。

（13）对张晓红老师给我们讲的一些理论和她在教学实践中的实例印象最深刻。因为感觉到有理论的支持和与我们的教学联系密切，给我们今后的教学提出挑战性的问题。教学是以学生的终身发展为目标，为了一切学生，为学生的一切，一切为了学生。

（14）印象最深：秦建云老师上的研究课。收获：教育理念上得到提升，明确了物理教学应该如何进行教学，教给学生什么。

（15）去魏善庄中学听课，秦老师对教学全身心地投入。

（16）到魏善庄中学听课和张晓红老师的讲座。收获：①探究式教学思想在日常教学中的渗透方法；②听了一些优秀课或片段，对自己的教学尤其是导入环节很有帮助。

（17）去魏善庄中学听现场课的那次印象最深。对物理的教学有了新的认识。真正的物理应该让学生了解物理本质的一些东西，不应局限在为了考试。

（18）秦老师那节精彩的课给我印象最深。因为随着年龄的增长和教毕业班年头的增加，我的思想和实际教学与中考考纲紧密地结合在了一起，只重视学生的学习成绩，而忽视了对学生可持续发展的培养。听了那节课后，我警醒到，更应考虑学生能力的培养。

（19）续老师的多样性教学方式对我影响最大。探究式教学新、好，但启发式、引导式甚至灌输式也是必不可少的。

（20）特级教师在魏善庄中学上的公开课“摩擦力”给我留下了深刻印象。收获：课堂上应多让孩子用眼看，多让孩子用脑想，多让孩子用嘴说，多让孩子用手做。

（21）几位专家学者的讲座令我受益颇多，更进一步了解了什么是物理学，如何做一名新时代的物理教师。

（22）本次培训活动中秦老师和孙老师的对比课给我的印象最深，让我更多地了解了习题课、复习课及探究课的一些本质性的问题。

（23）深刻体会了什么是探究,以及教学应“教会学生的是什么”。（印象最深的是）秦老师和孙老师的公开课，张老师的讲座。

（24）本次骨干教师培训给我留下最深印象的是培训教师知识渊博、教学严谨，我从中也学到了他们对待问题的态度，那就是，不轻易放弃教学中的问题，也学习到了很多新的教学理念。

二、简述您现在对探究教学的理解。

教师编码	现在对探究教学的理解	与培训前比，有变化的画“√”	变化的原因
1	探究教学应是学生对物理概念的自我归纳、提炼		
	探究教学不只是实验，更是思想上的探究	√	专家的指导
	探究教学不是形式上的操作，而应是学生真正自我发现的过程		
2	培养学生研究问题的方法		
	激发学生求知欲的过程		
	培养追求真理的精神	√	学习
	培养科学思维的方法	√	学习
3	教学的手段及方法	√	错认为只是实验课
	是对科学知识验证的一个途径（扩展过程）	√	以前不知道为什么探究
	是对教师专业知识面的一个挑战	√	认识了探究的实质
	是对学生分析问题能力、合作能力的提升过程	√	
4	探究教学是一种教学模式，应该以学生为主体，通过对知识的产生、发展过程进行深入的探索、研究，在教师引领下获得新知识	√	通过学习，发现不足

续表

教师编码	现在对探究教学的理解	与培训前比，有变化的画“√”	变化的原因
5	我认为探究教学是一种教学思想	√	通过听课、专家讲述
	是一种教学理念	√	教师交流
6	应该让学生自主地去发现问题	√	观看课例
	应该顺着学生的思路去考虑问题，而不是靠教师的引导	√	听秦老师的课，听张晓红老师的讲座
	要让学生在探究之后有评估、反思和交流的过程	√	观看短片
7	探究教学并不是所有的课程都适用		
	探究的入手点要从实际需求出发，提出问题	√	秦老师的示范课给我很大触动
	探究教学问题的猜想并不是一步到位的，是通过对问题的逐步解决，发现问题根源，逐步确立影响因素的	√	科教片的观看让我更加体会到知识探索与发现的真谛
8	应该是学生在教师的引导下自主完成的，但现实教学中教师干得太多，学生想得太少		
9	是引导—提问—猜想—实验探究		
10	让学生自主去探索问题	√	要真正发挥学生的主体作用
	教师引导学生发现问题，再带领学生解决问题		
	要让学生之间多进行交流沟通，找出解决问题的办法	√	教师要教为不教，不教则为了教
	不要怕失败	√	要多尝试，让学生去体验探究过程
11	探究性教学是教师引导学生如何去学		
	通过学生自己的猜想、假设、实验验证去学习归纳		

续表

教师编码	现在对探究教学的理解	与培训前比，有变化的画“√”	变化的原因
12	探究前学生的质疑，放开思想，让学生真正地思考，用发展的眼光看问题	√	听课和看光盘的体验
	探究过程应该有评价和验证，让学生真正理解、领悟	√	
	探究中应该注重过程，体验、思考、创新，不能低估学生		
13	探究教学是一种研究问题的方式，应该在教学中引导和带领学生学到这种方法	√	教学的目的是教学生方法：授之以鱼不如授之以渔
	探究不刻意追求模式，而是在平时的教学中让学生有求知欲望、探究热情并去探究	√	利用学生实验和课后安排的一些活动，让学生尝到成功的喜悦，体验分析问题的方法
	和学生一起真正去做几次探究，让他们体会方法，并让学生养成自觉探究的习惯	√	通过听秦老师的关于摩擦力的课
	探究是人的一种人生态度：科学地去探究会使人成为知识丰富、全面发展的人	√	科学探秘科教片的观看
14	是实验教学，应该让学生体会、经历科学研究的经过	√	探究不仅包括实验探究
15	是学生在教师指导下通过实验找出某种规律	√	是探究教学的概念的内涵和外延都有了扩展
	是学生自己质疑某种规律，通过实验弄清规律	√	
16	贵在过程，贵在方法，使学生在发现问题之后，能初步有一个解决问题的“方法”，这就是探究教学应该教给学生的，是潜移默化中形成的一种初步的科研思想和科研能力		
17	我认为探究教学是一个发现问题、提出问题、解决问题以及应用的过程		

续表

教师编码	现在对探究教学的理解	与培训前比，有变化的画“√”	变化的原因
17	我认为探究教学的猜想环节应放开手脚，让学生大胆地去猜想、去排除，不应什么都按教师的教学设计走	√	了解了物理教学不光是让学生学会某些知识，更重要的是学会一种探究问题、解决问题的能力和方法
	在通过实验得出结论后，应该让学生增加一个验证的过程，不能得出结论后马上就应用	√	真理是通过反复验证后才能称为真理
18	我一直认为探究式教学是一种能够培养学生综合能力的教学方法，但在实际教学中应用此种方法的时候并不多	√	以前只重视成绩的好坏，将来应更重视学生能力的培养。应做到成绩与能力并举
19	探究式教学是一种培养学生综合能力的教学方式	√	以前很少在教学中用到
20	发现问题、猜想假设、实验验证、分析与论证、交流评估	√	平时教学中重视实验验证环节，忽视了发现问题、科学猜想这些环节，使得探究活动不完整。通过培训发现上述问题，以后注意调整
21	是一种方法、一种技能	√	通过讲座、听评课得到启发
22	培养学生一种能力，应该重视。培养学生重视观察、实验的良好习惯，善于发现身边的问题，多问为什么	√	对探究教学理解得更深刻

续表

教师编码	现在对探究教学的理解	与培训前比，有变化的画“√”	变化的原因
23	探究教学是通过“科学的质疑—实验证明—得到结论”的一种研究问题的教学模式	√	培训前根本不理解什么是探究式教学，通过培训中名师的指点体会到了这一点
24	我认为探究教学就要发现问题，设计解答问题的方法，尝试地去解答，再发现问题，再解答，总在探索中发现新问题，最终得出所要的结果	√	探究教学才是真正的教育

三、简述您现在对学习的本质的看法。

教师编码	现在对学习的本质的看法	与培训前比，有变化的画“√”	变化的原因
1	是提高学习能力的过程		
	是提高辨别事物能力的过程	√	专家的指导
	是培养实事求是、学会做人的过程		
2	思维训练		
	运用已有知识解决新问题的创新思维过程	√	学习
3	是形成严谨科学观念的过程	√	没有认真思考过
	是分析能力、概括能力、合作能力提升的过程，是为了将来改造世界的过程	√	没有认真思考过
4	学生的学习本质上是获取前人的经验，在前人研究的基础上，以最少时间获得最大收获，从中体会知识的和谐美，汲取重要的研究方法，奠定今后发展的方向	√	素质教育留给人一生的东西——研究方法而不是知识本身
5	学生的学习本质上是了解知识	√	通过听课得到体会
	理解知识、运用知识的过程		
6	学生思维积极参与的过程	√	听续老师讲座
	最终要会自主学习，为终身学习打好基础	√	

续表

教师编码	现在对学习的本质的看法	与培训前比，有变化的画“√”	变化的原因
7	学生的学习是促进思维发展的一个过程，而不是知识记忆的过程。让学生知道为什么学比让学生知道怎么学更重要。同时学生的学习应是一个实现自我、满足自身发展的需要，而不是靠难点的罗列来打击学生学习的积极性，所以教学要从基础入手		
8	了解社会、认识生活的过程，而不应该是听讲、做题、考试的一次次重演	√	听讲座并进一步思考
9	学生的学习本质上是学习知识的过程中培养能力及进行德育渗透的过程	√	培训
10	认知的过程		
	对新知识探索的过程		
	对身边事物进一步了解的过程	√	从张晓红老师的讲座中得到的启示，从秦老师的公开课中得到的启示
11	自我完善、自主学习、自我提高的过程		
	通过学习能够解决生活中的实际问题，并能将所学知识应用于生活的过程		
	学习生活本领、领悟生存环境、创造幸福生活的过程		
12	是锻炼思维到最终成熟的地步	√	培训中领悟
13	学生的学习本质上是一种积累知识、掌握学习方法、应用所学知识为将来的社会服务的过程。从书本、社会、教师那里学习，学习做人、做事，与人交往，提升整体素质，把社会各个方面、各种知识以及各种生活能力综合融入自身的过程	√	课堂教学特别是讲授式，学生直接接受大量的知识；学生是个整体，与社会、家庭有密切关系，应全面发展；教学生做人、做事，所以教学生方法比教知识更重要

续表

教师编码	现在对学习的本质的看法	与培训前比，有变化的画“√”	变化的原因
14	学习本质上是培养再学习能力的过程	√	培训后认识到学生学习能力的提高远比学会一点知识更重要
	是从质疑到逐步建构起来的过程		
15	建构知识的过程	√	对建构知识有了新的理解
16	是知识体系构建的过程	√	学习过程中的心得体会和领悟
	是思维方式形成的过程	√	
	是解决问题能力提升的过程	√	
17	学生的学习本质上是一种能力的训练，让学生学会如何利用知识解决生活中的实际问题	√	授之以鱼不如授之以渔
18	学生学习的本质实际上是一个非常复杂的过程，它包含的内容很多，学习成绩只是其中的一部分，还包括概括能力、语言能力、动手能力等综合能力的培养和德育方面的教育	√	能力培养（是）对学生更负责的一种表现，是对学生终身培养的一种方法
19	学生的学习本质上是提高学习成绩、增长见识的过程	√	听了讲座后认为应是培养能力的过程
20	提高能力、丰富知识、学会方法	√	能力、学习方法的培养是掌握知识的前提条件
21	学习文化知识、操作技能，提高自我认识事物的本领	√	从续老师的讲座中得到启示
22	学生的学习本质上是了解自然、了解社会、了解自然现象产生的过程		
23	提高思维认知的过程		
	培养如何解决未知问题能力的过程	√	从张老师讲座中提到的实例、秦老师的实践，认识到了能力培养的重要性

续表

教师编码	现在对学习的本质的看法	与培训前比，有变化的画“√”	变化的原因
24	学生的学习本质上应该是一个亲身感受的过程	√	为学生的终身发展着想

四、简述您现在对物理学本质的理解。

现在对物理学本质的理解	与培训前比，有变化的画“√”	变化的原因
物理学是研究客观世界的科学		
物理学是研究物体宏观和微观现象的科学		
物理学是人们更好利用自然的助手		
是对客观规律的认识		
是思维训练的重要内容		
丰富了对客观世界的认识		
演绎了人类认识的发展过程	√	更深刻体会到知识源于生活
是一门唤起学生热爱自然、改造自然并能感悟的科学	√	自己对物理学有了热爱、感情
物理学研究物体存在、运动的道理，由物体研究入手，发现存在、运动规律，解释其中的原因		
物理学的本质即是万事万物的道理	√	专家讲述
物—悟—理—运用		
是一门实验科学		
培养人的一门科学	√	优秀教师的教学思想影响了我
“教”学生不迷信	√	
物理学是源于生活的科学，最终要服务于社会	√	示范课得到的感触
是源于生活又高于生活的科学规律	√	听秦老师的课，更深刻地了解了物理学
物理学是实验的科学		
物理学是一门自然科学		

续表

现在对物理学本质的理解	与培训前比，有变化的画“√”	变化的原因
物理学科中的结论是有条件的相对真理，科学是发展的	√	从续老师讲座中得到启发
物理学的发展受社会和人文的制约	√	
是领悟生活的过程，探索自然规律，用于解决实际问题，开发未来世界，解决生活困惑，提高自身能力的科学		
去观察、认识、发现我们周围的世界，让它更好地服务于社会和人类	√	切身感到知识的重要性
物理学是以实验为基础的自然科学	√	因为现在考试制度的原因，观念上虽有变化，但实施过程中要顾及的问题太多，实际教学中困难很大，不能放开手脚去做
物理学以生活为基础，要做大量实验，不应该用课件、说教代替实验	√	
物理学应是以生活、实验、活动为主要内容，而不是做题、考试的科学	√	
物理学是科学研究的过程	√	通过培训进一步提高了这一认识
培养学生科学素养		
让学生体会物理学的魅力与神奇		
物理教会了学生生活	√	对物理学从科学走向社会加深理解
使学生知道物理学从生活中来又回到生活中去，教学生从科学走向社会	√	
认识自然、认识世界		
让学生了解世界、认识世界、改变世界	√	
应是一种通过发现问题、解决问题、研究问题等学习知识、探索知识的手段、方法	√	培训前只认为物理是一门学科，是一种知识的分类而已
是一门学科或是一种科学的分类而已	√	应是一种学习科学的方法
研究自然现象的一门科学		
是研究物质及相互作用的学科		
物理学是让学生认识身边的自然现象，利用所学的知识解释生活中出现的各种问题，逐步把感性认识上升为理性认识的学科		

续表

现在对物理学本质的理解	与培训前比，有变化的画“√”	变化的原因
是领悟万物发展、作用规律的科学		
物理学是基础学科，可以培养学生的感性认识和理性认识，并将它们很好地结合在一起		

五、简述您现在对物理教学目标的理解。

现在对物理教学目标的理解	与培训前比，有变化的画“√”	变化的原因
培养有科学素养的公民	√	专家的指导
提高公民的社会意识	√	专家的指导
选拔人才		
培养科学精神	√	更加深刻理解学习的本质，深入学习教育理论和丰富的教学实践
培养思维习惯	√	
培养探究意识	√	
是学生有了走向社会的基本能力，做事有激情	√	物理教育除了物理知识外，更重要的是知道知识形成、起因
不再迷信，认识万事万物有理可依，做一个唯物主义者	√	对物理教育有了重新的认识
培养分析问题、解决问题的能力		
物理教育的根本目的是培养人的思维，教授解决问题的方法，在教育过程中不但要学习知识，更重要的是学会研究方法，学会做人		
物理教育的根本目的是让学生懂得万事万物的道理，世间万事万物的联系，从而运用它造福于人类，培养学生发现问题、解决问题的能力	√	专家讲述
培养一个真正意义上会“科学探究”的人	√	听了关于科学探究的讲座
物理教育是培养人的一个过程，而不是培养考试型选手，要基于人最根本的需求进行物理教学	√	社会发展的需要

续表

现在对物理教学目标的理解	与培训前比，有变化的画“√”	变化的原因
应该是培养人或人才，但现在依然是应试	√	听专家讲座认识到的
是培养学生的综合能力及探索自然的精神	√	培训
让学生学会学习和怎样学习	√	从张晓红老师的讲座和秦建云老师授课中得到启示
让学生体会到学习的乐趣，学而不乏		
使学生学会探究知识的过程，帮助学生树立科学观	√	从续佩君老师讲座中得到的启示
教育学生生活的本质、事物的真谛，能够提高自身能力，适应社会，提高自身素质，探究事物本质，更会生活		
让学生感知物理源于生活，学会分析并应用于生活实际		
学会思考，去探究，培养实验能力等解决问题的综合能力	√	听几位老师的课和讲座
物理教育的根本目的是使学生通过学习认识社会、学会学习，应用（获得）物理知识和能力，在学习过程中掌握科学的方法。在此从情感、态度、价值观上提升自己，努力做社会的有用人才，为社会服务	√	教学目标很好，但在平时的教学中感觉到现在的物理教学失去了一定的意义，学生在很疲惫的时间战中做着效率不高的学习
根本目的是科学素养的提高和科学研究兴趣的培养	√	通过听课，有了进一步的认识
研究自然科学的规律和自然美	√	感受到物理是为生活服务的
渗透科学研究的思想		
引导学习科学研究中的一些方法		
让学生学会一种能力，解决生活中实际问题的能力	√	
培养学生学会如何发现问题、研究问题、最终解决问题的一种综合能力，不是一段时间成绩的培养，应是一生能力的培养	√	认识到了教育的真正本质和内涵，改变了应试教育的观念

续表

现在对物理教学目标的理解	与培训前比，有变化的画“√”	变化的原因
培养能力的过程	√	不应只追求眼前利益，应放眼在对学生能力的培养上
通过教学活动培养学生能力，授以学生学习的方法，掌握更丰富的知识，以获得更高的中考分数		
培养学生认识客观事物的能力，学会科学地分析问题		
培养学生的科学素养	√	听专家的讲座得到的启发
培养学生的各种能力，包括观察能力、阅读理解能力、发现问题的能力、提出问题的能力、分析问题的能力、选择解决方法的能力、团结协作的能力等		
教学生如何能悟到真理，培养学生解决问题的能力	√	以前教学为的是应试，通过培训学习开阔了知识面，领悟到了教育的本质
物理教育是非常重要的，是最符合实际的。在物理教学中还可以进行其他方面的教育		

六、在本期培训中最遗憾的是什么？

（1）不能有针对性、持久性地发现自身存在的问题和找到有效的解决方法。

（2）遗憾：时间太短，只学到一些皮毛的东西，对探究教学的本质认识还很浅显，还不足以形成自己新的教学风格，应继续培训，使学员有时间形成自己的教学风格，达到对全区教师的示范和引领作用。请勿走过场。建议：根据各校及学员个人意愿，将培训班延续下去，树名师、名校，将大兴教育提高到一个新高度。

（3）最遗憾的是没有更多的时间与更多的专家交流，因为与专家交流的过程就是自己知识思想提升的过程。后续再发展：①更广地涉猎一些物理学前沿知识；②重温物理学史，唤起教师对物理的热爱；③如何出色完成教学设计；④优质课该如何做；⑤现在怎样做才能使自己更上一层楼。

（4）学习内容较为零散，面较广，对于单个问题缺乏深入的研究、探讨。因此，希望进一步的培训，有相应主题，结合实际教学选择主题。

（5）本期培训时间比较短。

（6）时间太短，希望以后继续组织类似的培训，既有理论上的培训，又有实践活动，并且多听听名师的课是怎么上的。

（7）培训的目的性不强，有些理论过于高深。如果能以示范课的方式来讲物理教学，通过课堂问题的分析，配合理论讲解，我们会更容易接受。

（8）想听更好、更多、更有特点的一线教师讲课，交流经验。

（9）想听到更多名师的课，名师的教法、教学理念。

（10）本期培训中遗憾的地方是，精彩的课堂授课太少了，能够应用到实际教学中的教学方法介绍得太少。希望能够学习到更多能应用到实际教学工作中去的一些切实可行的教学方法。

（11）实际应用课程少。应该在研讨中学习、提高。

（12）没有真正地走入课堂，特别是到市里或大兴区外多听一些课，开阔一下眼界。这样切身的感受会更深刻，启发的机会会更多。

（13）张晓红老师、续佩君老师和其他老师的培训以及我们看的资料使我收获很大，不论是在教学上还是教科研方面，还是教学观念上都有了很大的变化。遗憾的是资料不能大量集中保存。在精力上，只有这一天学习，然后又投入到繁忙的教学活动中，学习与教学不能很好地统一。如果有一段时间系统地学习、讨论、交流，精心地去充实自己，就是最好的了。希望尽快等到那一天的到来，“充电”是为了更好地去教学。

（14）培训中收获挺大，如果能走出去看看教育发达地区的物理常态课是什么样就更好了。

（15）实践活动较少，应把更多的名师请进来，或走进名校去感受。

（16）每次学习间隔时间有点长，要是能连续系统地学习就更好了。

（17）现场做课比较少，理论知识过多。可以多安排几次去名校学习交流的机会。

（18）想听秦老师一节习题处理课的讲解。感谢为我们精心安排的课程，对我帮助很大，通过几次学习，我的陈旧思想得到更新，同时也开阔了自己的眼界，使自己意识到应由阶段性培养转变成对学生的终身能力的培养。

（19）没有。

（20）没能更多地观摩常态课。

（21）没有到教育、科研更发达的地区去实地参观、考察，更近、更真实地接触教学一线的优秀教师，并去听他们的常态课是怎样讲的。

（22）没有听到名师习题课！因为习题课对于每位教师而言都是既重要又很容易处理不好的课。

（23）培训时间短，很多认识没有深入的实践操作。希望能得到名师的具体指导，能有一段时间的具体指导性学习。

（24）教师的讲解过程非常认真、非常好。时间紧，培训时间短。

附录13 Y县骨干教师第一次研修活动各小组的探究课题

组别	课题	组员及人数	报告数
1	探究伽利略温度计原理	ZAY等6人	1
2	探究浮力大小是否与液体密度有关	LCX等3人	3
3	探究浮力是否与液体密度有关	CLY等5人	1
4	探究浮力大小与液体密度是否有关	YWL等4人	1
5	探究浮力大小与液体密度的关系	ZY等10人	1
6	探究浮力大小与排开液体体积的关系	CXH等4人	1
7	探究浮力与哪些因素有关	HXY等4人	5
8	探究浮力大小与液体密度是否有关 浮力大小与排开液体体积的关系	ZXL等4人	2
9	探究浮力的大小与哪些因素有关	实验员1人	1

后记

本书是在我的博士学位论文基础上完成的。2007年，四十有四的我重回母校北京师范大学，师从郭玉英教授，攻读课程与教学论专业博士学位。那时的我，已在培养物理教师的岗位上耕耘了近二十年，也有了六七年做新课程教师培训的经历，迫切需要走进一个高水平的团队，开阔视野，汲取理论与思想的养料，获得同行研讨带来的启发，通过系统的研究以解我在促进教师专业发展中的困惑。研究教师的探究教学观，正是以此为目的所做的论文选题。因为我认为，提高教育质量关键在教师，而教师的教育教学行为又是由其教育观念决定的。

2007年入学，2009年确定研究课题，2013年底完成论文答辩，我要由衷感谢我的导师郭玉英老师！她给了我求学的机会，也给了我最大程度的学习空间。六年多的时间，我从郭老师那里学到很多东西，无论是做人还是做学问，郭老师都永远是我的榜样。我的研究更是得益于郭老师的悉心指导，尤其是我喜欢纠结于一些具体的细节问题，郭老师总能适时地带给我宏观、整体的认识。是郭老师引导我从教育目的、教学内容、学习主体三个教学过程要素的角度理解探究教学，这样的点拨让我豁然开朗，激动不已。是郭老师的一个个追问，令我不断深思、有所突破。然而郭老师又十分容忍我的“自主”，使我在时间分配上能兼顾工作、家庭与学业，在研究思路与方法上大胆坚持走自己的道路，又在我急躁的时候令我静下心来，不自信的时候敦促我坚持。跟随郭老师学习与从事研究的每一天都是快乐的。

感谢刘恩山老师、王民老师、李春密老师、王磊老师！北京师范大学这个融洽的科学教育导师团队，带给学生的是更广阔领域的交流与学习。各位导师的点滴教导句句中肯、把握关键，令我受益匪浅。

感谢最初引领我关注新课程培训、关注质性研究的陈向明老师、曾琦博士、张莉莉博士以及当年新课程传播与社会理解项目组的全体同仁。

感谢郭老师门下的众多同学！当我来北京师范大学报考博士的时候，郭老师的第一届博士生还没有毕业，六年多来，我目送了数十位博士、硕士毕业，也从他们的研究中汲取到大量的营养。特别是他们关于国际科学教育前沿信息的及时报告，对于我真的是非常难得的学习机会。

感谢我首都师范大学的同事们，这些年来，他们给予我大量工作上的支持、学术上的帮助。与不同学科背景的人一起共事，眼界与思路都格外开阔。特别感谢挚友徐力给予我研究方法上的启发与算法方面的支持。还有续佩君老师善于独立思考的学者风范，令我望尘莫及，又始终是我学习的榜样。续老师对许多教育问题的思考对我有深刻的影响。

感谢我身边众多勤奋、敬业、有思想的一线中学物理教师，刘彬生老师、褚慧玲老师、王邦平老师、秦建云老师……这些优秀物理教师的言行，让我不得不去细心体会、追赶他们先进的教育理念。还有一起研修的老师们，他们每每表达出来的鲜活的思想，也促使我不得不深入地思考。

感谢我的学生，特别是阮英歌帮我翻译了多篇英文文献，尹雪静、徐阳、刘明霞、丁亮等同学在完成他们的本科、硕士毕业论文期间对我的研究也给予了很多支持。

感谢亦师亦友的张萍、董春雨、李凤林等诸多当年的同学，至今仍然主动给予我各种无私的帮助。

最后，感谢我的家人。教师出身、年近八十的老父亲依然乐于与我讨论新课程倡导的探究教学，并从中国古代教育思想中帮我找出处。母亲、婆婆都已经不能完全自理，却也义无反顾地支持我“做学问”。还有丈夫与儿子更是我的精神支柱与强大后盾。

2016 年 7 月于北京